IJS 서울대학교 일본연구소

현대일본생활세계총서 **15**

흔들리는 공동체
다시 찾는 '일본'

김효진 · 이은경 엮음

박문사

서울대학교 일본연구소에서는 네 개의 기획연구실을 두고서 전체 어젠다 [현대일본의 생활세계연구]를 2009년 9월부터 2018년 8월까지 10 년간 수행했다. 총 3단계에 걸쳐 수행한 성과는 〈현대일본 생활세계총 서〉 시리즈로 출판했다. 2018년부터 그 마지막 단계인 3단계 3-4년차 연 구의 성과를 시리즈로 출판한다.

1단계와 2단계의 성과는 총 9권의 시리즈로 이미 출판되었으며, 각 연구 주제와 책의 표제는 [표1]과 같다.

[표1] 현대일본 생활세계총서 1단계- 2단계 시리즈

연구실	1단계 5권	2단계 4권
정치외교	전후 일본, 그리고 낯선 동아시아	전후 일본의 생활평화주의
역사경제	협조적 노사관계의 행방	에너지혁명과 일본인의 생활세계
사상담론	전후 일본의 지식 풍경	일본, 상실의 시대를 넘어서
사회문화	현대일본의 전통문화	일본 생활세계의 동요와 공공적 실천
	도쿄 메트로폴리스	

3단계의 공동연구는 '전후 일본'의 생활세계를 구조 변동의 관점에서 포착했으며 정치, 경제, 역사, 사상, 사회, 문화, 문학의 전체적 차원에서 횡단적, 학제적 방법으로 조망했다. 3단계 사업은 10년간의 HK사업 공동연구를 마무리하는 기간이다. 이를 알차게 수행하기 위해 본연구소는 3단계의 사업 4년간(2014.09~2018.08)을 다시 2년 간 씩 나누어, 1~2년차(2014.09~2016.08)와 3~4년차(2016.09~2018.08)의 기획연구를 순차적으로 실행했다.

[표2] 현대일본 생활세계총서 3단계 시리즈

연구실	3단계 1~2년차	3단계 3~4년차
정치외교	일본 정치 보수화의 표상과 실상	재기하는 일본의 정치와 외교
역사경제 (1-2년차) 경제경영 (3-4년차)	저성장시대의 일본경제	구조적 대불황기 일본 경제의 진로
사상담론 (1-2년차) 사상문학 (3-4년차)	탈(脫)전후 일본의 사상과 감각	전후의 탈가과 민주주의의 탈주
사회문화 (1-2년차) 역사사회 (3-4년차)	일본 안전사회의 동요와 사회적 연대	공동체 경계의 유동화와 '일본' 이미지의 변용

〈현대일본 생활세계총서〉 3단계 3-4년차 시리즈는 2018년 상반기부터 출판 작업에 들어갔다. 각 연구실은 2년 동안 수차례의 집담회와 워크셥, 공개학술대회를 거치며 공동연구를 진전시켰으며, 모든 연구진들은 동시대 일본의 변화를 찬찬히 살피고 냉철하게 분석하고자 노력했다. 본 시리즈의 4권에 담길 연구 성과가 한국사회에서 일본의 현황을 이

해하고, 나아가 한국의 현재적 문제를 해결하기 위한 참조 축으로 활용될 수 있기를 바란다.

　그 동안 연구와 토론에 참여해 주신 각 분야의 연구자 여러분께 감사드리며, 앞으로도 일본 사회의 변화에 대응하며 한국사회의 발전에 기여할 수 있는 연구를 지속해 나갈 것을 약속드린다. 연구와 출판이 성사되도록 성심껏 협조해 주시는 일본연구소의 행정실과 연구조교, 도서출판 박문사의 여러분들께도 진심으로 감사의 말씀을 드린다.

2019년 6월 30일
서울대학교 일본연구소

3부 타자 인식

4부 자기 이미지

현대일본생활세계총서 **15**

흔들리는 공동체 다시 찾는 '일본'

현대 일본사회와 새로운 '공공'의 탐색

김효진

1. 새로운 시대와 '일본'의 대두

아키히토 천황의 생전퇴위를 한 달 앞둔 2019년 4월, 일본의 새 연호 레이와(令和)가 발표되었다. 이 연호의 공식적인 의미는 '아름다운 조화 (beautiful harmony)'로, 6개의 후보 중에서 일본의 가장 오래된 노래집으로 알려진 만요슈(万葉集)에 수록된 와카(和歌)에 바탕한 레이와가 선정되었다고 한다. 1989년 즉위한 이래 30년간 이어져 온 헤이세이가 종언을 고하고 새로운 시대가 시작된다는 기대감 때문인지, 일본인의 반응은 대체적으로 호의적이었다.

한편 이 연호에 대해서 부정적인 반응도 적지 않다. 우선 '레이와'의 레이(令)가 서구에서 번역될 때 군대에서 지휘/통솔을 의미한다고 소개되는 경우가 있어서 일본정부가 공식적인 해석을 별도로 발표하기도 했고, 레이와가 바탕하고 있는 시가 중국 고전의 영향이 명백하게 드러난 작품이기 때문에 만요슈가 원전이 아니라 중국의 문선(文選)이 실제 원전이라는 학계의 지적도 있었다.

새 연호 레이와를 둘러싼 다양한 반응에서 가장 먼저 눈에 띄는 것은 '일본적'인 것에 대한 강조이다. 기존의 연호가 중국 고전에 바탕을 둔 것과는 달리 레이와는 만요슈에 바탕을 두고 있다는 점이 가장 큰 특징으로 지적되었고, 이 점이 일본인들에게도 호의적으로 받아들여졌다. 아베 총리가 설명한 새 연호의 의미, 즉 '사람들이 아름답게 마음을 하나로 모으는 중에 문화가 탄생하고 성장한다(人々が美しく心を寄せ合う中で文化が生まれ育つ)' 또한 '일본'이라는 상상의 공동체를 염두에 둔 것으로 읽힌다. 실제로 일본근대문학 연구자 쓰보이 히데토(坪井秀人)는 신문기고에서 아베총리가 '국민'과 '국체(国柄)'를 강조한 것을 두고 내셔널리즘적인 정치자세에 대해 큰 위화감을 느꼈다고 지적한바 있다.[1] 이렇게 3.11 동일본대지진 이후 일본사회에서 '일본' 이미지는 사회적 구심점을 찾기 위한 노력의 일환으로 끊임없이 소환되어 왔다.

그렇다면 때로는 '유대(絆)'로, 때로는 '아름다운 나라(美しい国)'로 표현되는 '일본'의 현실은 과연 어떠한가? 2019년의 일본사회는 외국인 노동자 유입 정책의 급속한 전개를 필요로 할 만큼 심각한 소자화와 노령화, 그리고 일손부족과 복지재정 부족으로 허덕이고 있다. 이를 해결하기 위해 이미 128만명에 달하는 외국인 노동자가 일본에서 다양한 형

---

1) 坪井秀人, 「国家主義的 強い抵抗感」, 『京都新聞』, 2019. 4. 3.

태로 일하고 있으며, 이마저도 부족하여 2019년부터 '출입국관리 · 난민 인정법 개정안'을 추진하여 숙련된 외국인 노동자는 초기 체류 기간 5년 을 10년으로 연장할 수 있고 가족 동반도 허용한다. 이들에게는 10년 이 상 거주시 영주권 신청자격도 부여하게 된다.[2] 실제로 도시의 편의점에 서 외국인 종업원을 만나는 것은 이제 일상이 되었다. 극심한 취업경쟁 에 시달리는 한국의 젊은 세대에게 일본은 취업하기 좋은 나라로 인식 되고 있고, 실제로 많은 한국의 젊은이들이 미래를 꿈꾸며 바다를 건너 고 있다.

이런 상황에서 일본사회를 통합하기 위한 이미지로서 '일본'이 지 속적으로 환기되고 있다는 것은 무엇을 의미하는 것일까? 외국인 노동 자 유입을 촉진하는 제도를 바꾸는 동시에, 보수적인 지지층을 고려하 여 이것은 이민 정책은 아니라고 선을 긋는 일본 정부의 태도는 그 자체 로 모순적인 동시에 21세기 일본사회가 처한 현실을 단적으로 보여주고 있다.

'일본', 혹은 '일본적인 것'에 대한 강조는 오히려 이런 근본적인 변 화에 대한 일종의 대응책으로서, 즉 일종의 새로운 '공공'을 모색하고자 하는 시도로서 제기되고 있다고 보는 것이 적절할 것이다. 물론 그것이 내셔널리스틱한 성격을 강력하게 띠고 있다는 점에서 우리에게 익숙한 '우경화'라는 틀은 나름대로 설명력을 갖지만, 이것만으로는 실제 일본 사회에서 일어나고 있는 제도적, 구조적 변화를 제대로 설명할 수 없다.

---

2) 「외국인 노동자 이민 불허하면서 '이민자 대국' 된 일본」 (출처: http://news. chosun.com/site/data/html_dir/2018/11/10/2018111000089.html)

이런 관점에서 본서는 2000년대 이후 구조적 변동으로 인해 포스트 전후적 일본사회가 해체되면서 '일본', 혹은 상상의 공동체로서 '일본'의 이미지에 대한 강조가 다시 이를 통합하기 위한 대체물로 등장하였다는 상황 인식에 토대하고 있다. 그리고 이런 시도가 어떤 의미를 갖고 있는지, 그리고 나아가 일본사회에서 최근 모색되고 있는 새로운 '공공'이 어떤 모습이며 그것이 어떤 역사적, 사회문화적 배경에서 탄생하였는지를 경험적 연구를 통해 분석하고자 했다.

본서는 서울대학교 일본연구소가 인문한국(Humanities Korea) 사업을 수행하면서 3단계 2차 기획연구(2016년~2018년) 중 '역사와 사회' 기획연구팀이 수행한 연구성과를 토대로 한다. 역사와 사회 기획연구팀은 본 연구소의 인문한국 아젠다인 '현대 일본 생활세계 연구의 세계적 거점 구축'을 구성하고 있는 4개의 기획연구팀 중 하나로, 본서의 문제의식을 공유하는 다양한 분야의 학내외 연구자들-역사학, 인류학, 미술학, 음악학, 미디어연구, 문화연구 등-을 중심으로 긴밀한 협력을 바탕으로 2년간 학제적 연구활동을 수행했다.

특히 본 기획연구는 2000년대 이후 일본사회가 구조적 변동을 겪고 있다는 본 연구소의 대전제를 수용하는 동시에, 이를 보다 폭넓은 견지에서 접근하기 위해 역사적 관점을 중시하고자 했다. 따라서 연구결과 또한 2000년대 이후 일본사회의 변화뿐 아니라, 전후 일본사회에서 '일본', 그리고 '공공'이 어떻게 인식되어 왔는가를 반영하고 있다.

2. 전후적 '공동체'의 소멸과 그 이후

요시미 슌야(吉見俊哉)는 전후 일본사회에 '포스트전후'라는 개념을 도입하면서, 70년대를 기점으로 전후와 포스트 전후를 나눈다. 구체적으로는 1950, 60년대가 '전후'임에도 불구하고 사실은 전시에 확립된 총력전체제가 경제발전을 위해 지속적으로 운용된 시기인 반면, 1970년대 이후는 전후를 탈각한 이른바 '포스트전후'로서, 이 시대의 가장 중요한 특징 중 하나로 "보수파와 혁신파 어느 쪽이든 관계없이 전제로 하고 있던 복지국가 체제의 종말"[3]을 들고 있다. 다나카 가쿠에이의 '열도개조론'에서 볼 수 있듯이, 전후 자민당은 자본주의를 통한 사회주의, 즉 경제성장을 통한 전국민의 중류의식화와 지방에 대한 복지국가형 이익 배분 정책을 1970년 초반까지 펼쳐 왔으나, 이것이 종말을 맞이하고 신자유주의적 정책을 취하게 된 것이 바로 포스트전후 시기 이후라는 것이다. 그리고 이것은 1990년대 이후 과거에는 상상할 수 없을 정도로 격차가 발생하는 '격차사회'라는 형태로 드러나게 된다.

본 기획연구의 출발점은 바로 급격한 경제발전을 토대로 일본사회 전반에서 복지국가형 이익배분 정책을 실시하였던 시기, 즉 최근 향수에 가득 차 회상되는 '좋았던 그 시절(쇼와 30년~40년대)'이 상징하는 어떤 '공동체'의 이미지이다. '그 전쟁'에 대한 막연한 죄의식과 피해의식을 경제적 발전과 그에 기반한 복지국가[4] 구현을 통해 극복한 것으로 보였

---

3) 요시미 슌야, 최종길 역, 『포스트 전후사회』, 어문학사, 2013, 12쪽.
4) 물론 이때 복지국가란 북구, 유럽식의 국가 단위의 복지체제가 아닌, 기업이

던 특정 시기(전후)가 있었다고 보는 것이다.

아시아의 다양한 인종과 민족을 일본을 정점으로 하는 세계 질서 속에 위치지우려 했던 전전 제국주의 시기와는 달리, 전후 일본사회를 구성하는 것은 단일민족신화에 바탕한 '일본인'이라는 정체성을 갖는 사람들이라고 간주되었다. 압도적인 경제력과 군사력을 자랑하는 미국과의 관계를 필두로 한 서구와 일본이라는 구도 속에서 '일본인'과 '일본문화'에 대한 재조명이 일어난 것도 이런 관점에서 보면 필연적이었다. 구체적으로는 문화인류학에서 서구(미국)에 대비되는 일본적 특수성을 논하는 '니혼진(日本人)론', '니혼분카론(日本文化論)'이 일본사회에서 큰 인기를 끄는 것 또한 이런 경향에서 파생되었던 것이라 할 수 있다.

물론 70년대까지의 중류의식화와 복지국가형 이익 배분 정책은 사회 내부의 마이너리티에게까지는 제대로 적용되지 않았다. 어떤 의미에서 1950년대~60년대의 일본사회는 전전의 표면적인 아시아주의에서 후퇴하여 서구와의 대비를 통한 일본특수주의가 강화된 시기라고 볼 수있다. 구체적으로는 제국이 아닌 전후 일본사회에서 과거 제국 당시 식민지출신이었던 조선(한국)인은 북송문제와 국적 문제 등에서 지속적으로 차별을 받아왔으며, 근본적으로 이들은 일본사회에 동화하거나 '본국'으로 돌아가는 양자택일을 강요받아 왔다. 일본사회에 머물고자 하는 이들에게는 직업 선택과 통명제도 등에서 근본적인 차별이 지속적으로 존재하였으며 이를 수용할 때만—재일조선, 한국인의 다수가 파친

주도한 연공서열제, 종신고용제를 통해 이루어졌고, 핵가족 체제라는 젠더 분업에 기반하여 이루어졌다는 점이 중요하다.

코, 야키니쿠, 리사이클링 등 특정 자영업에 종사–일본사회의 구성원으로서 활동할 수 있었다.

흥미로운 것은 경제발전과 복지국가체제의 성립이라는 전후 일본사회의 특성과 '일본인론' '일본문화론' 같은 문화 민족주의(cultural nationalism)가 조합되어 만들어지는, 이른바 '공동체 없는 공동체의식'의 형성이다. '공동체(共同體)'란 용어 자체는 전후 일본사회에서 제2차 세계대전 당시의 파시즘과 연결되는 뉘앙스를 지니게 되면서 사용빈도가 확실히 줄었으며, 일본사회를 공동체라 부르는 경우 또한 극히 드물다.

그러나 공동체라는 용어의 사용빈도가 감소한 것과는 별개로, 전전 일본사회와는 다른 또 하나의 '공동체', 즉 평화헌법을 바탕으로 군대가 없는 진정한 민주주의 국가라는 자부심, 경제발전을 토대로 상대적으로 동질적인 언어와 문화를 공유하는 구성원들, 그리고 고급문화와 하위문화의 구분 없이 서구식 대중문화가 공유되는 사회라는 특수한 전후 일본의 상황은 과거와는 다른 의미의 이상적인 '공동체'에 대한 이미지를 강화하는데 충분했다고 본다. 이것이 바로 단카이세대가 지향했던 사회이며 바로 이런 토대 위에서 이상주의적인 국제주의(베헤렌 운동 등)도 활발하게 일어났던 것이다. 물론 이런 막연한 인식은 다양한 소수자를 배제한 '일본인'들 만이 공유하고 있었다는 점에서 근본적인 한계를 지니고 있었다.

한편, '포스트전후'가 시작된 것으로 간주되는 1970년대 이후 일본사회는 경제적 성장에 힘입어 '1억총중류사회'라는 이상에 가장 가까운 시기를 잠시 경험하였으나 이는 그리 오래가지 않았다. 버블경제는 실제로는 경제적 격차를 심화시켰으며, 필연적으로 찾아온 버블경기의 붕괴로 인해 일본사회는 1990년대 이후 잃어버린 20년을 경험하게 되었다. 전세계적으로 일어난 세계화와 신자유주의적 개혁은 우선 냉전적 국제질서에 기반한 미일관계의 양상을 변화시켰으며, '1억총중류사회'라는 신화를 중심으로 한 '전후 일본'이라는 막연한 공동체의식을 지탱하였던 복지체제, 그리고 지역커뮤니티의 토대를 와해시켰다.

이 중에서도 1990년대가 흥미로운 것은 버블경제 붕괴라는 경제적 난관에 대해서, 1980년대까지의 풍요로움에 기반한 개혁이 일어났던 시기라는 점이다. 1980년대에 시작된 일본의 '국제화' 정책이 지속되면서 1990년대는 다문화주의가 자치체를 중심으로 중요한 정책적 흐름으로 자리잡았으며, 경제 불황으로 핵가족-남성1인부양모델이 무너지면서 여성의 사회적 진출이 중요한 사회적 의제로 간주되어 젠더프리 (gender-free) 정책이 대두되는 시기이기도 하다. 이는 경제적 위기를 맞이하여 자민당의 50년 독주체제가 흔들리고 서구와의 관계만을 중시하던 일본사회가 동아시아의 경제적 발전과 민주화를 토대로 아시아주의가 대두한 결과이기도 했다.

그러나 이런 사회적 변화와는 달리 한신아와지 대지진과 이어지는 청소년문제, 옴진리교 사린사건 등으로 일본사회 전반에 불안감이 확산된 결과, 1990년대 후반에는 기성 논단을 중심으로 한 역사수정주의와 현재의 '혐한'적 흐름의 원류라 볼 수 있는 '니찬네루'를 중심으로 한 배외주의적 흐름이 발생하기도 했다. 정리하자면 1990년대는 냉전의 종결, 경제적 불황과 세계화, 신자유주의의 침투 등으로 인해 과거 막연한 이미지로서 존재한 (미국의 보호 아래) 풍요롭고 평등한 민주주의 사회로서 전후 일본사회가 그 근본에서부터 흔들리면서, 두 가지 방향성—사회적 차별에 대한 제도적 개혁과 보수화—가 동시에 태동한 시기라고 볼 수 있다.

3. '공동체 경계의 유동화'와 "일본' 이미지의 변용'

이런 상황 인식에 기반하여, 본 기획연구는 두 가지 키워드를 중심으로 구성되었다. 우선 현재 일본사회를 설명하는 첫 번째 키워드로 '공동체 경계의 유동화'를 제시하였다. 1억총중류사회라는 이상적인 전후 일본사회의 '공동체' 이미지가 흔들리는 한편, 세계화의 흐름을 통해 다양한 소수자 정체성을 중심으로 하는 정체성 정치(identity politics)가 전 세계적으로 영향을 끼치게 되면서, 지금까지 '일본인' '일본문화'라는 동질성을 강조하는 담론에서 제외되어 있었던 사회적 소수자에 대한 주목이 일어나고, 이들에게 일본사회의 구성원으로서 일정 정도 사회적 권리를 보장하는 흐름이 세계화와 신자유주의적 개혁과 함께 태동하였다는 것이다.

정치적으로 보수적인 노선을 택하고 '아름다운 일본'을 내세운 아베정권 하에서 성소수자의 법적 권리에 대한 의식이 변화하고 있고, 헤이트 스피치를 금지하는 법률이 통과되기도 했다. 이때 성소수자의 법적 권리에 대한 의식 변화는 세계화와 밀접한 관계를 맺고 있다. 미국에서 동성결혼(同性婚) 법제화가 이루어지고 아시아에서 대만이 최초로 동성혼 법제화를 시행하면서 사회적 소수자로서 성소수자에 대한 정책 (동성파트너쉽 도입 등)을 실시하는 지자체가 증가하고 있다. 또한 앞에서도 지적했던 바, 경제계의 지속적인 요구에 부응하여 외국인 노동자 유입을 촉진하는 제도적 변화도 급속도로 진행되고 있다.

한편, 2000년대 일본을 상징하는 또 하나의 흐름은 전영역에 걸친 풀뿌리부터의 '보수화,' 나아가 배외주의의 성장이라고 할 수 있다. 그리고 잘 알려져 있듯이 이런 보수화와 배외주의의 성장은 바로 세계화와 신자유주의적 개혁으로 인한 민족국가체제의 위기로부터 기인한다. 그리고 현재, 보수화와 배외주의의 가장 큰 타겟은 흥미롭게도 적국으로서 가장 강력한 중국이 아니라 '한국(북한, 재일조선/한국인)'[5]이다. 히구치 나오토가 1990년대부터 현재까지 '혐한'에 대하여 분석한 바에 따르면, '한국'은 1990년대 역시가 한일관계의 주요쟁점으로 부상하여 기존의 보수논단이 역사를 문제삼아 '한국'을 주요한 타겟으로 삼은 데서부터 배외주의의 토대가 마련되었고, 1990년대 후반 이후 인터넷을 통해 다양한 한국에 대한 정보가 확산되면서 인터넷을 중심으로 한 혐한세력이 형성, 확산되었다.

1990년대에 시작되어 2000년대 이후에 현저해진 이런 상반되는 움직임이 모순되는 두 흐름이 아니라 실제로는 밀접하게 연관되어 있는, 하나의 거대한 흐름의 양면으로 보는 것이 이 기획연구의 기본적 관점

5) 최근 제 2기 아베 내각에서는 북한의 미사일 공격까지 포함하여 '혐한'이 부각되고 있다.

이다. 경제적 풍요로움 속에서 지금까지 느슨하게 유지되어 오던 '전후 일본'이라는 공동체가 포스트전후, 그리고 2000년대 이후 구조적 변동을 거치면서 복지나 권리 등 자원의 분배를 둘러싼 투쟁으로 인해 점차 해체되고 있고, 그 과정에서 공동체의 경계가 다시 시험되면서 어떤 마이너리티는 그 경계 안으로 포섭되고, 어떤 마이너리티는 더 강력하게 경계 밖으로 내던져 지는 상황인 것이다. 그리고 이 과정에서 강력하게 대두하는 것이 바로 상상된 공동체이자 새로운 공공으로서 '일본'의 이미지이다. 본 기획연구의 두 번째 키워드인 "일본' 이미지의 변용'은 전후 '좋았던 그 시절'을 상징하는 어떤 공동체의 이미지가 사라진 상태에서 이를 '일본'이라는 상상된 공동체에 대한 이미지를 소환하여 봉합하고자 하는 최근 일련의 시도가 어떻게 진행되어 왔는가를 보여주기 위해 제시되었다. 여기서 '일본' 이미지라고 별도로 따옴표를 붙인 이유는 이때 '일본'은 우파나 보수세력이 주장하듯이 자연적이고 본질적이며 역사적으로 지속되어 온 어떤 실체가 아닌, 2000년대 이후 일본사회에서 진행되어 온 구조적 변동에 대해 이를 봉합하기 위해 제시된 일종의 텅 빈 개념이라는 점을 강조하기 위해서이다.

2019년 새로운 천황의 즉위와 2020 도쿄 올림픽, 그리고 최근 확정된 2025년 오사카 만국박람회까지, 우연이라고 보기 어려울 정도로 잇달아 개최되는 메가이벤트를 통해 '일본' 이미지가 지속적으로 강조되고 환기될 것이다. '이민 없는 이민자대국'으로서, 세계화에 동반한 정체성 정치의 영향이 더욱 강화될 것으로 예상되는 2020년대 일본사회가 어떤 변화를 보일 것인지 지속적으로 추적할 필요가 있다.

4. 본서의 구성에 대하여

　본서에 실린 총 8편의 논문은 크게 네 개의 소주제로 분류되어 있다. 각각 '제도적 모색', '전후미디어', '타자인식', '자기이미지'인 소주제 중, 앞의 두 개는 '공동체 경계의 유동화'라는 키워드에, 뒤의 두 개는 "일본' 이미지의 변용'에 보다 밀접하게 관련되어 있다. 실제 일본사회에서 일어나고 있는 변화에 대한 대응, 그리고 그를 이해하기 위한 자기와 타자 인식의 문제라고 바꾸어 표현해도 좋을 것이다. 이하 각각의 논문을 소개하면서 글을 마무리하고자 한다.

　'제도적 모색'의 두 논문은 각각 일본의 동성파트너쉽제도 및 사회복지협의회라는 단체에 착목하여 2010년대 일본사회에서 일어나고 있는 '공동체', 나아가 '공공'에 대한 논의를 비판적으로 검토한 것이다.

　김효진은 2015년 도쿄 시부야구를 시작으로 지방자치단체에서 도입되기 시작한 동성파트너쉽 제도 및 동성결혼 법제화를 둘러싼 법적, 행정적 이슈를 정리하고 이를 둘러싼 찬반논란을 살펴본다. 지방자치체 수준의 동성파트너쉽 제도 도입과는 달리, 일본 정부는 현행 법률상으로 혼인은 남성과 여성의 결합을 의미한다는 입장을 고수하고 있다. 외국의 동성결혼에 대해서는 현실적인 대처를 하는 한편, 일본의 혼인제도에 영향을 끼칠 요소는 배제하고 있다. 흥미로운 것은 이런 상황에 대해 성소수자 운동의 방향성이 페미니즘과 연대에 바탕한 혼인제도 외부의 대안 모색에서 최근 세계적인 동성결혼 법제화 흐름과 성소수자 운동의 고령화로 인해 점차 결혼할 권리의 평등에 주목하고 있다는 점이다. 이 논문은 페미니즘과 성소수자 운동의 연대가 점차 흔들리고 있는 현실을 살피고, 이후 성소수자운동과 보수파가 결합할 가능성에 대해서도 언급하고 있다.

박승현은 2000년대 전후 신자유주의적인 행정개혁과 함께 대두한 '새로운 공공'의 한계와 가능성을 사회복지협의회의 역사 및 지역복지 실천의 사례를 통해 분석하고 있다. '새로운 공공'은 폭넓은 '중간집단'이 공(公)과 사(私)를 매개하고 보완하여, 공공성을 독점해 온 국가적 공공성을 상대화하는 '공공성의 전환'에 강조를 둔 논의이다. 일본사회에서는 다양한 비영리섹터가 지역사회에 이미 '견실한 생활운동'의 저변을 가지고 있었기 때문에 '새로운 공공'이 추진될 수 있었다. 그러나 실제 제 3섹터들은 '새로운 공공'의 전개에 중요한 동력으로 작용한 동시에, 국가 정책에 조응하는 위탁기관으로서의 한계를 지닌다. 그러나 한편 '공익을 추구하며 영리를 목적으로 하지 않는' 단체들이 제도와 행정을 지지하고 한편, 주민들의 참여를 끌어내는 중간역할을 하는 과정에서, 이들의 유연성은 지역사회에 공(公)과 공(共), 사(私)의 경계가 모호한 영역을 확장시키고 있다. 이는 한계인 동시에 가능성이 될 수 있다는 것이 저자의 시각이다.

'전후 미디어'의 두 논문은 각각 NHK월드TV와 이른바 '다이쿠현상'을 테마로 미디어의 영역에서 '일본'이 어떻게 구현되고 있는지, 그 내부의 균열과 모순이 어떻게 표현되고 있는지를 살핀다.

정지희의 글은 2009년 100% 영어화에 의해 '외국인'을 대상으로 한 텔레비전 국제방송으로 재출범한 NHK월드TV를 사례로 삼아 현재 국가

주도로 진행되고 있는 '일본'을 둘러싼 이미지 정치를 분석한 연구이다. 정지희는 우선 출범 10주년을 넘긴 NHK월드TV가 안고 있는 문제들을 조명하고 이 문제들이 소프트파워론에 대한 성급한 맹신과 국제방송이라는 특정한 미디어에 대한 이해부족에서 비롯되었음을 논증한다. 이러한 작업을 통해 소프트파워 제고와 국제방송 확충 사이에 상정되어왔던 상관관계를 상대화한다. 또한 국제방송이 구축하는 '일본' 이미지를 분석하여 소프트파워 개념이 전지구화에 대응할 수 있는 경쟁력을 기준으로 '일본'을 상상하도록 추동하는 정언명령으로 작용하는 현실을 드러내고, 전지구화 시대의 시장경쟁 논리를 체화한 현대 일본의 이미지 정치의 현주소를 비판적으로 직시할 필요가 있음을 환기시킨다.

이경분의 글은 일본에서 베토벤 9번 교향곡이 '다이쿠'가 된 독특한 현상을 소개한 후, 일본인들에게 베토벤을 통한 일체감이 주는 문제는 없는지 비판적 관점에서 고찰한다. 득히 비판적 관점의 두 번째 부분에서는 베토벤 9번 교향곡이 나치시기에 정치적으로 남용된 역사와 왜 '일본 전통음악'이 아니라 '베토벤음악'으로 일체감을 추구했는지에 대해 질문하며, 동일본대진재 이후 다이쿠 현상과 사무라고우치 마모루(佐村河内守)라는 '일본적 베토벤' 이미지의 허상에 대해 살펴본다.

결론적으로 '일본화'된 베토벤 9번의 다이쿠 현상에는 나치시기에 독일인들만의 배타적 공동체를 조장하고, 아리아인에 속하지 않는 타자들을 학살했던 정치적 연루에 대한 성찰은 없었다. 이러한 9번 교향곡에 대한 비판적 관점은 일본의 호황기인 1980년대에도 환영받지 못한 상황이었으므로, 동일본대진재 이후의 위기적 사회 분위기에서는 더더욱 환영받지 못하고 있다. 오히려 2013년 사무라고우치 스캔들에서 보듯이, 허구적 베토벤 이미지의 사용과 다이쿠를 통한 공동체의식이 더욱 어필되는 현상이 지속되리라 예측된다.

'타자인식'에 포함된 두 편의 논문은 각각 '애국여성' 현상과 일본의 중국인식을 다룬다.

이은경은 보수·우익적 주장을 펼치는 일본 여성이 증가하는 현실에 주목하여 이른바 '애국여성'이라는 일군의 여성에 대해 고찰하였다. 스스로를 '애국여성'으로 부르는 이들을 파악하기 위해 먼저 주된 애국여성 단체와 활동가들을 선별하여 소개하고, 이들의 특징─이들이 스스로를 매우 보통의 평범한 소시민으로 인식하면서 우연한 기회의 각성을 통해 돌연히 애국심에 눈뜨게 되었다는 개인적 경험을 강조한다는 점, 마지막으로, 페미니즘이나 남녀평등을 위한 정책에 반대하며 남녀성별분업 등을 특징으로 하는 매우 보수적인 젠더인식을 가지고 있다는 점─을 구체적인 사례를 통해 살피고 있다.

나아가 애국여성의 대표적 활동으로서 국내외에서의 '반(反)위안부' 관련 주장과 활동을 고찰한다. 이들은 반위안부 활동을 전개할 때, 역사문제 혹은 현대 일본의 위상 등에 대해서는 대체로 역사수정주의자들과 인식을 같이하며, 그에 더하여 자신들 역시 위안부와 '같은' 여성이라는 점을 강조하지만 이는 전략적 선택일 뿐 여성으로서의 이해에 기반한 것은 아니다. 구체적인 활동으로서는, 유엔 등 국제 사회에서─직접, 혹은 일본 정부를 압박해서─위안부문제를 부정하는 내용을 발신하고, 소녀상 설립을 저지하기 위해 세계 각지를 직접 찾아가 설득하며, 위안부 관련 자료의 유네스코 기억유산 등록을 저지하기 위한 방해공작을 펼치는 중이다. '일본' 인식의 강화라는 것이 역사문제 혹은 대외적 갈등 속에서 어떠한 방식으로 드러나는지를 보여주는, 구체적인 실례라 할 것이다.

이에 대해 박훈은 일본의 중국사학자들이 갖는 중국인식을 분석의 대상으로 삼는다. 나이토 고난, 야노 진이치, 야마지 아이잔 등 20세기 전반을 풍미하던 일본의 지식인들은 모두 중국사회가 일본이나 구미와는 유형적으로 다른 사회라고 보았다. 발전단계론적인 입장에 서면 설혹 아주 뒤늦더라도 구미와 같은 단계에 다다를 수 있는 전망이 있는 반면, 이 입장, 즉 사회유형론적인 입장에 서면 중국사회는 애초에 구미, 일본과는 다른 경로의 역사진행을 하고 있는 게 된다. 이들의 결론은 대부분 중국에 대한 폄훼로 귀결되었지만, 그 논점을 뒤집으면 중국사회에서야말로 구미, 일본사회에서는 발견할 수 없는 새로운 가능성을 발견할 수 있게 되는 것이다. 특히 중국에서의 국민국가건설을 무망한 것으로 보고, 중국의 보편문명성, 보편제국성을 간취했던 이들의 논의를 되살리면 현재 중국이라는 국가(국민국가? 제국?)에 대해 전개되고 있는 다양한 논쟁에 큰 시사를 안겨줄 수 있을 것이다. 전후 망각되어 왔던 이 사회유형론적인 관점이 최근 다시 부각되고 있다. 이런 관점에서의 중국론이 이질성만을 강조하며 중국불가해론, 중국혐오론에 더 이상 봉사하지 않고, 중국과 일본 양 사회의 성격을 공정하게 비교, 인정할 수 있는 실마리를 저자는 찾고자 한다.

'자기 이미지'에 실린 두 편의 논문은 각각 전후 일본 문화에서 큰 영향력을 지닌 두 사례-영화 〈고지라〉 시리즈와 무라카미 다카시-를 세밀하게 고찰하고 있다.

강태웅은 60여 년간 29편 시리즈로 만들어진 일본을 대표하는 SF 영화인 〈고지라〉의 일본회귀성에 초점을 맞춘다. 고지라는 미국의 핵실험으로 변형되었지만, 항상 일본으로 쳐들어온다. 이 논문은 고지라의 일본 회귀성에 초점을 맞추어 고지라는 일본으로 왜 돌아오는지, 바꾸어 말하면 일본이라는 공동체는 왜 고지라를 필요로 하는지를 분석하고 있다.

고지라는 공동체를 파괴하고 폐허로 만든다. 그러나 회귀성이 일본으로 제한되어 있는 것처럼, 연속된 파괴도 일본이라는 공동체에 제한되어 있다. 고지라에 의한 희생을 다른 나라와 나누어가지지 않으려는 배타성까지 엿보인다. 파괴와 폐허는 일본의 치부라 하여 숨겨할 것으로 여겨지지는 않는다. 오히려 파괴와 폐허가 일본에서 적극적으로 수용되고 소비되는 것이다. 이러한 수용을 파괴와 폐허를 '독점'하려한다는 능동적인 행위로 치환하여 볼 수 있다. 파괴와 폐허에 대한 '독점'은 〈고지라〉 이외에도 많은 일본의 SF에서 찾아볼 수 있다. '독점'은 일본이 전쟁의 가해자이기보다도 피해자 의식을 가지고 있고, 이것이 전후 내셔널리즘의 근간을 이루고 있음과도 연결된다.

최재혁은 1990년대 이후 일본 뿐만 아니라 세계적으로 주목받고 있는 작가 무라카미 다카시가 제시한 '슈퍼플랫' 개념의 변화를 추적한다. 무라카미 다카시는 '슈퍼플랫' 개념을 제기하며 재패니즈 네오 팝 미술로 세계적인 성공을 거둔 현대미술가다. 슈퍼플랫은 현대 일본의 애니메이션과 전근대 일본미술을 '평면성'이라는 공통항으로 묶어낸 조형적 개념인 동시에, 고급문화와 대중문화의 위계가 애매해지고 계급과 취향도 해체되어 '평평해진' 전후 일본 사회에 대한 독법으로 의미를 확장해 갔다.

무라카미는 2011년 동일본 대지진 이후 종교와 철학으로 회귀하고 '인간의 무력함과 예술의 가능성'과 같은 진중한 테마로 전환했다는 평가를 받고 있다. 동양의 고전적 주제인 사신도의 구성을 취한 〈오백나한도〉는 에도 후기 화가들의 표현에서 다방면으로 취합한 도상을 변형을 걸쳐 도입함으로써 '오타쿠 시대'가 종언되었음을 알리며 작가를 전통미술의 현대적 체현자로도 자리매김하는 계기가 되었다. 그러나 캐릭터화된 대상 묘사가 화면에 잔존하고 있다는 측면에서 무라카미에게 오타쿠 문화는 여전히 주요한 제작 동인이었다. 과거 예술로 받아들여지지 않던 일본의 서브컬처를 서양미술의 팝아트 문맥 속에 접속하며 해외에서 성공했다면, 변화된 슈퍼플랫은 일본의 전통 미술과 오타쿠 문화를 포개 놓으며 새로운 국면으로 전개한 것이라 볼 수 있다.

이상의 연구들이 공통적으로 밝히고 있는 것은 2000년대 이후 일본 사회에서 일어나고 있는 변화는 그 이전과는 다른, 보다 심대하고 근원적인 것이라는 점이다. 그리고 현재 이를 극복하기 위한 노력이 일본사회의 현실을 마주하기 보다는 '일본' 이미지의 부각이라는 내셔널리스틱한 담론에 기대고 있다는 점이 지속적으로 제기되었다. 그러나 제도적 개혁 및 새로운 '공공'의 모색은 여러 영역에서 다양한 형태로 이루어지고 있다는 사실도 잊어서는 안 될 것이다, 이것이 향후 '일본' 이미지에 대한 소구와 어떤 관계를 맺게 될 것인가는 인문한국 10년 이후, 본 연구소가 앞으로 탐구해나갈 과제로 삼고자 한다.

기획연구의 진행과정에서 많은 분들의 노력과 후의에 큰 신세를 졌다. 상대적으로 짧은 기간으로 기획된 본 연구에 참여하여 훌륭한 연구성과를 만들어 주신 연구자분들은 물론, 기획연구의 내용을 바탕으로 개최된 역사와 사회 연구실 심포지엄에서 토론과 사회 등으로 참여해 주신 동료 연구자들의 노고에 깊은 감사를 표한다. 그리고 기획연구의 진행과정 및 단행본 출간 과정에서 많은 수고를 해 준 본 연구소 김민, 손혜경 조교에게도 감사의 뜻을 전하고자 한다. 2020년대의 일본사회는 어떤 모습이 될 것인가를 가늠하는데 이 단행본이 도움이 되기를 기원한다.

현대일본생활세계총서 **15**

흔들리는 공동체 다시 찾는 '일본'

제1부

제도적 모색

현대일본생활세계총서 15

흔들리는 공동체 다시 찾는 '일본'

동성파트너쉽제도를 통해 본
포섭과 배제의 정치학*

김효진

1. 일본사회의 성소수자에 대한 인식과 동성파트너쉽 제도의 도입

서구와는 달리, 일본은 성소수자 친화적(LGBT-friendly)[1] 인 사회라는 인식이 존재한다. 그 이유로는 전근대사회에서도 다양한 섹슈얼리

---

* 이 글은 「현대 일본의 성소수자와 동성파트너쉽: 포섭과 배제의 정치학」(『일본학』 46권, 동국대학교 일본학연구소, 2018. 5.)를 수정 보완하였다.
1) 성소수자(sexual minorities)의 개념에 대해서는 다양한 학술적 논의가 있다. 흔히 통용되는 LGBT는 여성동성애자, 남성 동성애자, 양성애자, 트랜스젠더의 첫글자를 따서 만든 것으로 일반적으로 성소수자와 혼용되거나 대체하여 쓰이지만 이보다 훨씬 더 큰 스펙트럼이 존재하며 이들 그룹 사이의 차이도 엄존한다. 그럼에도 불구하고 "이른바 '정상성'으로부터의 일탈이라는 것을 이유로 그들이 주류사회로부터 감수해야만 하는 차별, 혐오, 소외, 배제, 기피, 무시의 양상이 매우 '유사하기 때문(이지형, 「일본 LGBT(문학) 엿보기: 그 불가능한 가능성」, 『일본비평』 8호, 2013, 195쪽)"에 이 글에서는 이들을 크게 하나로 묶어 다루고자 한다.

티(sexuality)가 특정한 사회문화적 역할을 담당하는 방식으로 존재해 왔다는 점, 그리고 현대에서도 마쓰코 디럭스(マツコデラックス)나 미와 아키히로(美輪明宏) 등, 유명 연예인 중에 소위 '오네에(オネエ)', '오카마(オカマ)' 캐릭터가 존재하고, 여성작가가 여성독자를 타겟으로 하는 남성동성애를 그리는 보이즈러브(Boys' Love)와 남성이 여성역할을 도맡아 하는 가부키(歌舞伎)와 여성이 남성 역할을 도맡는 다카라즈카(宝塚) 가극이 오랜 역사를 지니고 많은 인기를 얻고 있는 등의 가시적 현상이 그런 인식을 뒷받침하고 있다. 또한, 사회문화적으로는 서구와는 달리 성소수자를 금기시하는 종교적 전통과 조직적인 성소수자에 대한 탄압이 존재하지 않았다는 사실도 이런 인식을 강화하는데 기여하고 있다.

그러나 바로 이런 문화적 특수성으로 인해 일본사회에서는 오히려 '인권(human right)'으로서 성소수자 운동이 비가시화되고 있다는 역설이 존재한다. 예를 들어 전근대 난쇼쿠(男色)이나 슈도(衆道) 등은 분명히 남성간의 섹스를 포함한 호모섹슈얼한 실천이지만, 현대 사회의 남성동성애자를 가리키는 게이(gay)가 섹슈얼리티를 중심으로 하여 개인의 정체성(identity)을 규정하는 상황과는 명백히 다르다. 이는 일본과 비슷한 경제적 수준인 서구 국가들과는 크게 다른 것으로, 현대 일본사회에서 성소수자운동은 여전히 사회적으로 비가시화된 존재라고 할 수 있을 것이다.[2]

---

2) 일견 성소수자 친화적인 환경에도 불구하고, 여전히 일본에서 '동성결혼'은 일상적인 대화의 주제로 거의 오르지 않으며, 심지어 성소수자 인권운동가들조차 이 문제를 본격적으로 논의하기 시작한지 오래되지 않았다는 점을 많은 연구자들이 지적하고 있다. Tamagawa Masami, "Same-Sex Marriage in

이런 상황을 잘 보여주는 것이 2000년대 이후 시행된 성소수자에 대한 다양한 여론조사에서 드러나는 일본인들의 모순적인 태도이다. 성소수자에 대해 차별해서는 안 된다고 생각하는 사람이 다수(50% 이상)인 반면, 동성결혼 법제화 및 동성커플의 아이 입양에 대해서는 극도로 보수적이며 자신의 주위에 성소수자가 있다고 대답하는 사람이 5%에 그치는 등의 태도는 서구의 그것과는 큰 차이를 보이며, 이는 일본인들이 중시하는 전통적 가치, 즉 가족을 둘러싼 태도의 문제와 밀접하게 연결된다.[3]

그러나 이런 국내적인 상황과는 별개로 유럽사회를 시작으로 최근 미국에서도 동성결혼(同性婚) 법제화가 이루어지면서 일본 주류사회에서도 성소수자의 인권문제, 그리고 이를 뒷받침하는 제도에 대한 관심이 증가하기 시작했다. 이를 대표하는 사건으로 2015년 4월 1일 시행된 〈시부야구 남녀평등 및 다양성을 존중하는 사회를 추진하는 조례(渋谷区男女平等及び多様性を尊重する社会を推進する条例)〉 제정을 들 수 있다. 2012년부터 검토가 시작되어 구의회의 다수결 투표를 거쳐 2015년에 시행되기 시작한 시부야구의 제도는 구에 등록한 동성 파트너 간에 '파트너쉽(partnership)'을 시부야구 차원에서 인정하고 파트너쉽 증명서를 발급하는 제도로 구체적인 내용은 다음과 같다.

Japan," Journal of GLBT Family Studies 12:2, 2016, p.161.
3) Tamagawa Masami, "Same-Sex Marriage in Japan," p.162.

- **법률상의 혼인과는 다르며**(법적 구속력 없음, 다만 시영주택 입주신청 및 특정 보험사에서 사망시 보험금 수령인 인정(확정), 입원시 면회 및 핸드폰 가족 할인 등 혜택이 예상됨)
  1) 남녀 혼인관계와 다르지 않은 정도의 실질을 갖추고
  2) 호적상 성별이 동일한 두 사람간의 사회생활 관계: 파트너쉽(partner-ship)으로 인정−법률상으로는 **임의후견계약**[4] 관계

* 두 사람 모두 1) 시부야구에 거주하고 2) 주민등록이 완료된 경우에만 유효. 즉 지역에서 거주하지 않거나, 이후 이주할 경우 신청서를 반납할 필요.
* 법적인 권리와 의무가 발생하는 해외의 시민결합(civil union)과는 달리 법률상으로는 아무런 권리와 의무가 발생하지 않음.

여전히 결혼규범이 강고한(혼외자가 거의 없다는 의미에서) 일본 사회에서 동성 간 결혼권에 이르는 중간 단계로서 동성파트너쉽이 도입된 것으로, 2018년 현재 6개의 지방자치체[5]가 이 제도, 혹은 유사한 제도

---

4) 임의후견계약(任意後見契約)은 일본 법원에 따르면 "충분한 판단능력이 있는 사람이 장래 판단능력이 불충분해지는 경우에 대비해서 미리 공증증서로 임의후견계약을 맺어, 판단능력이 불충분해졌을 때 그 계약에 바탕하여 임의후견인이 본인을 원조하는 제도(http://www.courts.go.jp/saiban/qa_kazi/qa_kazi57/index.html)"로 간단하게 맺을 수 있는 장점이 있는 반면, 단점으로는 1) 사후처리를 위임할 수 없음 2) 법정후견제도같은 취소권이 없음 3) 재산관리위임계약에 비해 신속성이 떨어진다는 점이 지적된다(https://www.seinen-kouken.net/2_nini/).
5) 도쿄도 시부야구, 도쿄도 세타가야구, 효고현 다카라즈카시, 미에켄 이가시, 오키나와 나하시, 홋카이도 삿포로시 등이다. 세부적인 내용은 큰 차이가 없지만, 시부야구의 경우 구의회의 의결을 거친 조례(条例)인 반면 나머지 지역은 지역자치체장이 직권으로 도입한 요강(要綱)이라는 차이점이 있다.

를 도입하여 운영하고 있으며 2019년부터 후쿠오카시와 오사카시도 유사한 제도를 도입할 예정이다. 또한 시민들의 반응도 우호적이라고 알려져 있다.

흥미로운 것은, 지방자치체 수준의 동성파트너쉽 도입에도 불구하고 동성결혼에 관련한 일본 정부의 태도에는 변화가 없다는 점이다. 앞에서 살펴본 시부야구의 조례는 그 의의에도 불구하고 실질적인 혜택이 거의 없으며 등록과정에서 많은 비용이 드는 등, 실질적으로 그 혜택을 받는 사람들이 소수에 머무른다는 점에서 기존의 성소수자 운동으로부터도 비판을 받고 있다.

그러나 일본 정부는 결혼은 양성, 즉 남성과 여성 간의 결합이라는 기존의 입장을 고수하고 있다. 일본 정부의 이러한 보수적인 태도와는 달리 국제적 추세를 따라야 한다는 주장에 바탕하여 세계화가 진전된 기업(파나소닉, 아사히신문 등)을 중심으로 동성결혼 파트너에 대해 이성혼 커플과 동일한 결혼휴가, 복지제도를 제공하는 경우가 눈에 띄게 증가하고 있는 것이 현실이다.

이처럼 동성파트너쉽을 둘러싼 논쟁은 최근 전세계적으로 강조되고 있는 성소수자의 인권을 존중한다는 인권 차원의 문제틀과 사회제도로서 남성 중심적·이성애중심적 결혼제도가 첨예하게 충돌하는 이슈로 부각되고 있다. 이런 관점에 바탕하여 이 글에서는 현재 일본사회에서 동성파트너쉽, 그리고 동성파트너쉽 다음 단계의 도달점으로서 동성결혼 법제화를 둘러싼 법적, 행정적 이슈를 간략히 정리하고, 최근 지자체를 중심으로 도입되거나 도입이 검토되고 있는 동성파트너쉽 제도(조례, 행정지침 등)를 중심으로 이를 둘러싼 논의를 살펴본다. 이것은 한국 학계에 아직 일본의 관련 이슈에 대한 본격적인 연구가 없다는 점에서 관련 이슈의 내용과 제도의 문제점을 정리하여 소개할 필요가 있기 때문이다.

나아가 동성파트너쉽을 포함한 결혼제도를 대체하는 파트너쉽 제도의 도입을 둘러싸고 일견 상호 보완적으로 보이는 페미니즘과 성소수자 운동 내부에 다양한 입장이 존재하고 있다는 점을 밝히고, 이런 다양한 입장이 동성파트너쉽 제도의 도입과 동성결혼 법제화에서 어떻게 충돌하고 있는지를 살핌으로써 최근 보수화의 흐름이 뚜렷해지고 있는 일본사회에서 성소수자운동과 동성파트너쉽, 나아가 동성결혼의 전망을 고찰하고자 한다.

2. 일본의 혼인제도와 동성파트너쉽의 위상

2.1. 일본 혼인제도의 모순: 외국의 동성결혼 법제화 이후

앞에서도 살펴보았지만, 동성파트너쉽 제도의 도입은 2010년대 일본사회에서 1) 동성결혼 법제화의 전단계이자 2) 실제 성소수자가 파트너와 함께 생활을 하면서 겪게 되는 부조리하고 불합리한 차별에 대해 인권의 차원에서 이를 구제할 방법을 찾기 위한 방법으로 등장하게 되었다.

그렇다면 실제로 일본의 법률에서 혼인(婚姻, '결혼'의 법률용어)이
어떻게 규정되고 있는지, 그리고 동성결혼과 동성파트너쉽 제도가 지니
는 법률상 쟁점을 간략하게 살펴보겠다. 우선 일본의 헌법에서는 혼인
을 다음과 같이 규정하고 있다.[6]

일본국헌법 제24조 〈가족생활에서 개인의 존엄과 양성의 평등〉
1) 혼인은 **양성(兩性)의 합의** 위에서만(両性の合意のみに基づいて) 성립
   하고 부부가 동등한 권리를 가지는 것을 기본으로 하여 상호의 협력
   에 의해 유지되어야 한다.
2) 배우자의 선택, 재산권, 상속, 주거 선정, 이혼 및 혼인, 가족에 관한
   그 외의 사항에 관해서는 법률은 **개인의 존엄과 양성의 본질적 평등**
   에 입각하여 제정되어야 한다. (강조: 연구자)

이 헌법 조문을 둘러싸고 동성결혼 찬성파와 반대파 간에 해석을
둘러싼 논쟁이 지속되고 있다. 혼인이 '양성'의 합의에 바탕하여 성립한
다는 조문을 문자 그대로 해석하여 이를 남성과 여성의 결합인 경우에
만 혼인으로 인정할 수 있다는 쪽과, 이때 양성을 넣은 것은 전통적인 일
본사회의 남존여비에 대한 비판으로, 그 당시 사회상황(남녀평등과 개
인의 존엄을 기본으로 한다는 의미에서 부부간 평등을 가져오기 위한
것)을 반영한 것이므로 양쪽(both parties)를 의미하는 것일 뿐 동성결혼
을 배제하기 위한 것은 아니라는 해석이 가능하다는 의견이 상충하고

---

6) 杉浦郁子・野宮亜紀・大江千束,『パートナーシップ・生活と制度 [結婚, 事実婚, 同
   性婚 増補改訂版』, 緑風出版, 2016, 74쪽.

있다.[7)]

그러나 한편, 분명히 일본의 법률이 어디까지나 혼인은 이성커플의 것으로만 상정하고 있다는 사실을 쉽게 무시할 수는 없다. 그 대표적인 예가 법률혼에서 반드시 제출해야 하는 〈혼인신고서〉에 '남편(夫)'과 '아내(妻)'로 기입하게 되어 있다는 사실이다. 성중립적인 '배우자'라는 표현 대신 남편과 아내라는 호칭을 사용하고 있다는 점은 일본에서 법률혼의 기준이 이성결혼이라는 사실을 반영하고 있다.[8)]

그렇다면 최근 동성결혼을 허가한 국가들이 늘어나고 세계화의 영향으로 해외에서 거주하는 일본인, 그리고 일본에서 거주하는 외국인이 증가하고 있는 상황에서, 동성결혼을 인정하지 않는 일본에서 1) 일본인이 외국에서 동성결혼을 한 경우, 그리고 2) 일본인과 외국인이 외국에서 동성결혼을 한 경우 등의 다양한 사례에 대해서 일본 정부는 어떻게 대처하고 있는가? 이에 대해서 일본 정부의 입장은 원칙적이자 보수적이다.

---

7) 이는 한국의 헌법에도 해당하는 내용으로, 한국의 헌법 36조 1항에는 〈혼인과 가족생활은 개인의 존엄과 **양성**의 평등을 기초로 성립되고 유지되어야 하며, 국가는 이를 보장한다〉로 되어 있다. 그러나 많은 학자들이 이 경우 양성은 남녀평등의 정신을 반영한 것으로, 이를 문자 그대로 이성혼만 가능한 것으로 해석할 수 없다고 의견을 제시한다. 보다 자세한 내용은 김민중, 「동성(同性)간의 결합에 대한 법적보호」, 『동북아법연구』 Vol.10 no.1, 2016, 192~240쪽을 참고하라.

8) 杉浦郁子・野宮亜紀・大江千束, 『パートナーシップ・生活と制度[結婚, 事実婚, 同性婚 増補改訂版』, 46쪽. 이는 한국도 동일하다.

내연관계, 동성결혼에서는 가족 체재, 그리고 일본인의 배우자 등의 재류자격은 부여되지 않습니다. 이것은 국적을 불문하기 때문에 외국적 간의 동성 커플이라고 해도 일본에서는 가족 체재의 재류자격은 얻을 수 없습니다.[9]

그러나 증가하는 외국의 동성결혼 제도로 인해, 이상과 같은 원칙적인 입장을 유지하기가 어렵게 되자 법무성은 2013년, 기존의 재류자격은 그대로 유지한 채 동성결혼 배우자에 대해서 완전히 다른 범주의 재류자격을 부여하는 쪽으로 결론을 내린다. 즉 해외 동성결혼의 배우자가 체재하는 경우, '특정활동(特定活動)'이라는 재류자격을 부여하게 된 것이다. 다만 이는 일본 국적과 외국적 커플에게는 적용되지 않는다는 한계를 가지고 있다.[10]

---

9) 근거는 다음과 같다:
법무성 입국관리국 '입국 재류심사요령' 제 12편 재류자격
227항 25절 가족체제 제 1 해당범위
'배우자'에는 내연자 및 외국에서 유효하게 성립한 동성결혼에 의한 사람은 포함되지 않는다.
226항 제 29절 영주자의 배우자 등 제 1해당범위
1 ㈜ 동성결혼에 관련된 '배우자'는 그것이 당사자 간의 국가에 있어서 유효하게 성립할 수 있었던 것이라고 해도 우리나라에서는 효력을 갖지 않는 것이므로 배우자로서는 인정하지 않는다.
보다 상세한 설명은 杉浦郁子·野宮亜紀·大江千束,『パートナーシップ·生活と制度 [結婚, 事実婚, 同性婚 増補改訂版』, 78~81쪽을 참고하라.
10) 〈법무성관재제 5257호 2013년 10월 18일, 동성결혼의 배우자에 대한 입국, 재류심사에 대해서(통지)〉"재류자격 '가족체재' '영주자의 배우자 등' 등에서 말하는 '배우자'는 우리나라의 혼인에 관한 법령에서도 유효한 것으로서 취급되는 혼인의 배우자로 외국에서 유효하게 성립한 혼인이라고 해도 동성결혼에 의한 배우자는 포함되지 않는데, 본년 5월에 프랑스에서 '동성결혼법'이 시행되는 등 최근 제외국에서 동성결혼에 관련된 법정비의 실정 등을

또한, 해외에서 외국적 동성 배우자와 결혼하고자 하는 일본인은 국제결혼을 하기 위해서 '혼인요건구비증명서'를 받아야 했으나, 2002년 법무성은 이 서류에 상대방의 성별을 기재해야 하며, 배우자가 동성인 경우 이 서류를 발급해서는 안 된다고 지침을 내렸다. 이 '혼인요건구비증명서'는 여전히 동성결혼 희망자에게는 발급되지 않고 있으나, 현실적으로 외국에서 외국인과 동성결혼을 하는 일본인이 증가하면서 재류자격의 경우와 비슷하게 완전히 다른 범주의 증명서를 발급하는 것으로 결정했다.

　　이 결과 2009년부터 해외에서 외국인과 동성결혼을 희망하는 일본인에게 발급되기 시작한 증명서에는 '혼인요건구비증명서'에 기재되는 상대방의 이름, 생년월일, 국적, 성별이 포함되지 않으며, 증명서의 대상자인 일본인이 독신이고 혼인연령에 도달해 있다는 점만을 증명한다.

　　이상에도 살펴보았듯이, 현재 일본 정부는 외국의 동성결혼이 현실화되는 상황에서 외국적 동성결혼에 대해서는 별도의 범주로 취급하여 현실적인 대처를 하는 한편, 일본의 혼인제도에 영향을 끼칠만한 요소

바탕으로, 또 본국에서 동성결혼을 한 사람에 대해서 그 사람이 본국과 같이 우리나라에 있어서도 안정적으로 생활할 수 있도록 인도적 관점에서 배려하여 앞으로 동성결혼에 의한 배우자에 대해서는 원칙으로서 재류자격 '특정활동'에 의해 입국, 재류를 인정하게 되었습니다. (생략) 외교관과 재일 미국의 동성결혼 배우자도 입국을 인정받고 있습니다(http://324.blue/2018/03/19/declined/)." 그러나 이 자격은 기본적으로 배우자 등의 '신분계'의 재류자격으로는 인식되지 않으며 어디까지나 '활동(원칙적으로는 가정부, 메이드에게 주어지는 체류자격임)'에 대한 자격이므로 외국인의 외국인 동성 배우자는 일본에 체류가능하지만 일본인의 외국인 동성배우자에게 배우자 자격으로 재류자격을 부여하는 것은 사실상 불가능하다.

는 극력 배제하는 방향의 입장을 취하고 있다. 이는 외국에서 합법적으로 동성결혼을 한 일본인, 나아가 외국적 간의 동성 혼인자가 있어도 이들의 혼인관계를 일본 내에서는 인정하지 않는다는 해석에서 단적으로 드러난다.

2.2. 호적제와 부부별성제: 동성결혼을 둘러싼 또 하나의 논란

한편, 일본의 혼인제도를 둘러싼 또 하나의 문제는 다름 아닌 '선택적 부부별성제(이하 부부별성제)'를 둘러싼 논란이다. 일본은 법률상 혼인하는 경우 어느 한쪽의 성으로 반드시 통일해야 하는데, 대부분의 결혼에서 여성이 남성의 성을 따르고 있다.[11] 이에 대해서 많은 페미니스트들이 비판하고 있는데 신기영은 "법률상 평등한 선택권이라는 형식하에 실질적으로는 여성에게 남편의 성을 강제하고 있는 현행 법체계는 결혼한 여성을 공공연히 '남편의 아내(Mrs. her husband)'로만 인식하게 함으로써 여성의 공적인 정체성을 그녀의 사적인 파트너십 관계에 종속시킨다. 여성이 혼인하여 남편 성을 채택하면 혼인 전의 이름이 삭제되어 공적 영역에서 결혼 전후의 동일한 정체성을 확인할 수 있는 방법이 없어지는 것"[12]이라고 비판하고 있다.

1871년 호적법이 시행되었고, 1898년 메이지 민법 제 750조에서는

---

11) 일본의 호적제와 부부별성제에 대해서는 일본뿐만 아니라 한국에서도 많은 연구가 존재한다. 이 글에서는 지면관계상 동성결혼/동성파트너쉽 이슈와 직접적으로 관련되는 페미니스트적 입장만을 소개하고 있다는 점을 밝힌다.
12) 신기영, 「"개인적인 것이 정치적인 것이다": 선택적 부부별성과 이름의 정치학」, 『젠더와 일본사회』, 한울, 2016, 134~135쪽.

"아내는 혼인을 통해 남편의 가족으로 편입되며 남편 가족의 성을 따른다"고 명문화되었다. 여기서 쟁점은 일본의 이에(家)제도가 생물학적 부계혈통과 반드시 합치하는 것은 아니라는 점이다. 그러나 이에 대해서도 이에의 계승을 위해 사위가 아내의 성을 따른다고 해도, 기본적으로 이에 제도 자체가 부계혈통을 중심으로 하고 있으며 개인으로서 여성의 지위와는 관련이 없다는 점을 지적할 수 있다.

일본의 패전 후 미국식 민주주의가 이식된 전후에도 부부동성제는 계승되었다. 신민법 750조는 혼인 시에 한쪽의 성을 따르게 되고, 이를 합의에 의해 정한다고 하고 있으나 실제로는 대부분 여성이 남성의 성을 따르게 된다. 이는 최근 몇 년 간 통계에서도 혼인서 제출시 남성의 성을 따르는 경우가 96퍼센트를 넘는다는 점에서도 잘 드러난다. 그리고 메이지 민법에서 규정한 이에 제도가 현행민법에서는 폐지되었지만, 호적제도를 온존하고 있으며 부부별성제 등 개인등록제도를 도입하자는 움직임에 대해 "반드시 '가족의 유대'를 약화시킨다, '가족이 뿔뿔이 흩어진다'라는 반론이 나오는" 상황의 한 원인으로 "'이에' 의식을 온존시키는 장치로서 호적제도"가 있다는 분석도 존재한다.[13]

이런 상황에 저항하여 자신의 성을 유지하고자 하는 여성들은 1) 통명(通名)을 사용하거나, 2) 사실혼(비법률혼)을 선택하게 되는데 2)를 선택할 경우, 최근 동성결혼 법제화 이전 단계에서 현실적 대안으로 제시되고 있는 '동성파트너쉽' 제도와 연결점을 지니게 된다. 현재 일본사회

---

13) 堀江有里, 「同性間の〈婚姻〉に関する批判的考察」, 『社会システム研究』 21, 2010, 46쪽.

에서 이성결혼은 법률혼을 전제로 하고 있으며, 사실혼도 어느 정도 권리는 보장받지만 법률혼에 비해 여러 제한이 많다. 특히 혼외자의 경우 사회적 인식이 매우 나쁘기 때문에 사실혼을 유지하던 커플도 임신과 출산을 계기로 법률혼을 선택하는 경우가 많다.

이런 상황에서 현재 지자체 수준에서 '동성파트너쉽'을 인정하는 것에 발맞춰 페미니즘 운동 쪽에서는 '파트너쉽(partnership, 시민결합)' 제도를 커플의 섹슈얼리티와 관계없이 도입해야 한다고 주장하고 있다.[14] 여전히 호적제도를 근간으로 하고 있는 일본의 혼인제도에 대해 반대하는 동시에, 이성결혼을 희망하는 여성에게 파트너쉽은 새로운 대안으로 제시될 수 있기 때문이다. 실제 서구권에서는 실질적인 생활을 장기간에 걸쳐 함께 해온 파트너 관계에 대해서는 그에 상응하는 법률적 권리를 인정하는 시민결합, 즉 '파트너쉽'을 인정해 왔고, 서구권에서 동성결혼 법제화 이전부터 동성파트너쉽 제도가 보다 쉽게 자리 잡았던 배경에는 이런 역사가 존재한다.

그러나 현재 일본에서 '동성파트너쉽'은 이런 맥락과는 관계없이 여전히 강고한 이성결혼에서 법률혼 지향과 함께 법률적으로 동성결혼을 인정할 수 없기 때문에 크게 부족하지만 현실적으로 가능한 대안으로서 생활적인 부분에 초점을 맞춰 도입되고 있는 것이 현실이다. 이런 관점에서 일본의 혼인, 가족 제도의 근본적인 개혁 없이 '동성파트너쉽'

---

14) 이 글의 주요한 참고문헌중 하나인 『パートナーシップ・生活と制度 [結婚, 事実婚, 同性婚] 増補改訂版』이 바로 그 대표적인 사례로, 성소수자와 페미니스트가 함께 집필하여 사실혼 커플과 동성 커플이 파트너쉽제도를 통해 법적인 권리를 보장받을 수 있도록 노력하자는 스탠스를 취하고 있다.

제도의 도입에 머무르는 것은 근본적인 문제를 해결한 것으로는 볼 수 없다는 점, 또한 법률혼 관계에 비해 파트너쉽 관계는 부차적이고 부족한 것으로 간주될 수 있다는 비판도 일리가 있다.[15] 나아가 혼인에서 양성이라는 용어가 들어가 있는 이상, 헌법 자체의 개정이 필요하다는 입장도 존재한다.

2.3. 동성파트너쉽 이전의 권리 확보 수단과 이에 대한 비판

그렇다면, 동성파트너쉽 제도가 도입되기 이전, 동성 커플에게 파트너로서 생활상의 권리를 보장하기 위한 방법에는 무엇이 있었을까? 가장 대표적인 것이 바로 1) 보통양자결연(普通養子緣組)을 이용한 법적 보장과 2) 공증(일본어 公正)문서 작성의 두 가지이다.

1)에 대해서는 민법 792조에 규정된 제도로, 다음과 같은 요건을 충족하면 된다.

---

15) 杉浦 郁子, 野宮 亜紀, 大江千束, 『パートナーシップ・生活と制度 [結婚, 事実婚, 同性婚 增補改訂版]』, 165쪽. "어느 한쪽이 상대 호적에 들어간다는 호적제도에 기반한 결혼이 행해지고 있는 일본에서는 동성결혼은 물론이고 동성파트너쉽 제도를 향한 법정비는 분명히 문제를 갖고 있습니다(동성결혼과 동성파트너쉽이 제대로 실현되고 있는 나라들에는 원래 호적제도가 없습니다)." 이는 부부별성제를 지지하는 입장에서 비법률혼을 선택하는 여성들에게도 적용되는데, 현재는 '미등록의 배우자'로 관할 구청에서 주민등록대장에 등록할 수 있게 되었고, 혼인관계에 준하는 권리를 인정받는 경우도 늘어났지만 여전히 여성에게 보다 큰 부담이 지워지는 것이 사실이다. 그리고 바로 이런 관점에서 이성결혼-법률혼 중심의 일본사회에서 동성파트너쉽은 결국 한계를 가질 수 밖에 없으며, 혼인제도의 많은 모순에도 불구하고 최종적으로는 동성결혼 법제화를 목표로 삼아야 한다는 성소수자 운동의 비판도 힘을 얻는다.

1) 양부모가 되는 사람과 양자가 되는 사람 사이에 의사가 존재할 것

2) 양부가 되는 사람이 성년에 달해 있을 것

3) 양자가 되는 사람이 양부모가 될 사람의 존속이거나 연장자가 아닐 것

4) 배우자가 있는 사람이 미성년자를 양자로 하는 경우에는 배우자와 함께 양자관계를 맺을 것

5) 배우자가 있는 사람이 양자관계를 할 경우에는 그 배우자의 동의를 얻을 것

6) 양자가 되는 사람이 15세 미만인 경우는 본인에 대신하여 법정대리인이 양자관계의 승낙을 할 것

7) 양자가 되는 사람이 미성년자일 때는 가정재판소의 허가를 얻을 것

8) 양자관계신청서를 제출할 것

사실상 일본에 동성 파트너를 법적인 관계로 인정받기 위한 수단이 없기 때문에, 보통양자결연이 하나의 대안으로 사용되는 경우가 많았다.[16] 그러나 이 제도는 그만큼 장점도 있지만, 큰 단점을 가지고 있다. 우선 보통양자결연을 맺는 경우 기존의 가족관계(부모, 친족관계)는 그대로 유지되기 때문에 당사자 중 한 쪽이 사망하여 유산을 분배하는 과정에서 상속권을 둘러싼 논란이 일어나기 쉽다는 점, 2) 법률적으로 부모와 자식 관계가 되는 것이므로 성을 부모가 되는 쪽을 따라야 하며, 나중에 결연관계를 해소해도 결혼이 불가능하다는 문제이다. 특히 마지막 문제는 이후 만약 일본이 동성결혼 법제화를 실현할 경우 혼인관계를 희망하는 많은 동성 커플에게 치명적인 단점으로 지적되고 있다.

---

16) 실제 일본의 보이즈 러브 만화 등에서 이 '보통양자결연'을 맺는 것을 일종의 대안결혼처럼 묘사하는 경우가 종종 있다.

이에 대해 공증문서를 이용한 법률적 관계 확보는 상호 관계 및 의무와 권리를 명기한 서류를 공증인에게 공증을 받는 방법으로 상호 계약 및 유언 등을 공증문서로 만들어 교환하는 것을 의미한다. 90년대 초반 성소수자 운동단체를 중심으로 시작된 방법으로, 보통양자결연이 이에(家) 제도의 연장선에서 만들어진 제도라는 점에서 보다 개인의 선택을 중시하는 제도로 볼 수 있다.

최근까지 일본의 성소수자 운동은 기본적으로 이런 간접적인 방식을 주로 택해 왔으며, 현재도 동성결혼 법제화에 대해서는 찬반이 엇갈리고 있는 것이 현실이다. 그 원인으로는 1) 보통양자제도 등 서구에는 존재하지 않는 제도가 존재하기 때문에 상대적으로 동성결혼 법제화에 대한 필요성을 덜 느꼈다는 해석, 2) 성소수자운동이 페미니즘 운동과 밀접하게 연결되어 페미니즘이 주장했던 바, 기존의 호적제도와 혼인제도가 일본사회의 가부장세를 지탱하는 주요한 억압이라는 점을 지속적으로 비판해 왔으며, 게이 커뮤니티 중심으로 모노가미(monogamy)의 강요에 대한 뿌리 깊은 반발이 존재했기 때문에 90년대에는 동성결혼이나 동성파트너쉽에 대해서는 비판적인 입장이 주류였다는 해석이 가능하다.

그러나 2000년대 이후 서구 국가를 중심으로 동성파트너쉽, 동성결혼의 제도화가 진행되었고, 일본사회의 고령화와 더불어 성소수자 운동을 주도해온 사람들의 연령이 높아지면서 점차 근본적인 개혁과 함께 생활 속의 권리, '평등한 권리'를 요구하는 목소리가 점점 커지고 있다. 최근 지방자치체에서 동성파트너쉽 제도의 도입 및 LGBT의 가시화가 증가하는 현상에 대해서 실제 당사자인 LGBT 의원들이 지적하는 것 또한 보다 자유롭게 이동이 가능한 젊을 때와는 달리 고령화하는 LGBT인구가 다양한 지역적, 행정적 지원을 필요로 한다는 점이고, 법적인 뒷받침이 필요하다는 사실을 피부로 느낀다는 점이다.[17]

고령화와 함께 과거와는 달리 동성결혼 법제화를 적극적으로 추진해야 한다는 성소수자 내부의 목소리가 커지고 있는 상황은 성소수자 운동의 세대 변화에도 원인을 찾을 수 있다. 세계적으로 진행되고 있는 동성결혼 법제화를 실시간으로 접한 젊은 세대의 성소수자들에게 동성결혼 법제화는 불가능한 목표라기보다는 오히려 많은 외국에서 이미 현실이 된 목표로, 해외에서 가능한 일이 왜 일본에서 불가능한가ー실제로 외국인과 동성결혼이 가능해진 경우도 증가함ー라는 의문을 품는 경우가 늘어났을 것이다.

---

17) 「どうなる? 同性パートナーシップ LGBTの議員たちが語る「最前線」ーこの先、何が起きるのか」, 2018. 2. 4. https://www.huffingtonpost.jp/2018/02/03/lgbt-future_a_23332502/)에서 마에다 쿠니히로(前田邦博) 도쿄도 분쿄구(文京区) 의원 발언을 참조하라: "특히 고령화는 매우 큽니다. 저는 52세이지만 이성과 결혼하지 않고 당사자로 살아가기 시작한 최초의 세대이므로 슬슬 노후와 개호를 생각하기 시작합니다. 건강할 때는 지역커뮤니티에 관계없이 어떻게든 평범하게 살아가고 있지만 타인에게 의존하지 해야만 하는 상황이 되면 행정과 지역의 서포트가 필요해집니다. 그럴 때 법적인 제도와 보증이 없어서 곤란한 사례가 나오고 있습니다. 장례와 상속 문제, 병원에서 면회할 수 있는가, 의료정보를 들을 수 있는가. 파트너쉽에 대한 보증이 없는 곤란함에 직면하는 세대가 늘어나고 있습니다." (필자 번역)

3. 동성파트너쉽 제도를 둘러싼 움직임: 정치권을 중심으로

이런 변화하는 상황과 당사자들의 인식을 민감하게 포착, 움직이고 있는 것이 앞에서 살펴본 지자체, 그리고 정치권이다. 특히 정치권은 2020년 도쿄 올림픽을 앞두고 서구권을 중심으로 동성결혼 법제화가 진행되고 있는 상황을 명확하게 인지하고 있으며, 이에 대응할 필요성도 여당인 자민당을 중심으로 강조되고 있다.

나카니시 에리(中西絵里)에 따르면 일본 정부가 성소수자에 관련된 정책을 펴기 시작한 것은 2002년부터로 인권교육의 차원에서 〈동성애자에 대한 차별 등 성적 지향에 관한 문제 해결에 관한 시책을 검토〉하는 것으로 시작하여 이후 주로 트랜스젠더 문제를 중심으로 논의가 진행되었고, 2012년에는 자살위험군으로서 '성소수자'가 부각되면서 이들에 대한 차별, 이지메 등을 없에기 위한 내책이 강구되기 시작했다.[18]

국회에서는 2015년 3월, 〈LGBT에 관한 과제를 생각하는 의원연맹 (LGBTに関する課題を考える議員連盟)〉이 초당적인 조직으로 발족하여 화제가 되었다. 그러나 이 의원연맹은 상징적 의미는 있으나 성소수자 당사자 국회의원이 없는 상태에서 실제 참가 의원들이 관련 이슈를 이해하지 못하거나, 오히려 성소수자에 대한 편견을 노출하는 등 많은 문제를 지니고 있다는 점이 비판받고 있다.[19] 특히 이 당시 아베총리는

---

18) 中西絵里, 「LGBTの現状と課題ー性的指向又は性自認に関する差別とその解消への動きー」, 『立法と調査』 No.394, 2017. 11., 7쪽.

19) 실제로 의원연맹 발족시 자민당은 동성파트너쉽 제도가 헌법위반이라는 점을 지적하는 반면, 민주당은 시급하게 도입될 필요가 있다는 입장을 취하는

2015년 2월 18일 참의원 회의에서 "현행 헌법 밑에서는 동성커플에게 혼인의 성립을 인정하는 것은 상정되어 있지 않다. 동성결혼을 인정하기 위해 헌법개정을 해야하는지 아닌지는 우리나라 가정의 존재의 근간에 관한 문제로 극히 신중한 검토가 필요하다"라고 부정적으로 발언한 바 있다.

특히 2016년 초, 자민당의 〈성적지향/성자기인식에 관한 특명위원회〉가 발표한 LGBT방침은 앞에서 살펴본 일본사회에서 성소수자의 가시성이 가장 첨예한 논점이라는 점을 잘 보여준다. 이 방침은 크게 두 부분—〈사고방식〉과 〈정부에 대한 요망〉—으로 구성되어 있는데, 우선 "사회가 성적 지향과 성 자기인식의 다양성을 수용하도록 국민의 이해를 촉구하고, LGBT 당사자가 '커밍아웃(표명)'할 필요가 없는 사회를 목표로 내걸고" 있으며, 요망에서는 교육과 고용 현장에서 당사자에 대한 이지메와 차별이 있는 경우, 계몽과 지도를 요청하고 있다.

여기에는 2016년 당시 이미 성립한 시부야구의 동성파트너쉽 제도조차 포함되어 있지 않으며, 기본적으로 헌법에서 규정한대로 '양성의 결합에 바탕한 혼인'만을 인정한다는 태도를 고수하고 있는 것이다. 이는 아베정권이 내세우는 가정의 중요성, 즉 과거의 가부장적인 가정을 존중하는 보수적인 태도와 밀접하게 연결되어 있다. 또한 '커밍아웃'할 필요가 없는 사회를 지향하는 것은 현재 일본사회에서 가시화가 제대로

등, 같은 연맹 소속 의원간에서도 의견 차이가 적지 않은 것이 현실이다(「性的少数者(LGBT)の超党派議連発足へ同性パートナー条例案には「同床異夢」」, 『産経新聞』, 2015. 3. 11. http://www.sankei.com/politics/news/150311/plt1503110045-n1.html).

이루어져 있지 않은 성소수자를 더욱 감추는 결과를 초래할 수 있다. 나아가 이 방침은 성소수자에 대한 차별을 금지하는 것에 대해서는 소극적인 태도를 취하고 있는데, 그 이유로 LGBT에 대한 이해가 진전되지 않은 현재 상황에서 차별금지가 선행한다면 오히려 의도하지 않은 가해자가 생긴다는 논리를 내세우고 있다는 점에서 아무런 실효를 가질 수 없다.

이에 대해, 2017년 7월 6일 발족한 〈LGBT자치체의원연맹(性的指向と性自認に関する施策を推進するための地方自治体議員連盟)〉은 게이, 트랜스젠더 등 성소수자 의원 5명이 중심이 되어 이에 동의하는 70여 명의 의원이 참여하여 발족한 조직으로 자치체 차원에서 보다 실질적인 변화를 이끌어낼 것으로 기대되고 있다.[20] 이 연맹은 활동목적으로 1) 성적 지향과 성적 자기인식에 관한 인권옹호를 위한 조례제정과 시책 추진, 동성파트너제도의 창설, 2) LGBT당사자의 자기긍정감 향상을 위한 시책추진 등에 의해 이지메, 자살, 빈곤, 감염증, 의존증 등의 예방을 각 지역에 맞춰 추진 3) 의원 상호의 친목과 정보교환을 들고 있다.

여기서 주목해야 할 점은 일본의 보수주의자들은 성소수자에 대한 차별에 대해서 반대하는 동시에, 동성결혼이나 동성파트너쉽에 대해서도 반대하고 있다는 점이다. 서구의 보수파들이 성소수자의 존재 자체를 부정하는 것과는 달리 이중적인 전략을 구사하고 있는 것이다. 이는 타마가와 마사미(Tamagawa Masami)가 지적하고 있듯이 일본사회에서 성소수자, 특히 동성커플이 '극히 비가시화'되어 있다는 점에서 기인하

---

20) 「「LGBT自治体議連」発足 上川あや氏ら地方議員5人」, 『朝日新聞』, 2017. 6. 20., http://www.asahi.com/articles/ASK765JHHK76UTFK00Z.html.

는 바가 크다. 이는 당사자들이 커밍아웃을 꺼린다는 점뿐만 아니라, 일본사회가 소수자들을 일정 정도 포섭하지만 그들의 존재를 없는 것처럼 취급하거나 아예 무시하는 경향성을 갖기 때문이다.[21]

나아가 타마가와는 레즈비언 작가이자 활동가인 사라 슐먼(Sarah Schulman)이 고안한 개념인 '가족 호모포비아(familial homophobia)'[22]를 소개하면서, 일본의 호모포비아는 공적인 영역보다 사적인 영역-가장 친밀한 가족, 친척, 친구 등-에서 더 강력하고 효과적으로 작동한다는 점, 그로 인해 성소수자의 가시화가 극히 어렵다는 점을 지적하고 있다. 이런 이유들로 인해 일본은 표면적으로는 서구보다 성소수자 친화적으로 보이지만, 실제 성소수자의 가시화가 다른 선진국에 비해 늦어지고 있으며 성소수자의 권리 보장에 대해서도 소극적인 태도를 취하고 있다는 것이다.

---

21) 이런 관점에서 자민당 〈성적지향/성자기인식에 관한 특명위원회〉가 내세운 것이 "커밍아웃이 필요하지 않은 사회"라는 점은 의미심장하다. 즉 성소수자에 대한 '사회적 승인'의 필요성을 애초부터 부정하고 있는 것이다. 이는 일본사회 특유의 동조압력과 결부되어 성소수자의 존재 자체를 부정하고자 하는 의도를 잘 보여주고 있다. Tamagawa Masami, "Same-Sex Marriage in Japan," pp.169~170.
22) Sarah Schulman, *Ties That Bind: Familial Homophobia and Its Consequences*, the New Press, 2012.

4. 동성결혼을 둘러싼 페미니즘, 성소수자 내외부의 입장차

4.1. 성소수자 운동 내부의 입장차와 그 배경

앞에서 살펴본 타마가와의 지적은 동성결혼 법제화를 둘러싼 또 다른 중요한 논쟁점을 제공한다. 그것은 일본의 성소수자운동이 페미니즘과 밀접한 관련을 맺고 성장해 왔으며, 이 과정에서 페미니즘이 강조해 온 성평등, 그리고 제도적으로 구현되고 있는 가부장제의 문제를 비판하면서 혼인제도 외부에서 이를 근본적으로 비판하는 입장을 취한 나머지 제도 내부에서의 개혁, 즉 동성결혼 법제화라는 전세계적인 흐름에 대응하지 못했고 결과적으로 가시적인 성과를 내지 못한 채 머물렀다는 비판이다.

타마가와는 일본의 성소수자운동이 페미니즘에게 빚지고 있음을 인정하면서도, 최종적으로 그 목표는 다를 수 있으며 페미니스트들과는 다른 운동방식을 도입할 필요가 있다고 주장한다. "가부장적 질서가 여성을 종속시키는 반면, 이성애규범적 질서는 성소수자를 거부하거나 억압하고 있"[23]기 때문이다. 즉, 일본의 성소수자에게 있어 진정한 문제는 비가시화이고, 무시되고, 침묵하게 되면서 거부되거나 '용인'되는 것이며 이것이 동성결혼 법제화에 대한 논의 자체가 부재한 일본의 현실에서 가장 심각한 문제이다. 이런 관점에서 호적에 동성결혼이 도입되는 것 자체가 가질 수 있는 가능성, 즉 변화의 가능성을 오히려 제도의 변화

---

23) Tamagawa Masami, "Same-Sex Marriage in Japan," p.179.

에서 찾아야 한다는 시각이다.

구체적으로 타마가와는 서구 및 제 3세계에서도 동성결혼이 법제화되고 있는 상황에서 일본의 성소수자 운동이 여전히 동성결혼을 핵심적인 이슈로 받아들이고 있지 않다고 비판하면서, 그 원인을 다음과 같이 4개로 정리하고 있다.[24]

> 1) 동성결혼 법제화까지 서구가 밟은 스텝[소도미법(sodomy law) 철폐 → 반차별법 제정 → 동성결혼 법제화]이 존재하지 않았다는 점
> 2) 'AIDS' 위기를 서구의 문제로 인식하여 국내에서 성소수자 운동의 결집에 실패
> 3) 레즈비언 커플의 아이 입양이 거의 없었음: 아이를 입양하는 특별양자결연은 실질적으로 이성결혼 부부에게만 허용됨
> 4) 혼외자가 극히 적음: 법률혼이 전제인 사회

또한 동성파트너쉽은 일본이라는 환경에서는 한계를 가질 수 밖에 없는데, 그 이유는 법률혼이 주류인 일본사회에서는 사실혼 관계(파트너)인 이성 커플도 여전히 차별의 대상이 되고 있으며, 법률혼에 비해 무엇인가 문제가 있는 커플로 인지되고 있는 현실 때문이다.[25] 만약 동성결혼 법제화가 아닌 동성파트너쉽 도입이 대안으로 선택된다면, 이성커플조차 도덕적으로 문제가 있는 것으로 간주되는 상황에서 동성파트너쉽은 성소수자의 '2등 시민'화를 촉진할 가능성이 있다.

---

24) Tamagawa Masami, "Same-Sex Marriage in Japan," pp.166~167.
25) Tamagawa Masami, "Same-Sex Marriage in Japan," p.180.

특히 그가 문제로 삼는 것은 서구, 특히 미국의 동성결혼 법제화에 대해 일본의 관련 연구자 및 운동가들이 이를 미국의 문화적 헤게모니를 유지하기 위한 일종의 정치적 전략으로 바라보고 이를 비판하며, 나아가 일본에는 일본에 맞는 방식의 대안이 필요하다고 보는 관점이다. 예를 들어 그는 가와사카 가즈요시(川坂和義)가 LGBT운동이 미국의 동성결혼 법제화를 진보의 도달점으로 놓고 해석하는 내러티브가 존재한다는 점을 비판한 것에 대해, 이는 일본의 상황을 특수하다고 보고 그를 강조하는 일종의 내셔널리스틱(nationalistic) 담론이라고 지적하고 있다. 즉 보다 완벽한 대안, 보다 일본 상황에 맞는 대안을 찾으려는 성소수자 운동의 노력이 오히려 가능한 변화조차 이끌어내지 못했다고 비판하고 있다.

이에 대해 동성파트너쉽제도와 동성결혼 법제화는 근본적으로 일본의 가부장적 가족세도를 강화시키는 효과만을 가져올 것이라는 성소수자운동 내부의 반대도 있다. 예를 들어 호리에 유리(堀江有里)는 동성 간에서 파트너를 유지, 보호하고자 하는 욕구가 있는 것은 당연하다고 보면서도 기본적으로 현재의 혼인제도는 이성커플을 전제로 하여 구성되어 있으며 동성커플이 그에 포함된다고 해도 그 본질적인 불평등함은 해소되지 않을 것으로 본다. 나아가 게이커플의 경우, 동성파트너쉽이나 동성결혼에서 상정하는 1대 1관계가 오히려 드물며, 열린 관계를 지향하는 경우가 많은데 이런 관계성은 현행 혼인제도에 동성결혼이 편입된다고 해도 전혀 보장받지 못한다. 또한 호적제도는 동성결혼에게 불리하게 작용할 가능성이 높고, 동성파트너쉽은 혼인제도가 존재하는 한

부족한 것으로 치부될 것이다.[26]

성소수자 운동 내부의 이런 견해 차이는 사실상 제도 내의 개혁과 제도 외부의 개혁 중에서 어느 쪽을 중시하느냐에 따른 것이라고 볼 수 있다. 전자의 경우 결혼할 권리의 평등(marriage equality)으로 문제에 접근하는 반면, 후자의 경우, 혼인제도 자체에 내재된 가부장적 성별분업에 기반한 이성결혼과 일부일처제에 대한 특권화, 이에 제도의 온존에 대해 성소수자의 성적 실천은 근본적으로 혼인제도와 모순된다는 점을 강조한다. 이는 페미니즘의 영향권 내에서 발생한 주장으로[27] 파트너쉽 제도에 대해서는 공동 투쟁 노선이 가능했으나, 최근 동성결혼 법제화 이슈를 통해 페미니즘과 성소수자 운동의 이해관계가 반드시 일치하는 것은 아니며 때로는 반목하기도 한다는 점이 드러나기 시작한 것이다.

4.2. 페미니즘에서 보는 최근의 동성파트너쉽/동성결혼 이슈

그렇다면 이에 대해 페미니즘은 어떻게 대응하고 있는가? 2016년 부부별성제에 대한 일본 대법원의 패소 판결 이후 일본의 페미니즘에서는 일본사회 전반의 보수화에 대한 우려와 함께 2000년대 초반에 일어난 성평등 시책에 대한 보수파의 배싱(bashing), 즉 백래쉬(backlash)에 대

---

26) 堀江有里, 「同性間の〈婚姻〉に関する批判的考察」, 46~48쪽.
27) 바로 이런 관점에서 일본의 페미니즘은 개인과 개인의 결합으로서 파트너쉽 제도를 현재 혼인제도의 대안으로서 보다 실질화하고 법적인 보호를 받는 대상으로 위치지우기 위해 노력하고 있다. 최근 서구에서 동성결혼의 법제화가 실현되기 전까지는 성소수자 운동 내부에서도 결혼제도의 배타성을 반대하며 페미니즘과 연합하여 개인 중심의 친밀권으로서 파트너쉽 제도의 보강과 법적 보호 실현을 운동의 목표로 삼는 경우가 대다수였다.

한 재조명이 일어나고 있다. 이는 아베정권에서 여성의 사회진출을 권장하면서도 여전히 전통적인 젠더역할(gender role)을 강조하는 이중적인 태도가 표면화되고 있는 점에 대한 비판인 동시에, 최근에 일어나고 있는 일본사회의 보수화에 대해 강력하게 대응하지 않으면 2000년대 초반의 백래쉬가 다시 일어날 수 있다는 위기감에 기인한 것이다.

특히 성소수자 운동과 페미니즘의 관계를 생각할 때 흥미로운 논의로 2017년 8월에 열린 심포지엄 〈도덕적 보수와 성의 정치 20년: LGBT붐에서 백래쉬를 다시 생각한다(道德的保守と性の政治の20年: LGBTブームからバックラッシュを再考する)〉에서 다루어진 내용을 살펴보겠다. 이 심포지엄에서는 2010년대 일본의 LGBT붐이 경제적 효과를 노린 전략인 동시에 성적소수자 내부의 특권층을 생산했다는 비판이 존재하는데 비해 "전통적 가족형태와 그것을 지지하는 이성애적 젠더규범의 옹호를 내세우는 도덕적 보수파"에 대해서는 그다지 연구가 되어 오지 않았으나 이들이 성소수자 운동 및 여성운동에 항상 중요한 팩터였다는 점을 강조하고, 이런 도덕적 보수파와 여성운동이 대대적으로 충돌했던 2000년대 초반의 '백래쉬'를 다시 한번 살펴보는 것을 목적으로 삼았다.[28]

이 심포지엄의 세 발표자(飯野由里子, 遠藤まめた, 山口智美)는 그 당시 페미니즘측이 보수파의 '성차를 없애려고 한다'는 주장에 대해 반박하고 성평등을 성취하기 위해서 남녀의 성차를 강조하는 방향을 택했

---

28) 구체적인 내용은 다음 링크를 참조하라: https://article24campaign.word press.com(2017. 7. 25.).

고, 이 과정에서 이성애규범성에 바탕하여 성소수자가 배제됨으로써 이후 보수파의 논리에 그대로 휩쓸려 들어갔다는 점은 비판이 필요하다고 지적하면서도, 결국 보수파에게는 성소수자도 페미니즘도 동일하게 기존의 보수적 질서를 해치는 부류에 속한다는 사실을 인식해야 한다고 강조하고 있다. 과거 페미니즘에 반대했던 세력이 최근 성소수자에 대한 시책에 대해서도 강력한 반대세력을 이루고 있으므로 성소수자 운동과 페미니즘은 여전히 긴밀하게 협력해야 한다는 것이다.

앞에서 살펴본 타마가와의 주장—일본 가족제도의 문제에도 불구하고 동성결혼 운동을 전개함으로써 내부에서 현재 제도를 변화시킬 필요가 있다—에 대한 페미니즘 측의 대답이라고 할 수 있는 이 심포지엄은 동성결혼 이슈의 효과적인 전개를 위해서도 도덕적 보수파에 대항하여 성소수자 운동과 페미니즘은 함께 싸워야 한다는 견해를 제공하고 있다. 이는 신기영이 분석하는 부부별성제를 둘러싼 논쟁 과정에서도 명시적으로 드러나는데, "2000년대 전반기는 일본 정치사회의 보수가 집결하여 각종 이슈를 장악하기 시작하는 시기였는데 젠더문제에 대한 반격이 그 중심 이슈 중 하나였다"[29]는 것이다.

지금까지 살펴본 바, 페미니즘에서 바라보는 동성결혼과 동성파트너십 이슈는 기본적으로 이슈의 내용과 목적은 다를 수 있어도 반대 세력이 동일하고 이들은 소위 가부장적 젠더 역할에 기반한 '전통적 가족관,' 나아가 국가주의에 기반한 가족제도를 강조한다는 점에서 성소수

---

29) 신기영, 「"개인적인 것이 정치적인 것이다": 선택적 부부별성과 이름의 정치학」, 99쪽.

자 운동과 페미니즘이 연대할 필요성이 제기된다는 것이다. 명시적으로 지적되어 있지는 않으나 이 입장의 배경을 이루는 것은 호적제와 이에 제도의 영향이 여전히 강고한 일본의 혼인제도에 대한 근본적인 비판이며, 부부별성제조차 인정받지 못하는 등 여성에 대한 차별이 깔려 있는 기존의 혼인제도에 대한 비판 없이 동성결혼을 추진하는 것은 바람직하지 않다는 인식이다.

이를 뒷받침하는 것은 일본의 젊은 보수파 논객인 후루야 쓰네히라(古谷経衡)의 견해다. 그는 실제로 일본의 소위 '보수파'가 페미니즘이 제기한 흐름인 젠더프리(gender-free)라는 맥락에서 성소수자 운동을 파악하고 있다고 지적한다. 보수파가 전통적 가족을 내세우고 있지만, 일본은 전통적으로 난쇼쿠(男色) 문화가 발달해 왔던 역사를 지적하면서 보수파의 논리에 문제가 있다고 비판한다. 나아가 보수파가 성소수자를 혐오하는 이유는 근본직으로는 동성파트너쉽 제도 등을 2000년대 초반 젠더프리 정책과 관련짓기 때문이며, 좌파가 주도하는 정책이기 때문이라고 본다. 즉 보수파는 논리적으로 동성파트너쉽 제도에 대해 반대할 근거가 없으며, 오히려 일본회의와 밀접한 관련을 맺고 있는 것으로 알려진 종교단체들의 영향력으로 인해 동성파트너쉽 제도에 대한 반대가 나타나고 있다는 것이다.[30]

이런 정치적 맥락에서 볼 때, 동성파트너쉽/동성결혼 이슈는 여전

---

30) 古谷経衡, 「保守はなぜ同性愛に不寛容なのか?~渋谷区パートナーシップ条例をめぐる怪~」, 2015. 3. 15. https://news.yahoo.co.jp/byline/furuyatsunehira/20150314-00043825/.

히 페미니즘과 성소수자운동의 연대를 필요로 하고 있다는 점을 페미니즘은 강조하고 있다.

5. 성소수자운동과 페미니즘의 연대: 앞으로의 전망

지금까지 살펴본 바, 현재 일본의 동성파트너쉽 제도는 점차 그 적용 범위가 넓어지고 있음에도 불구하고 서구에서 도입되었던 시민결합제도에 비해서 그 내실이 크게 부족한, 형식적인 것에 그치고 있다. 또한 중앙정부의 지원 없이 지자체 수준에서 시행되고 있고, 대부분 지자체장의 판단 하에서 도입되었기 때문에 제도적으로 자리 잡았다기 보다는 여전히 취약한 상태에 머물러 있으며, 특정 지역에 거주하는 일본 국적자에게만 적용된다는 점에서 여러 문제를 안고 있다.

동성결혼 및 동성 파트너쉽 제도에 대한 논의는 현재 1) 현행 헌법 24조 해석문제, 2) 민법상 문제, 3) 호적제도상의 문제 등을 안고 있으며 이로 인해 동성결혼 법제화 또는 그에 유사한 동성파트너쉽(시민결합으로서)이 도입된 국가의 국민들과 일본인이 결혼하는 경우에도 많은 문제를 불러오고 있다. 그러나 일본의 중앙정부, 특히 최근 아베정부는 성소수자에 대한 차별은 계몽하겠지만, 일본의 '전통적' 가족제도를 침해할 수 있는 어떤 제도적 개혁에 대해서도 극히 보수적인 입장을 취하고 있고 이는 최근 일본회의 및 그에 관련된 종교단체들이 공세적으로 내세우는 '가족보호'라는 슬로건에서도 잘 드러난다.

한편 일본의 경우, 성소수자 운동 측에서도 동성결혼 법제화 및 동성파트너쉽 제도 도입에 대해서 관심을 갖기 시작한 것이 그리 오래되지 않았다는 점은 주목할 필요가 있다. 그리고 그 원인 중의 하나가 다양한 하위 집단을 포괄하는 성소수자 운동의 특성에서 기인하는 것뿐만 아니라, 페미니즘과의 연대에 바탕하여 혼인제도에 대한 근본적인 비판에 치중한 나머지 제도적 변화에 대해서는 상대적으로 관심을 덜 기울여왔기 때문이라는 점이 흥미롭다.

그러나 최근에는 이런 비판과 함께 성소수자의 가시화를 위해 제도적인 개혁이 동시에 이루어져야 한다는 성소수자 내부의 목소리도 증가하고 있다. 가장 큰 원인으로서는 역시 실제 해외에서 진행중인 동성결혼 법제화의 영향을 들 수 있을 것이지만 90년대 본격적으로 사회집단으로 결집하기 시작한 성소수자들이 점차 나이가 들면서 자신과 자신의 소중한 사람들을 지키기 위해 법적인 보호를 요구하기 시작했다는 점 또한 무시할 수 없다.

이런 관점에서 오시마 나오야(大島直也)는 결혼제도 전폐론을 주장하는 호리에를 반박하면서 "현단계에 중요한 것은 성의 존재방식은 다양하다는 것을 보여주는 것이고, 성소수자의 존재가 충분히 가시화되고 있다고 말하기 어려운 상황에서 단순히 혼인제도의 폐지를 주장해도 그 제도가 가진 차별성은 규탄되지 않기 때문"에 성의 다양성을 인식시키기 위해서도 동성결혼 법제화가 필요하다고 지적한다.[31] 즉 결혼제도

---

31) 大島直也, 「同性婚の再定位: クィアへの応答を通じて」, 『学生法政論集』, 九州大学法政学会, 2015, 33쪽.

의 폐지라는 최종목표에 이르기 위한 단계로서 혼인의 다양성, 성의 다양성이 인식될 수 있도록 동성결혼이 필요하다는 것이다.

타마가와의 주장 또한 이에 공명하고 있는데, 제도적 변화를 이끌어내기 위한 성소수자의 노력이 저해된 요인으로 이성애주의를 내면화한 호적제도의 존재를 지적하면서 오히려 혼인제도에서 동성결혼을 도입함으로써 다른 영역에 변화를 가져올 수 있을 것이라는 점, 그리고 무엇보다 일본 성소수자 운동의 가장 큰 문제점으로 〈가족호모포비아〉로 인한 비가시화를 극복해야 한다는 점을 강조하고 있다.[32]

물론 이런 성소수자 운동의 입장 변화에 대해 일본 정부, 특히 아베 총리를 위시한 자민당은 '차별은 막아야 하지만 전통적 가족제도의 변화는 거부한다'는 입장을 고수하고 있다. 그리고 이를 뒷받침하는 것이 전반적으로 보수화되고 있는 사회분위기와 일본회의 같은 보수파 단체의 활발한 활동이다. 또한 이와 관련해서 살펴볼 가치가 있는 것이 보수파들이 주장하는 '[미국이 도입한] 전후 헌법이 일본의 전통을 파괴했다'는

---

32) 동성파트너쉽을 동성커플에 대한 '사회적 승인'이라는 관점에서 접근하여 통계적 방법으로 동성파트너쉽 증명서에 대한 성소수자의 태도에 대해 분석한 마쓰노부 히로미에 따르면, 동성커플의 경우 압도적인 숫자가 동성파트너쉽을 이용하고자 하였고(70%), 이 경우 '파트너라는 점을 공적 기관이 증명한다'는 점을 가장 중요한 이점으로 꼽았다고 한다. 즉 복리후생이나 돌봄 등에서 실질적인 효과보다는 오히려 사회적 승인이라는 부분에 가치를 두고 있다는 것이다. 반면 등록시 커밍아웃의 두려움 때문에 이용하지 않겠다는 반응은 10% 정도에 머물렀다. 이에 대해 사실혼 관계인 이성커플은 법적인 승인이 없어도 상대적으로 쉽게 결혼관계를 인정받지만 성소수자의 경우는 그런 인식 자체가 얻기 어렵다는 점에서 '사회적 승인'에 대한 욕구가 더 크다고 분석하고 있는 점도 특기할 만하다(松信ひろみ, 「結婚の「社会的承認」としての同性パートナーシップ」, 『駒澤社会学研究』 48, 2016, 83~85쪽).

도식인데, 이는 최근 미국의 동성결혼 법제화와 관련해서 미국의 제도가 일본의 전통을 파괴하고 있다는 인식과 연결되어 더 강력한 반발을 불러올 가능성이 있다. 가와사카는 미국의 동성결혼 법제화, 그리고 이를 '보편적 인권'과 연결짓는 논리가 갖는 가능성을 인정하면서도 자칫 일본에서 스스로 발전해온 성소수자 운동의 결과를 단순히 일본의 '미국화'라는 식으로 설명하게 되는 위험성도 지적하고 있는데 이는 보수파에게 동성파트너쉽과 동성결혼 법제화를 〈일본의 성소수자들이 스스로의 상황에 바탕하여 요구하여 성취한〉 결과가 아니라, AIDS 위기 당시와 마찬가지로 일본의 미국화, 즉 일본 전통의 타락이라는 맥락에서 해석할 빌미를 제공할 수 있다.

페미니즘 운동은 바로 이 지점을 지적하며, 성소수자운동과 페미니즘 운동이 연대해서 현재의 상황을 타개할 것을 호소하고 있다. 보수파들의 한계—성소수자에 대한 차별은 없애야 하지만 제도적 개혁은 반대한다—가 명확한 상황에서, 페미니즘과 성소수자운동은 아베총리가 주도하는 보수적 헌법 개정과 관련 민법 개정—전통적 성별분업에 기반한 이성커플 중심의 가족제도 보호—을 함께 막아야 한다는 것이고, 이런 관점의 연장선상 위에 4.에서 살펴본 심포지엄 같은 움직임이 존재한다. 특히 부부별성제 같은 경우는 동성결혼이 법제화된다고 해도 여전히 중요한 이슈로 남을 것이며, 궁극적으로 개인이 중심이 되는 민법으로 바뀌지 않는 한 근본적인 해결은 어렵다는 것이 페미니즘의 시각이다. 이런 관점에서 페미니즘은 파트너쉽운동이 결혼제도의 유일성을 타개하는 한 대안이 될 수 있다고 보고 있으나, 성소수자운동 측의 입장이 최근 미묘하게 변하고 있다는 점은 주목할만 하다.

그렇다면 여기서 한 가지 질문을 던져볼 수 있다: 그 실현가능성은 극히 낮다는 점을 감안하고서라도 만약 아베총리나 보수파가 성소수자의 체제 내 편입, 즉 동성결혼 법제화를 전격적으로 도입할 가능성은 없을까? 사실상 동성결혼 법제화는 아베총리와 같이 헌법 개정을 목표로 하는 보수파에게는 위험성도 있지만 채택 불가능한 전략은 아니다. 현재 헌법에서 '양성'을 성중립적인 용어(개인 등)으로 변경한다는 명분 아래 헌법 개정을 시도할 수 있으며, 다른 부분의 보수화에 대한 비판을 동성결혼 법제화라는 개혁적 조치를 통해 상쇄할 수도 있다.

이는 자스비르 푸아(Jasbir Puar)가 '미국의 성적 예외주의' 즉, "9.11 동시다발테러 이후 대 테러전쟁 중에 '동성애혐오적이고 여성에 억압적'이라고 간주되는 '이슬람문화'와 대치하는 형태로 건전한 이성애적 국가상으로서 미국을 유지하면서도 '예외'적으로 동성애자에게도 관용적인 미국의 국가적, 문화적 우위성을 구축하는 내러티브를 '미국의 성적예외주의'로서 이름붙이고 그 일부로서 네오리버럴리즘과 내셔널리즘이라는 두 개의 특징을 갖는 동성애규범(homonormativity)를 호모내셔널리즘(homonationalism)이라고 정의"[33]한 것에서 힌트를 얻은 것으로, 성소수자 운동 내부의 동성결혼 반대파와 페미니즘은 동성결혼 법제화가 역으로 일본사회의 보수화를 강화시킬 수 있다는 점을 인식하고 있는

---

33) 川坂和義, 「アメリカ化されるLGBTの人権: 「ゲイの権利は人権である」演説と 〈進歩〉というナラティヴ」, 『Gender and Sexuality: Journal of the Center for Gender Studies』 8, 5~28, 2013, 11쪽에서 재인용.

것으로 보인다.

　물론 현재 상태처럼 성소수자의 가시화가 극히 부족한 일본사회에서 이는 단순히 가정에 불과할 것이다. 관용을 베풀 대상인 성소수자의 존재 자체가 사회적으로 인지되지 못하고 있는 상태이기 때문이다. 특히 '미국이 강제한 헌법을 거부한다'는 개헌의 논리에서 보았을 때, 서구를 중심으로 진행되고 있는 동성결혼 법제화는 미국화(서구화)의 한 상징으로 받아들여질 가능성이 더 높으며, 종교우파가 이미 근간을 이루고 있는 보수파에서 동성결혼 법제화를 쉽게 수용하지는 않을 것이다.

　따라서 가시화 전략의 하나로서 성소수자운동 측이 최근 추진하고 있는 동성파트너쉽 제도의 도입은 여전히 유효할 것으로 보이며, 페미니즘 측이 주장하는 것처럼 보수파에 대항하기 위한 페미니즘과 성소수자 운동 간의 연대 또한 지속적으로 요청될 것이다. 그러나 동시에 동성파트너쉽제도가 사회 전반적으로 수용되어 성소수자의 가시화가 진전된다면 현재와 같은 성소수자 운동과 페미니즘의 연합은 일본에서 혼인제도의 문제를 둘러싸고 필연적으로 분열할 것으로 예상된다.

지역복지의 공공(公共), 그리고 '새로운' 공공*

박승현

1. '새로운 공공'이라는 화두

2000년을 전후하여 일본사회에서는 '관에서 민으로', '중앙에서 지방으로'라는 신자유주의의 제도개혁이 진행되는 가운데 '새로운 공공(新しい公共)'이 사회적 화두로 떠올랐다. 학문분야에서도 공공성 논의가 확산되었다. 2000년 3월에 간행된 일본사회학회의 기관지『사회학 평론』200호 특집의 타이틀은 '21세기 사회학으로: 새로운 공동성과 공공성'이었다. 야마구치 야스시는 잡지기사색인(일본국립국회도서관)을 검토하여, 1975년부터 1980년대까지 연평균 20건 미만에 머물고 있던 '공공성' 논의가 1990년대 초부터 급증하며, 1999년에는 115건, 2000년에

---

* 이 글은 「일본 사회복지협의회를 통해 본 '새로운 공공': 도쿄 북구사협의 지역복지 사례를 중심으로」(『민주주의와 인권』 제18권 1호, 2018)를 수정 · 보완한 것이다.

는 141건, 2001년에는 155건에 달했다고 보고한다.[1]

　1998년에 시작된 '공공철학 공동연구회'는 공공철학에 대한 대중의 관심을 불러일으켰고, 이를 계승한 '공공철학 교토포럼'[2]은 2001년 12월에 공개성, 공익성, 실천성, 포괄성을 공공철학이 지향할 가치로 선언했다. 포럼을 주도한 김태창[3]은 '새로운 공공'의 논의를 종합하여, '새로운 공공'은 다양한 '중간집단'이 이극대립을 이루었던 기존의 공(公)과 사(私)를 매개하는 것으로부터 출발한다고 분석한다. 여기서 새로운 공공의 '새로움'이란 공사의 이극대립에서 벗어나 공(共)이 공사(公私)를 매개하는 삼원론을 구성하여, 국가나 정부의 공(公)과 사(私)가 민(시민, 국민, 주민의 총칭)의 공공(퍼블릭, 커먼)을 매개로 충돌하고 융합하는 생활시공간의 탄생을 가리키는 것이다.

　이와 같이 '새로운 공공'은 '공적(公的)'에서 '공공적(公共的)'으로의 퍼블릭(public)의 패러다임 변화를 가리키며, 이는 국가의 실패, 시장의 실패, 가족의 실패를 넘어서 그 간극을 메워줄 수 있는 영역[4]의 역할에

1) 山口定, 「新しい公共性を求めて: 状況・理念・規準」, 『新しい公共性: そのフロンティア』, 有斐閣, 2003, 12쪽.
2) 여기서 공공철학은 시민의 입장에서 생각하고 판단하고 행동하고 책임지는 철학이며, 시민과의 대화를 통해 진행하는 철학으로서 시민들이 서로 자기, 타인, 그리고 이 세계를 밝히는 철학이라고 정의된다(김태창, 「공공철학이란 무엇인가?」, 『철학과 현실』 74호, 2007, 84쪽). '공공철학 교토포럼'의 발언들은 '공공철학' 시리즈 전 20권으로 간행되었고, '공공적 양식인'이라는 회보를 통해 공공철학에 대한 정보가 끊임없이 발신되고 있다.
3) 金泰昌, 「おわりに」, 『公共哲学7: 中間集団が開く公共性』, 東京大学出版会, 2002, 375~393쪽.
4) 上野千鶴子, 「序: 社会学の再興のために」, 盛山和夫・上野千鶴子・武川正吾(編), 『公共社会学(2)少子高齢社会の公共性』, 東京大学出版会, 2012, 10쪽.

대한 기대를 담은 개념이다. 그리하여 영리를 추구하지 않으며 공익을 추구하는, 공(公)도 아니고 사(私)도 아닌 동시에 이들을 매개하는 제3의 섹터, 즉 공공부문과 협력하는 민간집단, 정부의 보조금으로 운영되는 단체나 조직, 민간출자의 비정부·비영리단체, 볼런티어 조직 등은 '새로운 공공'의 가장 적절한 주체로 부상한다.

일본사회의 정치경제적 변화는 '새로운 공공'의 논의를 증폭시켰다. 2001년에 출발한 고이즈미 정권하에서 사회보장비는 대폭 삭감되었으나[5] 인구의 고령화, 그리고 가족과 기업을 기반으로 한 일본형 생활보장 시스템의 붕괴에 따라 복지서비스의 수요는 더욱 늘어난다. 이러한 가운데 '관에서 민으로'의 슬로건 하에 지역복지의 활성화를 위한 정책적 전환이 추진된다. 2000년도에는 '사회복지사업법'이 '사회복지법'으로 개편되어 사회복지 전반의 구조개혁이 진행된다. 사회복지법 성립 이전에는 '지역복지는 법률상의 개념으로 존재하지 않았다'[6]라고 할 만큼, 사회복지법의 개편은 지역복지를 둘러싼 공공정책의 중요한 전환점이었다. 같은 해부터 실시된 개호보험제도는 그 변화를 고스란히 담고 있다. 개호보험제도는 '개인'을 단위로 가족이 아니라 '사회'가 고령자를

---

5) 2001년부터의 고이즈미 정권은 국채발행액을 30조엔 이하로 억제하기 위해 세출을 삭감하고, 사회보장관계비에 관해서도 2002년부터 2006년까지 국가의 일반회계예산을 중심으로 약 1.1조엔(매년 2200억 엔)을 삭감한다.

6) '복지사회'가 정부의 문서에 처음 등장한 것은 1979년이며, 사회복지법으로의 개편 이전에 1990년의 사회복지사업법 개정에서도 이미 국가 중심이 아니라 지방자치체가 지역의 실정에 맞는 복지행정을 추진하는 것을 강조한 바 있다(武川正吾,『地域福祉の主流化: 福祉国家と市民社会Ⅲ』, 法律文化社, 2006, 12~13쪽).

지지하는 것을 목표로 했다는 점, 행정에 의한 조치가 아니라 이용자가 사업자를 골라서 계약함으로써 '이용자주권'를 지향했다는 점에서 획기적인 제도로 평가된다. 이는 공공복지서비스의 담당자가 국가=관에 한정되지 않고, 가족과 지역사회, 제3섹터나 기업 등으로 다양화된 '복지사회'로의 전환을 그 전제로 하였다.

필자는 일본사회의 지역복지의 중심단체인 사회복지협의회(이후 사협으로 약칭)에 주목하여, 2000년대 이후 지역복지의 영역에서 '새로운 공공'은 어떻게 전개되고 경험되었나를 살피고자 한다. 사협은 1951년에 제정된 사회복지사업법(현재의 사회복지법)에 기초한 사회복지법인이며, 민간의 사회복지활동을 추진하는 것을 목적으로 설립된, 영리를 목적으로 하지 않는 민간조직이다. 한편 2000년도 사회복지법의 개편으로 사협은 지역복지를 목적으로 '공공'의 역할을 재편성할 수 있는 핵심적인 단체로 법적지위를 부여받는다.[7] 2000년 12월 8일에 후생성이 주최한 '사회적인 원조를 요하는 사람들에 대한 사회복지의 자세에 관한 검토회'의 보고서에서도 사협은 '사회적 원조를 요하는 사람들에게 사회나 사회복지의 손길이 닿지 않는 사례'에 대응하기 위한 새로운 '공'으로 꼽힌다.[8]

---

7) 사회복지법 제109조에서 시정촌 사회복지협의회는 사회복지 사업의 기획 및 실시, 주민참가를 위한 원조, 사회복지 사업에 관한 조사, 보급, 선언, 연락, 조정 및 조성, 그 외에 사회복지 사업을 건전한 발전을 꾀하기 위해 필요한 사업을 통해 지역복지의 추진을 도모하는 것을 목적으로 하는 단체로 규정된다(시정촌 사회복지협의회: http://kitashakyo.or.jp/shokai/kita shakyo (열람일: 2017. 12. 8.). 사회복지법인이란 사회복지사업을 목적으로 사회복지법하에 설립된 공익법인을 일컫는다.

필자가 장기간 필드워크를 수행한 도쿄도 북구 기리가오카 단지는 주민들 스스로 '고령자만 남았다'라고 얘기하는 대규모의 공영주택단지이다. 북구 사회복지협의회(이하 북구사협)[9]은 개호보험제도가 실시된 2000년 이후부터 현재까지 '자립지원', '개호예방'이라는 고령자복지정책 속에서 기리가오카 데이홈을 북구의 위탁으로 운영해왔다. 필자는 2009년 8월부터 2010년 3월까지 도쿄 북구 기리가오카 공영단지 내에 위치한 고령자 개호예방시설 '기리가오카 데이홈'에 대한 필드워크를 실시했다. 사협에 대한 조사를 본격화한 2017년 3월에는 도쿄도 사회복지협의회의 관계자들과 인터뷰를 실시했고, 2017년 7월과 8월에는 북구사협과 기리가오카 데이홈의 스텝, 사협의 회원인 동시에 지역의 볼런티어로 활동하고 있는 기리가오카 단지 주민들과 인터뷰 조사를 실시하였다.[10]

본고에서는 먼저 2000년대 이후의 공공성 논의를 '새로운 공공'의 개념에 주목하여 검토하고자 한다. 그리고 일본 지역복지의 중심조직인 사회복지협의회의 역사적 맥락과 2000년대 이후의 위상변화에 주목하

8) 이원식, 「일본의 사회복지개혁(시장원리 도입)과 지역복지의 과제」, 『한국지역사회복지학회』 11호, 2002, 190쪽.
9) 북구사협 연혁은 1953년으로 거슬러 올라간다. 임의단체로 구성된 북구사협은 1964년에 법인으로 인가를 받고, 사회복지법인 사회복지협의회로서 등록된다.
10) 기리가오카 단지는 1952년부터 1978년에 걸쳐 지어진 총 5,920세대의 대규모 공공단지이다. 기리가오카 데이홈에 대한 필드워크의 보다 상세한 내용은 「개호보험시대의 자립의 의미: 도쿄의 한 개호예방시설을 통해 본 고령자 자립을 둘러싼 지역적 실천」, 『비교문화연구』 21(2), 2015 참고. 데이홈에 대한 기술에 있어 본 논문과 중복되는 내용이 있으나 이에 대해 일일이 인용표시를 하지는 않았다.

여 '새로운 공공'의 주체로 부각된 제3섹터의 성격을 밝히고자 한다. 또한 북구사협의 개호예방시설 위탁운영의 사례를 통해 '공공성 전환'의 한계를 구체화하는 동시에 그 가능성을 조명하고자 한다.

2. 공공, 그리고 '새로운' 공공

사이토 준이치는 일본사회에서 십여 년 전까지 '공공성'은 시민들이 적극적으로 사용하는 말이 아니었으며 이는 국가가 사용하는 관제용어였다는 말로 『민주적 공공성』의 한국어판 서문을 시작한다. '공공성'은 '공공복지'를 위한 희생을 정당화하기 위해 쓰인 관제용어로 인식되는 등 부정적인 뉘앙스를 가지고 있었고, 이것이 활발하게 게다가 긍정적으로 논의되기 시작한 것은 1990년대 무렵부터였다는 것이다.

그는 공공(公共)의 개념은 아주 다양하고 광범위해서 명쾌한 정의를 내리기 어렵다고 언급하면서도 그 애매모호함을 조금이라도 불식시키기 위해 '공공'의 일반적인 의미를 1) 국가에 관계된 공적인(official) 것, 2) 모든 사람들과 관계된 공통적인(common) 것, 3) 누구에게나 열려 있으며(open) 누구의 접근도 거부하지 않는 것으로 구분한다.[11] 그러나 이렇게 의미구분을 해도, 동일본대지진 이후의 원전사고가 '공공'의 사업이 어떻게 '공공'을 위험에 빠뜨리는가를 보여준 것처럼, '공공성'은 상

---

11) 사이토 준이치, 윤대석·류수연·윤미란 옮김, 『민주적 공공성』, 이음, 2009, 18~19쪽.

충하며 항쟁하는 개념이다.

한편, 다나카 시게요시[12]는 일본어의 '공' 혹은 '공공'이라는 단어에는 세 층위가 있다고 분석하고, 1. 천황이나 조정, 관을 연상시키는 오오야케(オオヤケ) 2. 한자의 공(公) 3. 서구에서 들어온 '퍼블릭'이라는 의미가 현대일본어에 지층과 같이 쌓여 있으며, 공공성을 논의함에 있어서도 이 세 가지가 혼재되어 있음을 지적한다. '공공'은 '일상의 언어'인 동시에 이상이나 이념을 나타내는 '이상의 언어'이며, 또한 사회과학에서는 '분석의 언어'이기도 하다. 무엇보다 '공공'은 해당 사회문화의 맥락 속에서 새로이 구성되는 개념이다.

2009년에 9월에 정권교체를 이룬 민주당 정권하에서 '새로운 공공'은 기존의 정치와 차별화할 수 있는 관민협치의 통치모델, 공식적인 정책의제로 부상한다. 하토야마 유키오(鳩山由紀夫) 전 총리는 2010년 1월 29일에 국회에서 '새로운 공공'을 언급하여 주목을 받았다. 그는 "사람의 행복과 지역의 풍요로움은 기업에 의한 사회적인 공헌이나 정치의 힘만으로 실현할 수 있는 것이 아니다. 시민과 NPO가 교육과 육아, 마을만들기, 개호와 복지 등의 과제를 해결하기 위해 활약하고 있다. 이러한 힘을 우리는 '새로운 공공'이라 부르고, 이 힘을 지원함으로써 자립과 공생을 기본으로 하는 인간다운 사회를 구축하고 지역의 연대를 재생함과 동시에 비대해진 '관'을 슬림화 하고 싶다."라고 연설한다.[13] 이어서 국민, 시

---

12) 田中重好, 『地域から生まれる公共性: 公共性と共同性の交点』, ミネルヴァ書房, 2011, 3쪽, 16쪽.
13) 174회 국회에서의 하토야마 내각총리대신 시정방침연설, http://www.kantei.go.jp/jp/hatoyama/statement/201001/29siseihousin.html(열람일: 2017. 12. 10.).

민단체, 지역조직, 기업과 사업체, 그리고 정부가 당사자로서 참여하는 '협동의 장'으로서의 '새로운 공공'14)을 추진할 조직으로 '새로운 공공 추진회의', '새로운 공공 원탁회의'가 설치된다(2010년 10월 22일).

한편, '새로운 공공 추진회의'나 '원탁회의'는 2012년 12월부터의 아베정권하에서 폐지되었고, 새로운 공공을 다룬 연구보고서나 학계의 논문도 눈에 띄게 줄어들었다. 그러나 관민이 대등한 관계에서 논의할 수 있는 계기가 미약함에도 불구하고, 정권교체 이후에도 공공성의 논의는 중앙정부 차원에서 주요의제로 다루어져, '함께 사는 사회를 위한 협동전략'의 내용은 민주당의 '새로운 공공'의 기본 맥락과 크게 다르지 않았다.15)

공공서비스 분야에 시민사회가 적극적인 주체로 참여하는 것으로 공공성 논의를 이해하고, 국가적 공공성의 상대화나 폭넓은 중간집단의 성장에 그 초점을 맞춘다면, 국가나 관이 공공성을 독점하는 것이 비효율적인 동시에 불가능한 오늘날 '새로운 공공'의 방향성은 거스를 수 없는 흐름이다. 한편, 일본사회에서 공공성의 전환이 논의되고 전개될 수 있었던 것은 지역사회에 친숙하게 받아들여질 수 있는 시민섹터가 존재해왔기 때문이라 할 수 있다.

한영혜16)는 일본 시민운동의 지역적 보수성에 대한 비판, 그리고

---

14) 2010년 6월 4일, 제8회 '새로운 공공 원탁회의'의 '새로운 공공'선언, http://www5.cao.go.jp/entaku/pdf/declaration-nihongo.pdf(열람일: 2017. 12. 22.).
15) 전영수, 「새로운 공공(新しい公共)의 경로탐색과 교훈: 일본의 관민협치 실험과 한계」, 『일본학보』 103집, 2015.5, 215~217쪽.
16) 한영혜, 『일본의 지역사회와 시민운동』, 한울아카데미, 2004, 21쪽.

일본 시민사회가 건강한 공동체와 활력있는 지역사회를 만들어왔다는 대조적인 평가 모두 일본 시민사회의 기본적인 성격으로서 '지역사회에 근거한 견실한 생활운동'으로 파악하고 있음을 지적한 바 있다. 다양한 비영리섹터가 이미 견실한 생활운동을 전개하며 지역사회에 폭넓게 포진하고 있기에 토착적인 민간자원과 행정이 결합한 복지서비스가 이질감 없이 제공될 수 있었던 것이다. '새로운 공공'은 제 3섹터의 독자성과 자율성에 역점을 둔 개념이 아니라, 폭넓은 '중간집단'이 공(公)과 사(私)를 매개하고 보완하는 것에 강조점이 찍힌 논의임을 상기할 수 있는 대목이기도 하다.

3. 지역복지의 현장에서 본 '공(公)'과 '공(共)'

기리가오카 데이홈은 1990년에 북구사협이 북구의 지원하에 동네의 사랑방과 같은 고령자 시설 '데이홈 기리가오카'를 설립한 것으로 시작되었다. '데이홈 기리가오카'는 지역주민들이 자원봉사자들과 함께 다양한 활동을 하고, 함께 식사를 하거나 때로는 낮잠을 자기도 하는 공간이었다. 1990년은 버블의 절정기로 '중앙에서 지역으로'를 주요 내용으로 사회복지사업법이 개정된 해이기도 하다. '실패하면 급식소로 쓰면 되니 추진해보라'는 '관'의 지원 속에서 데이홈 기리가오카는 사협이 직접 운영하는 공간으로 문을 열었다. 같은 해에 북구사협은 '북구 볼런티어 센터'를 개설하기도 했는데, 데이홈은 자원봉사자들의 주요한 활동장소가 되어, 목공이나 비누제작 등 다양한 공예활동이 이루어졌다. 당시의 데이홈은 우편물을 가지고 온 우체국 직원들도 함께 식사를 하고, 동네 사람들이 잠깐 화장실을 빌려 쓰기도 하는 공간이었다고 한다. 이는 필자가 데이홈에서 필드워크를 실시한 2008년 당시의 '이용자를 보호하는 분위기'와는 매우 다른 것이었다. 2009년에 인터뷰를 실시했던 데이홈 시설장은 설립시기부터 사협의 멤버로 데이홈 운영에 참여했다고 소개하면서, "지금으로서는 상상할 수 없는 분위기였다"고 데이홈 초창기를 회상했다.

데이홈의 변화는 개호보험제도와 함께 시작된다. 2000년도 개호보험제도의 실시와 함께 데이홈 기리가오카는 '자립지원시설(自立支援施設)'인 '고령자 데이홈'으로 지정되었고, 북구사협은 북구의 지정으로 데이홈을 위탁운영하기 시작했다. 데이홈이 자립지원시설로 전환됨으로써 데이홈을 이용하기 위한 지격요건이 생기고, 개호보험제도에서 '요지원(要支援)'이나 '요개호(要介護)' 인정을 받은 이는 이용할 수 없는 시설이 된다. 그리고 기리가오카 데이홈의 기존 이용자들은 대부분 '지원'이나 '개호'가 필요하다는 인정을 받아 더 이상 데이홈을 이용할 수 없게 되었다.[17] 이 때문에 데이홈의 이용자가 없어져, 스텝들은 '혼자, 혹은 고령자들끼리 거주하는 세대인 이유로, 집에서만 지내기 쉬운 65세 이상의 고령자'라는 '이용자격'에 맞추어 새로이 이용자를 '모집'하고, 근력

---

17) 2009년의 인터뷰에서 시설장은 "개호보험이 시작된 당시에는 기준이 느슨하여 지금이라면 절대 '요개호'가 될 수 없는 이들도 인정을 받았다."라고 얘기했다. '제도의 지속가능성'의 염려 속에서 '개호인정'의 기준은 점점 엄격해지고 있다.

운동, 구강운동, 영양교육, 치매예방 등 '자립지원'에 필요한 프로그램들을 꾸리기 시작했다.

개설 당시부터 데이홈의 식사를 준비했던 지역주민들의 활동은 개호보험의 실시와 함께 중단된다. 식사제공을 위해서는 조리사나 영양사의 자격이 필요하게 되었기 때문이다. 현재 데이홈에서는 도시락 업체에 해당 인원에 맞춰 그날그날의 점심을 주문한다. 이러한 변화에 따라 데이홈이 애초에 가지고 있던 지역색은 옅어져, 지역 사람들의 모임장소가 아니라, 셔틀버스를 이용하여 행정구역 내의 '이용자'들이 정해진 요일에 이용하는 공간이 된 것이다.

한편, 개호보험개정과 함께 효과적인 개호예방을 위한 '지역지원사업'이 강조되고 개호예방을 위한 지역 재택서비스가 강조되는 가운데, 2006년에 데이홈은 자립지원시설에서 다시 개호예방시설로 전환된다. 그리고 이에 따라 데이홈을 이용하기 위해서는 특정고령자(特定高齡者)라는 인정, 즉 '65세 이상으로 생활기능이 저하되고 곧 개호가 필요하게 될 우려가 있는 고령자'라는 인정이 필요하게 된다. 이에 따라 근력테스트 등 개호예방프로그램이 강화되는 등 데이홈의 일상도 '개호예방'에 맞추어 재편된다. 북구사협은 북구의 지정관리자로서 연속적으로 지정되어, 개호보험제도가 실시된 2000년부터 2017년 8월 현재에 이르기까지 기리가오카 데이홈을 위탁운영하고 있다.

사협은 어떠한 조직인가에 대해 기리가오카 데이홈에서 일하는 사협의 직원은 "사회복지협의회는 NPO와도 다르고, 민간도 아니면서, 관도 아니다. 그렇지만, 이용하는 사람들은 물론이고 (사협에 속해있는)

민생위원들조차도 사협을 관(役所)이라고 생각한다"라고 얘기했다. 북구사협에서 18년간 일한 E씨는 사협이 '관'이라는 오해를 받는 것에 대하여, 사협이 각 도도부현과 시정촌에 존재하며, 행정과 연계하여 진행하고 있는 사업이 많아 행정에 가까운 공적인(おおやけ) 기관으로 인식되는 것 같다고 언급했다. 2017년도 3월의 인터뷰에서 도쿄도 사협의 한 관계자는 "민간과 행정의 양바퀴가 잘 돌아가도록 하는 중간자이다"라고 사협의 역할을 소개했다.

북구사협은 이미 1970년대부터 '북구노인 쉼터', '복지관', '북구사회복지관', '북구결혼상담소' 등을 구로부터 위탁받아 운영했고, 2013년 4월부터 북구의 위탁으로 요개호 인정조사를 담당하고 있기도 하다. 민간단체인 사협이 '관'으로 인식되는 것은 사협이 오랫동안 관의 '위탁'사업을 수행해 온 것과 무관하지 않을 것이다.

그러나 북구사협의 활동은 위탁사업에 한정되는 것이 아니다. 고령자개호예방시설 기리가오카 데이홈을 운영하는 직원들뿐 아니라 데이홈의 자원봉사자들 역시 사협에 연결되어 있었고, 단지 내의 오랜 이웃들의 모임들 역시 사협의 지원 속에서 '커뮤니티 활성화'를 도모하는 지역모임으로 조직되어 있었다. '민생위원' 역시 사협에 속하여, 기리가오카 단지의 민생위원들은 지역에서 도움을 필요로 하는 주민들의 안부를 확인하고 공적인 케어를 받을 수 있도록 안내하는 '파이프'와 같은 역할을 하며 지역 커뮤니티의 리더로 존재하고 있다. 한편, 2015년 즈음부터 단지의 고령주민들이 식사를 하거나 차를 마실 수 있는 지역의 쉼터를 만드는 활동이 시작되어 '나가야', '살롱 아카시야'와 같은 공간이 문을 열었는데 북구사협은 그 운영주체였다. 전국적인 조직망을 가지며 지역사회에 포진하고 있는 사협의 성격을 밝히는 것은 일본사회의 '공공(公共)'을 이해하기 위한 실마리가 될 것이다.

4. 사협은 왜 '관'이라고 인식되는가

사협은 오늘날 일본사회의 지역복지, 더 나아가 일본사회의 '돌봄'을 논의할 때 빠뜨릴 수 없는 독보적인 단체이다. 한신아와지 대지진 이후 사협이 '재해자원활동센터'를 운영하게 된 것은 일본사회에서 사협이 어떤 단체인가를 이해하기 위한 좋은 사례일 것이다. 한신아와지 대지진이 발생한 1995년은 일본의 '자원봉사의 탄생의 해'라고 일컬어지지만, 당시 피해지역에서는 자원봉사자를 이끌 공식적인 창구가 없어 큰 혼란을 겪었다. 이를 계기로 이후 자원봉사자를 이끄는 '재해자원활동센터'가 세워졌는데, 재해란 언제 어디에서 어떤 규모로 일어날지 모르기 때문에 전국적 네트워크를 갖춘 사협이 그 운영주체가 된다.

사회복지협의회의 네트워크는 전국사회복지협의회(1곳, 직원 133명), 도도부현(67곳, 직원 1만 5천 명), 시구정촌(1,846곳, 직원 14만 명) 그리고 민생위원, 아동위원, 사회복지법인·복지시설 등의 전문직단체의 특별협의회로 이루어진다.[18] 이와 같이 전국적인 네트워크를 가지며

---

18) 사회복지협의회의 네크워크, http://www.shakyo.or.jp/business/annual_2015-2016.pdf(열람일: 2017. 9. 9.).

또한 평소의 복지사업을 통해 지역에 다양한 인적 연망을 가지고 있기에, 사협은 재해가 발생한 상황에서 도움을 필요로 하는 사람들이 누구인가를 가장 잘 파악할 수 있는 조직으로 꼽힌 것이다.[19] 전국사협의 홈페이지의 첫 화면에는 '재해지정보, 재해지역 볼런티어 정보', 또한 '동일본 대지진, 구마모토 대지진 등 대규모 피해지 지원활동'에 대한 안내배너가 있다.[20] 북구사협 홈페이지의 메인화면에서도 재난에 대비한 지역주민, 민생위원, 아동위원, 자치회 등의 일상적인 연대, 재해 발생시 자원봉사자를 받아들일 수 있는 체제를 강조하는 문구를 읽을 수 있다.[21]

2016년 전국사협의 연례보고서에 실린 사이토 주로 회장[22]의 인사말은 사협의 성격과 위상을 읽을 수 있는 또 다른 단면이다. 그는 2015년에 생활빈곤자 자립지원사업이 전국적으로 실시되었으며, 사협이 이에 대한 위탁의 80%를 맡고 있음을 상기시키는 것으로 메시지를 시작한다. 또한 사협의 활동은 '1억 총 활약사회'[23]라는 아베정부의 성장전략, 즉

---

19) 나카하라 잇포, 이희라 옮김, 『3.11 물의 마을이 사라진 날: 기적의 자원활동 이시노마키 모델의 탄생』, 에이지이십일, 2012, 55~59쪽.
20) 전국사협의 홈페이지 메인화면, http://www.shakyo.or.jp(열람일: 2017. 12. 10.).
21) 북구사협의 홈페이지 메인화면, http://kitashakyo.or.jp(열람일: 2017. 12. 10.).
22) 사이토 주로(斎藤十朗)는 자민당 소속의 정치가로, 후생대신을 역임한 바 있고 은퇴 후 전국사회복지협의회, 중앙공동모금회, 전국노인클럽연합회의 회장을 맡고 있다.
23) 2015년 10월 아베 정부는 '1억 총 활약(一億総活躍)'이란 슬로건을 내건다. '1억 총 활약' 특명 장관을 임명하고, '강한 경제', '육아 지원', 사회보장'이라는 '새로운 세 개의 화살(新・三本の矢)'의 실현을 목표로 설정한다. 한편, 2016년 6월 내각회의에서 결정된 '1억 총 활약 플랜'은 성장과 분배, 안정된 고용을 기반으로 희망출생률 1.8의 실현, 전후 최대의 명목 GDP 600조 엔의 달성을 목표로 제시한다.

지속가능한 사회보장을 바탕으로 '모두를 포섭하는 사회의 실현'을 추구하는 정부의 목표와 맥을 같이 하고 있음을 밝힌다. '공익성과 비영리성을 기반으로 개인이 정든 지역에서, 인간으로서 존엄성을 가지고 독립적인 생활을 할 수 있도록 지원'하는 것은 사협이 오랜 사업방향이었다. 이는 '지역중심', '자립중심'을 강조하는 일본정부의 복지정책 방향에 완전히 부합하는 것이기도 하다.

사협 100주년 기념행사의 사진들은 일본의 지역복지의 맥락에 있어서 사협이 가지는 역사적 특수성을 짐작하게 한다. 전국사협의 홈페이지에는 2008년의 '사회복지협의회 창설 100주년 기념식'에 천황부부가 참석한 사진이 게재되어 있다. 부국강병, 식산흥업의 추진과정에서 발생한 도시하류층을 구제하기 위해 자선사업가 200명이 1908년에 중앙자선협회를 설립한 것에 사협의 기원을 둔 것이다.[24] 사협에 속한 전국조직인 민생위원의 역사 또한 일본 볼런티어의 기원으로 꼽히는 1917년의 제세고문제도(濟世顧問制度)로 거슬러 올라간다.[25] 2017년 '민생위원제도의 창설 100주년 기념식'에도 역시 천황부부가 참석해 전국사협의 홈페이지에 그 기념사진이 게재되었다.

자선사업가들의 자선협회에 기원을 두는 사협이 왜 오늘날 '관'으로 여겨지는 것일까. 이는 전후 사회복지사업의 개편과정과 밀접하다.

---

24) 중앙자선협회는 1921년에 사회사업협회로 명칭이 바뀌고, 1924년에 '재단법인 중앙사회사업협회'로 재편된다(全国社会福祉協議会100周年記念事業「100年のあゆみ」, http://shakyo.or.jp/anniversary/index.htm(열람일: 2017. 10. 22.).
25) 이는 일본 볼런티어의 기원으로 꼽히며, 이후 방면위원으로 명칭이 바뀐다. 1946년의 생활보호법으로 민생위원으로 재편된다. http://shakyo.or.jp/anniversary/index.htm(열람일: 2017. 10. 22.).

일본의 공공철학을 논의한 이나가키[26]는 일본은 관료제와 밀착한 '공법'이 이상하게도 강한 나라라고 언급하며, 박애와 자선에 대한 헌법 89조에 주목한다. 일본 헌법 89조는 '공의 지배에 속하지 않는 종교나 단체의 자선, 교육, 박애'에 있어서, 공금, 공의 재산을 쓰는 것을 금한다. 여기에는 행정의 말단조직과 같은 정내회나 국가신도에 관여한 신사를 의식하여, 서구식 공사분리, 정교분리의 원칙을 강조한 GHQ의 의도가 담겨있다.

한편 일본정부는 '공의 지배에 속하지 않는 '사'의 사회사업에 공금을 지출해서는 안 된다'는 규정을 '공(=행정)'이 지배하는 사업에 대해서는 공금을 사용해도 되니, 종래의 민간사회복지사업을 모두 '공(=정부)의 지배하에 두면 되는' 것으로 해석한다. 이로써 사회복지사업의 공공책임이 명시되고, 사회복지서비스를 공급하던 비정부부문의 조직이 국가의 통제하에 놓여, 정부는 민간사회복지사업을 법인으로 허가하는 동시에 정부가 독점하는 '조치'의 구체적인 행위를 위탁하고 이에 따른 위탁비를 지급하는 방식을 취한다. 공사분리라는 GHQ의 방침에 기반을 두고 진행된 사회복지가 최종적으로 국가(행정)의 힘을 강화하는 결과를 낳은 것이다.[27]

일본 사회복지의 기초를 닦은 GHQ는 미국의 사회복지협의회(Social Welfare Council)를 모델로 일본의 민간 사회사업단체를 재편성하고자

---

26) 이나가키 히사가즈, 성현창 옮김, 『공공복지: 공공철학에서 복지사회를 전망하다』, 예영 커뮤니케이션, 2013, 52~53쪽.
27) 新藤宗幸, 『福祉行政と官僚制』, 岩波書店, 1996, 9쪽, 55쪽; 田中重好, 『地域から生まれる公共性』, 2011, 8쪽에서 재인용.

했다. 미국의 사회복지협의회는 1910년부터 자발적인 공동모금을 기반으로 커뮤니티 구성원들이 운영하는 복지기관과 시설의 연합조직이다. 그러나 일본의 경우에는 위로부터 사회복지협의회라고 하는 관제의 사회복지 조직이 형성되고, 지역사회 안에서 위로부터의 지시로 지방조직이 재편성된다. 이와 같은 상황은 퍼블릭(public)의 개념을 이해하는 데에 있어 미국과 일본 측의 오해가 존재했기 때문이다. GHQ는 서구적 기준의 공사분리 원칙을 토대로 한 자발적인 결사체의 조직을 전후 일본의 사회복지행정의 목표로 삼아 '퍼블릭 어시스턴스'를 내세웠는데, 일본 측에서는 이를 '정부'에 의한 생활빈궁자의 '보호'로 받아들였다. 퍼블릭이 '행정의'로 받아들여진 것이다.[28]

이와 같은 배경 속에서 1950년의 신생활보호법 및 1951년의 사회복지 사업법에서 각각 '공익법인', '사회복지법인'[29]에 대한 공적조성제도가 탄생했다. 그리고 중앙자선협회에 기원을 둔 일본사회사업협회, 전쟁피해자 보호를 담당한 동포원호위원회, 전일본 민생위원연맹의 세 단체가 통합하여 1951년 1월에 중앙사회복지협의회가 탄생했다.[30] 이는 1955년 사회복지법인 전국사회복지협의회로 명칭이 바뀌어 오늘에 이

---

28) 安立清史, 『福祉NPOの社会学』, 107~108쪽.
29) 전국에 약 2만 곳의 사회복지법인이 있으며, 이 중 1만 8천 곳이 사회복지시설을 운영하고 있다. 2014년 10월 1일 현재, 일본의 복지시설 수는 6만 1,307 시설, 시설이용자는 약 296만 7천 명이며, 직원은 87만 8천여 명에 달한다. 복지시설 전체의 약 70%는 사회복지법인이 운영하며, 요양원의 경우는 94% 가 사회복지법인에 의해 운영되고 있다. http://www.shakyo.or.jp/bunya/houjin/index.html(열람일: 2018. 3. 30.).
30) 전국사회복지협의회 100주년 기념사업 「100년의 발자취」. http://www.shakyo.or.jp/anniversary/history/showa2.html(열람일: 2017. 10. 22.).

른다.

　사협은 재원을 확보하는 문제에 있어서 '민간재원을 기반으로 하면서 공비의 도입을 도모한다'라고 명시하고 있다. 주민이나 복지단체 등에 회비나 지역에서의 모금, 기부금 등의 민간재원을 기반으로 하는 것을 지향하지만, 실제로는 많은 사협이 50% 이상의 재정을 행정의 보조금이나 위탁금을 통해 충당하고 있다. 사협의 재원안정은 조치제도 하에서의 위탁비 교부제도에 기반을 둔 것이다.[31]

　아다치 기요시는 복지NPO의 전형은 사회복지법인이나 사회복지협의회라고 명시하면서도, 동시에 사협이 NPO인가 아닌가에 대해서는 어떤 연구자도 명시적으로 언급하지 않는다고 덧붙인다.[32] 한편, 사협은 그 역사적 경위로부터 행정의 외곽단체, 정부의 외부조직과 같이 존재하여 시민적인 자발성을 결여하고 있기에 NPO가 아니라는 비판[33] 등을 고려하여, 1990년대 이후 일본 시민사회의 NPO논의를 보다 명료하게 전개하기 위하여, 사협을 제외하고 '특정비영리활동촉진법(약칭 NPO법)'에 의해 법인격을 부여받은 시민활동단체로 제한하여 NPO논의를 전개한다.[34]

---

31) 윤문구, 「지역복지시대에 있어서 일본 사회복지협의회의 역할」, 『일본연구』 4호, 2008, 87쪽.
32) 安立清史, 『福祉NPOの社会学』, 107쪽.
33) 田中尚輝, 『市民社会のボランティア: 「ふれあい切符」の未来』, 丸善, 1996.
34) 일본사회에서 NPO에 대한 관심이 높아진 것은 고베대지진 이후이다. 1998년에 국회를 통과한 이 법안은 비공식적 영역에 머물고 있던 NPO들에 법인격을 부여하고, 필요한 지원이 가능하도록 했다는 점에서 일본 NPO제도에서 획기적인 사건으로 꼽힌다.

그러나 복지NPO가 기존의 사회복지법인과 확연하게 구별될 수 있는가의 문제도 존재한다. 1998년의 NPO법 이후 일본정부가 재정지원을 통해 시민단체를 공공서비스 제공자로 활용하려는 움직임은 극명하다. 김수현[35]은 1999년까지 NPO법인을 신청한 단체의 현황을 검토하며, 사회복지 분야에서 정부의 위탁사업을 받기 위해 NPO법인으로 등록한 단체가 30~40%에 이르고 있다고 지적한다. '새로운 공공'이란 이름으로 정부가 값싼 비용으로 행정의 기능을 시민사회에 전가한다는 비판은 이러한 맥락에서 제기되는 것이기도 하다.

이숙종은 시민운동의 자발성과 정부나 기업으로부터의 독립성을 전제로 하는 시민사회라는 개념에서 보면 일본에 시민사회는 분명히 존재하지만, 시민사회라는 개념에 정부와 시장을 견제하는 비판적 역할을 부여하게 되면 과연 일본에 시민사회가 있는 것인지 의심이 갈 수도 있다고 언급한다.[36] 또한 정정숙은 국가주도의 체제 속에서 고도성장을 경험한 일본사회 특유의 관민 상호신뢰에 주목하고, 일본의 시민사회는 감시와 견제가 아니라, 국가와 시장과 지방정부 혹은 지역공동체의 각 영역을 중재하고 보완하며, 견제하기도 하는 융통성 있는 지위를 가진다고 분석한다.[37] NPO연구의 세계에서 '유사정부조직'이라고 불리는 일본 NPO의 특징 때문에 '비영리단체와 정부의 공생관계 및 그 협동'을

35) 김수현, 「주요국의 NGO현황과 제도」, 김동춘 외 『NGO란 무엇인가』, 아르케, 2000, 107~111쪽.
36) 이숙종, 「공공서비스 제공자로서 일본 시민단체의 대두」, 이숙종 엮음, 『작은 정부와 일본시민사회의 발흥』, 한울, 2005, 17쪽.
37) 정정숙, 「일본시민사회의 여성적정대표성과 시민사회의 평등화」, 이숙종 엮음, 『작은 정부와 일본 시민사회의 발흥』, 한울, 2005, 133~134쪽.

강조한 살라먼(Salamon)의 논의가 일본에 폭넓게 받아들여졌다. NPO론을 이끌었던 살라먼은 현대의 NPO는 정부와의 협력없이는 충분히 기능하지 못하며, 정부 역시 NPO와의 협력과 협동 없이는 적절한 사회서비스를 제공할 수 없음을 강조하며, 양자 간의 연대와 협력의 체계에 주목했기 때문이다.[38]

일본사회의 시민사회와 시민운동이 정치적인 비판세력으로 존재하지 못하나, 지역사회로 광범위하게 활성화되어 지역커뮤니티의 자조(自助)와 공조(共助)에 기여한다고 평가한다면, 사협은 그 대표적인 조직이 될 것이다. 사협이 2000년대 이후 재해, 빈곤, 개호와 개호예방을 포함하는 지역복지의 광범위한 영역에서 더욱 막중한 역할을 맡게 된 것은 이를 반증한다.

5. '새로운 공공'의 지역적 실천과 그 한계

그렇다면 기리가오카 데이홈을 위탁운영하는 북구사협의 사례를 통해 '지역'에서 '새로운 공공'의 기조는 어떻게 경험되는가를 고찰하겠다. '개호예방시설'로서의 기리가오카 데이홈의 한계는 데이홈이 이용자들의 커뮤니티로 존재하고 있음에도 불구하고, 이용자들이 '요지원'

---

38) Salamon, Lester M. and Sokolowski, S. Wojciech. *Global Civil Society: Dimensions of the Nonprofit Sector,* Baltimore: Johns Hopkins University Press, 1999.

이나 '요개호'의 인정을 받게 되면, 더 이상 데이홈을 이용할 수 없게 된다는 데에서 극명하게 드러난다. 스텝들은 이용자들에게 데이홈은 친밀한 커뮤니티이기에, 다시 데이홈으로 돌아올 것을 목표로 입원 후에도 열심히 재활치료를 한다고 얘기했다. 개호신청을 한다면 요개호 인정을 받을 것으로 보이는 이용자도 있지만, 다른 시설로 옮기고 싶지 않다는 그들의 의사를 존중한다고 얘기하기도 했다.

그러나 이는 요지원이나 요개호 인정을 받으면 현재의 커뮤니티를 유지할 수 없다는 제도적인 문제 때문에, 이용자들이 보다 적절한 개호 서비스를 받지 못하고 있음을 의미하는 것이기도 하다. 데이홈이 친밀감과 소속감을 줄 수 있는 커뮤니티로 존재할수록, 그리하여 좋은 개호예방시설로 기능할수록, 개호예방제도의 모순은 더욱 뚜렷해지는 것이다.[39]

데이홈의 이용자인 리나 씨의 사례는 개호보험제도 하에서의 '개호예방사업'의 한계를 잘 보여준다.[40] 필자가 기리가오카 데이홈에서 리나 씨를 처음 만난 것은 2008년이다. 당시 그녀는 위암 수술 후에 개호가 필요한 상태가 되는 것을 예방해야 한다는 '특정 고령자'라는 인정을 받고, 일주일에 두 번 데이홈을 이용하고 있었다. 2015년에 리나 씨는 림프암으로 전이되어 암수술을 다시 받았다. 돌봐줄 가족이 없는 그녀는 수술 후 개호가 필요한 상태가 될 것을 염려하여 개호보험을 신청을 하고

---

39) 박승현, 「개호보험시대의 자립의 의미: 도쿄의 한 개호예방시설을 통해 본 고령자 자립을 둘러싼 지역적 실천」, 195쪽.

40) 박승현, 「인생의 마지막 장에 대한 탐구」, 한림대 생사학연구소 편, 『가치있는 삶과 좋은 죽음』, 박문사, 2018, 41~47쪽.

입원을 했다. 그리고 '요지원'의 인정을 받았다. 그러나 다행히 건강상태가 크게 나빠진 것이 아니어서 이전과 크게 다름없는 생활을 유지할 수 있었다. 퇴원 후 그녀는 습관적으로 데이홈에 출석했다. 그녀의 집은 데이홈 바로 앞 동이었고, 10여 년 드나들던 곳이니 자연스럽게 발걸음이 향한 것이다.

그런데 시설로서는 '요지원자'가 된 리나 씨는 더 이상 데이홈의 이용자가 아니었기 때문에 스텝들은 출석기록부처럼 쓰던 혈압체크카드를 챙겨놓지 않았다. 리나 씨가 오자 스텝들은 깜박 잊었다고 하면서 서둘러 카드를 꺼내왔다. 리나 씨에게 앞으로는 데이홈을 이용할 수 없다는 말을 꺼내지 못하고 실수로 빼먹은 듯이 얼버무린 것이다. 이것이 두어 번 반복되자 리나씨는 서운함을 느끼며 데이홈에 발을 끊었다. 그리고 셔틀버스를 타고 '요지원자'나 '요개호자'가 이용하는 '데이서비스' 시설을 이용하기 시작했다. 개호보험제도 이후 데이홈의 일련의 변화는 복지행정의 경직성, 그리고 그 자장 안에서 자율성을 잃은 위탁기관 사협, 그리고 '선택'의 여지가 없는 당사자의 상황을 보여준다.

한편, 필자는 사협에 대한 조사를 위해 2017년 7월에 북구사협에서 18년간 근무한 A씨, 그리고 기리가오카 데이홈의 시설장인 B씨와 인터뷰를 실시했고, 데이홈 운영에 큰 변화가 생겼음을 알 수 있었다. 2018년 3월로 북구로부터의 위탁기간이 종료됨에 따라, 북구사협은 기리가오카 데이홈의 위탁운영자로 지정을 받기 위해 민간업체와 '경쟁'하여, 북구청의 심사에서 채택되어야 하는 입장에 놓인 것이다.

'개호예방' 시설로서의 데이홈은 하루 25명의 정원을 채우지 못하고 있는 상황이었다. '고령자만 남았다'라고 하는 5000세대가 넘는 공공단지 내에 위치하면서도 정원을 채우지 못하는 상황은 사협이 '개호예방의 거점'으로서의 기능을 다 하지 못했음을 의미하며, 특정고령자라는 인정을 통해 '개호예방사업'을 꾀한 행정의 실패라고 할 수 있다. 이러한 상황에서 경쟁을 통해 효율적인 '개호예방'의 방법을 재탐색하는 것은 당연한 행정적 귀결일 수 있다.

스포츠클럽 등을 운영하는 기업이라면, 건강기구나 전문 트레이너 등이 있을 테니 그 쪽이 개호예방사업에 유리한 면이 있겠죠. 우리는 좋은 기구나 트레이너가 있는 것이 아니고, 주민들이 어떻게 시설에 와서 이용해 줄 것인가를 궁리하고, 어떻게 주민들이 볼런티어로 올 것인가를 궁리합니다. 사협은 지역의 힘을 살리는 것에 강점이 있으니까요. 데이홈은 개호예방시설과 같은 장소이지만 앞으로는 지역에 열린, 정해진 인원만이 아니라, 보다 폭넓게 이용할 수 있는 장소가 될 수 있게 하려고 합니다. 특정고령자 인정에 저항이 있어서 이용자가 정원에 미치지 못하는 면이 있으니까요. 이것은 행정의 방침이기도 합니다. 기업은 돈을 못 벌면 안 움직이지만, 우리는 돈이 안 되어도 할 것은 하는 것이 가장 큰 차이일 것입니다(2017.7.7. 북구사협 A씨와의 인터뷰).

A씨는 "이제는 사협이라고 해서 위탁을 받을 수 있는 시대가 아니며, 민간업체와의 경쟁을 피할 수 없게 되었다"라고 토로했다. 2017년 11월 제4차 아베 내각은 '1억 총 활약'에 이어 '모든 세대를 위한 사회보장', '모두를 포섭하는 공생사회'를 슬로건으로 내세운 바 있다. 복지는 인구위기의 열쇠이며, 국가경쟁력의 기반이 된 것이다.[41] 이런 속에서

'관'의 위탁기관으로서 흔들림 없는 지위에 있었던 사협조차도 가장 효율적으로 '개호예방사업'을 수행할 단체로 선정되기 위한 경쟁을 면할 수 없게 된 것이다. 이러한 경쟁체제를 두고 복지서비스 제공의 주체가 더욱 다양화되고 보다 효율적인 복지서비스를 공급할 수 있게 된다는 긍정적인 평가를 할 수도 있을 것이다. 그러나 위탁처 선정과정은 '관'의 심사를 통해 이루어지는 것이기 때문에, '관'은 위탁의 방식을 통해 개호예방사업을 '효율적'으로 통제하고 관리할 수 있는 위치를 점하며, 제3섹터들은 국가정책과 관의 관리의 자장 속에서 위탁을 둘러싼 경쟁관계에 놓이게 된다. 또한 '새로운 공공'이 값싼 비용으로 행정의 기능을 시민사회에 이관한다는 비판적 시각에도 불구하고, 한편으로 공공서비스 제공 기능을 영리섹터가 아닌 시민사회로 이관한다는 점에 민영화와 차별화된다고 한다면,[42] 영리업체와 제3섹터가 경쟁하게 된 상황은 '새로운 공공'의 기조가 어떻게 퇴색되고 후퇴하고 있는가를 보여준다.

데이홈의 스텝들은 영리업체와 경쟁할 수 있는 강점으로서 사협의 지역기반을 부각시키고, 데이홈이 개호예방시설을 넘어 지역커뮤니티의 거점장소가 될 방안을 모색하고 있었다. 현재 '개호예방'을 위한 '시설'로서 정해진 이용자가 정해진 시간에 이용할 수 있는 곳이지만, 장차 개호예방시설로서의 프로그램은 주 1회로 한정하고 나머지 4일은 개호예방을 위한 트레이닝뿐 아니라 전자레인지를 이용한 요리강좌를 열거나

---

41) 박승현, 「'지방소멸'과 지방창생': '재후(災後)'의 관점으로 본 '마스다 보고서'」, 『일본비평』 16호, 2017.

42) 한영혜 「'새로운 공공' 창출의 논리와 구조: 가와사키 시의 정책과 시민활동을 중심으로」, 한영혜 엮음, 『도쿄 메트로폴리스』, 박문사, 2012, 35쪽.

체조를 가르칠 수 있는 인재를 양성하는 등, 지역에 열려있는 공간으로 활용할 것을 계획하고 있었다. 이에 대해 데이홈의 한 스텝은 "[위탁 이전의] 데이홈의 애초의 모습으로 다시 돌아가는 것과 같다"라고 얘기했다. 애초의 데이홈의 '지역성'을 회복하려는 움직임이 '관' 주도의 위탁경쟁 속에서 다시 모색되고 있다는 것은 아이러니한 일이 아닐 수 없다.

6. "지역만이 할 수 있는 것"

그러나 전국단위로 조직되어 있는 사협이 전개하고 있는 다양한 수준의 지역복지 활동과 사업을 고려한다면, 북구사협의 데이홈 운영의 사례는 그 일부를 조명한 것에 불과할 것이다. 북구사협 역시 '관'의 위탁기관으로서의 한계를 가지지만, 한편으로는 다른 업체나 조직과 경쟁하는 사업체로서, 동시에 공익을 추구하는 사회운동체로서의 균형 속에서 지역사회에서 그 저변을 확대하고 있다는 점을 간과할 수 없다. 지역복지의 분야에서 제3섹터의 역할을 '관주도적인 복지행정의 확장'으로 단순화할 수 없는 가장 큰 이유는 조직을 운영하기 위한 수익사업을 하는 동시에 또한 자발성을 기반으로 공익을 추구하는 제3섹터의 이 이중성에서 비롯된다 할 것이다.

북구사협은 위탁사업으로 재정적 안정을 도모하는 한편 커뮤니티 소셜워커를 양성하며 지역의 커뮤니티의 거점들을 만들고, 이들의 활동을 지원하는 등 지역 커뮤니티의 재생의 방안을 모색하고 있다. A씨의 발언을 통해 본 사협의 지향은 '새로운 공공'에서 요구되는 '공(共)'의 역할에 정확하게 부합한다.

'지역주민들이 열심히 하면 된다'라고만 할 수는 없지요. 사람답게 살기 위해서는, 같이 얘기를 나누고 차를 마실 수 있는 이웃이 필요한 거죠. 이것은 지역 사람들만이 할 수 있는 일이 아닐까요. 그런 면에서 보면 뭐든 행정이 해야 한다는 것은 아니라고 생각합니다. 국가가 돈이 없으니까 주민에게 이걸 하라고 한다고 생각하는 사람도 있을 수 있지만, 저는 주민의 힘을 더욱 끌어낼 수 있는 기회가 아닐까 생각합니다. 지역만이 할 수 있는 것, 지역이기에 할 수 있는 것을 촉진하는 것이 사협이 할 일입니다. 지역의 복지를 위해 '공조(共助)'하는 것이 우리의 목표입니다. 복지의 안테나를 가진 사람들이 지역의 과제를 찾아, 이를 사협이나 행정과 상담하고 해나가는 것이 지금 가장 필요한 일이고. 그 계기를 만들고, 서포트 하기 위한 중립적인 역할을 하는 것이 사협의 일이 아닐까 생각합니다. 과거에는 사무실에서 전화를 받으며 상담을 했다면, 지금은 지역의 목소리를 듣기 위해 직접 지역으로 찾아가고 있습니다 (2017.7.7. 북구사협 스텝 A씨와의 인터뷰).

기리가오카 데이홈의 주말의 '살롱'은 위탁기관으로서의 사협의 한계와 지역커뮤니티 거점으로서의 사협의 가능성을 동시에 보여준다. 주말의 데이홈은 '이용자격'을 묻지 않고 지역주민에 열려있었다. 필자 역시 '시설'인 평일의 데이홈과는 달리 데이홈의 '살롱'에는 사전의 약속이 없이 드나들 수 있었다. 살롱에 온 주민들은 여기서 그림을 그리고 영화를 보고 함께 차를 마신다. 지역의 자원봉자사들은 평일에는 쓰지 않는 데이홈의 주방에서 다과나 식사를 준비한다. 또한 인근의 병원에서 홍보를 겸한 건강강좌를 열기도 하고 지역바자회가 열리기도 한다. 주말의 데이홈은 국가와 제3섹터, 지역주민과 민간업체들의 공동의 지향, 혹은 경합이 공존하는 공간으로 변모하는 것이다.

지역에 주민들이 소속감을 느끼며 편안함을 느낄 수 있는 '친밀하면서도 공공적인 장소'[43]로서의 '이바쇼(居場所)'를 만드는 일, 그리고 사협의 '커뮤니티 소셜 워커'가 이 이바쇼를 이용하여 지역 커뮤니티의 멤버들과 지역커뮤니티의 활성화를 위한 간담회를 여는 등의 활동은 지역에서의 '공조'를 위한 북구사업의 대표적인 사업들이다. 기리가오카 단지 내에도 2016년에 지역 내의 장애인복지센터 '드림 V', '북구사협', 단지 내에 존재하는 사회복지법인 '야마부키소'의 공동 프로젝트로서 상점가 안에 레스토랑 '나가야', 그리고 '아카시야'가 문을 열었다. '공익을 추구하며 영리를 목적으로 하지 않는' 사업체로서의 제 3섹터만이 운영할 수 있는 공간이 문을 연 것이다. 이곳은 많은 가게들이 문을 닫은 상점가에 활기를 주는 식당인 동시에, 지역주민과 사협의 '커뮤니티 소셜워커'들이 '지역'에 대한 얘기할 수 있는 카페로 존재한다. 5000세대 이상의 대단지임에도 버스를 타고 역까지 나가지 않으면 마땅히 얘기를 나눌 공간이 없었기에, 나가야와 아카시야는 지역자치회의 스텝들이나 볼런티어들의 주요 약속장소가 되었다. 이러한 공간을 통해 사협은 지역의 힘을 끌어낼 수 있는 계기들을 만드는 동시에 수익사업을 추진할 방안을

---

43) 박지환, 「현대일본사회에서 이바쇼(居場所)와 자립의 사회문화적 의미: 오사카 예술-비영리조직(Art-NPO)에 대한 사례연구」, 『민주주의와 인권』 17(1) 호, 2017.

모색하는 것이다.

'이바쇼(居場所)' 만들기로 가시화되는 바와 같이, 공(共)의 영역이 공(公)과 사(私)의 '중간역할'을 하는 과정에서, 지역사회에 공(公)과 공(共), 사(私)의 경계가 모호한 영역이 확장되고 있다. 이 영역은 국가의 한계, 가족의 한계, 시장의 한계, 이에 더해 관에 밀착한 제3섹터의 한계를 모두 안고 있는 동시에 그 경계 너머를 상상할 수 있는 가능성의 영역이라 할 수 있다. 일본 시민사회의 중층성을 고려한다면 이 가능성의 영역은 다양한 스펙트럼으로 접근할 수 있는 주제이며, 이에 대한 탐구를 향후의 과제로 삼고 싶다.

제2부

전후 미디어

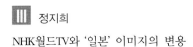

현대일본생활세계총서 15

흔들리는 공동체 다시 찾는 '일본'

NHK월드TV와 '일본' 이미지의 변용*

정지희

1. '외국인' 대상 텔레비전 국제방송

2009년 2월 2일 소위 '외국인 대상 텔레비전 국제방송'으로 불리는 영어 100% 텔레비전 방송 서비스가 일본에서 개시되었다. 2006년 이래 국제사회에서 일본의 '소프트파워'를 제고하기 위해 '외국인'에게 어필할 수 있는 별도의 국제방송 서비스가 필요함을 역설해온 정부·여당의 강력한 의지가 관철된 결과였다. 일본방송협회(이하 NHK)에 의한 텔레비전 국제방송은 1995년부터 이미 실시되어 왔으나 주요 대상은 재외 일본인이었다. 정부·여당은 2007년 방송법을 개정하여 영상 국제방송을 '외국인'을 대상으로 하는 'NHK월드TV(NHKワールドTV)'와 재외 일본

---

* 이 글은 「국제 경쟁력과 소프트파워: NHK월드TV와 '일본' 이미지의 변용」 (『한림일본학』 제32집, 한림대학교 일본학연구소, 2018. 5.)을 수정·보완한 것이다.

인 전용의 'NHK월드프리미엄(NHKワールド・プレミアム)'으로 분리하고, 일본국제방송(Japan International Broadcasting Inc., 이하 JIB)을 NHK의 자회사로 설립하여 외국인 대상 영상 방송 업무를 위탁받아 담당하도록 했다.[1] 2009년 새롭게 선보인 NHK월드TV는 100% 영어로 위성 케이블 텔레비전을 통해 보도 및 정보 프로그램을 24시간 방송하는 체제로 출범했으며, 홈페이지와 스마트폰 앱을 통한 인터넷 서비스도 이루어지고 있다. 서비스 개시 1개월 후인 2009년 3월 당시 1억 1004만 세대였던 시청 가능 세대수는 2017년 12월말 기준으로 약 160개 국가와 지역의 약 2억 3116만 가구로 증가한 것으로 집계되고 있다.[2]

2009년에 재출범한 NHK월드TV에 관한 기존의 학술연구는 주로 소프트파워 제고와 영상 국제방송의 효과 사이의 직접적 상관관계를 전제로 한 상태에서 NHK월드TV 인프라의 양적 확대와 프로그램 개선 여부를 진단하고 정책 과제와 전망을 제시하는 데 집중해 왔다.[3] 한편 주로

---

1) 뉴스는 NHK 국제방송국에서 제작하고 JIB는 기업 등의 출자를 통해 외국인을 대상으로 하는 교양 프로그램 등의 제작을 담당한다는 것이 당초 계획이었다. JIB는 2010년 4월부터 NHK월드프리미엄 업무도 NHK로부터 위탁받아 담당하고 있다.

2) JIB 홈페이지 '회사소개(会社紹介)' 페이지 참조, https://www.jibtv.com/company/index_jp.html(검색일: 2018. 2. 28.).

3) 奥田良胤, 「外国人向け『NHK ワールドTV』新スタートから1年, 発足の経緯と課題」, 『放送研究と調査』708号, 2009, 2~17쪽; 櫻井武, 「新たな国際テレビ放送競争時代: 映像国際放送の在り方に関する検討委員会の議論を中心として」, 『東京都市大学環境情報学部情報メディアセンタージャーナル』10号, 2009, 128~142쪽; 田中則広, 「東アジア地域における海外情報発信の現状と課題: 日韓中3か国におけるテレビ国際放送事例研究」, 『NHK放送文化研究所年報』52集, 2008, 141~172쪽; Nancy Snow, "NHK World and Japanese Public Diplomacy: Journalistic Boundaries and State Interests," Conference Paper, *Public Service*

일본 국내의 리버럴·좌파 논단 잡지나 소셜 미디어를 통해 유통되는 지식인 담론에서는 정부·여당이 소프트파워 제고를 구실로 공영방송 NHK를 국책방송화하거나 방송 편집권을 침해하려는 시도일 뿐이라는 비판이 중심이 되어왔다. 이러한 우려는 NHK월드TV가 신국가주의 성향의 자민당과 정부 주도로 추진된 탓에 더욱 증폭되었다.[4]

그러나 전자의 경우 소프트파워의 개념적 모호성이 지적되고 실천적 유효성에 대한 회의론이 꾸준히 제기되고 있다는 점[5]과 수신 가능 지역 확대 등과 같은 인프라 개선 수치를 넘어서는 방송 수신 실태와 수신으로 인한 여론 변화 여부를 제대로 파악하기 어렵다는 점에서 뚜렷한 한계를 드러낸다. 후자의 경우 주로 보수정권에 의한 방송 미디어 장악 시도라는 익숙한 틀에서 접근한 나머지 소프트파워 제고를 명목으로 외국인 대상 영상 국제방송이 개시된 사건이 시사하는 국가 주도의 이미

Media Across Boundaries, August 2014, pp.27~29.

4) 지면의 한계상 모두 거론하기는 어렵지만 예를 들면 渡辺浩美, 「政府見解に沿った『オレンジブック』 NHK国際放送で強まる〈ソフトな検閲〉」, 『金曜日』 1112号, 2016; 醍醐聰, 「国策放送へ急旋回するNHK」, 『季論21』 27号, 2015; 「『クローズアップ現代』やらせ疑惑, 籾井会長のハイヤー問題 NHKをさらに揺さぶる自民党の『新・国際放送案』」, 『週刊朝日』 5303号, 2015; 服部孝章, 「世界の潮 命令国際放送問題とNHKの自立性放棄」, 『世界』 759号, 2006; 「特集 国際放送は誰のため? 何のため?」, 『ぎゃらく』 453号, 2007.

5) Kearn, David W., "The Hard Truths about Soft Power," *Journal of Political Power* 4(1), 2011, pp.65~85; Ian Hall and Frank Smith, "The Struggle for Soft Power in Asia: Public Diplomacy and Regional Competition," *Asian Security* 9(1), 2013, pp.1~18; 김상배, 「소프트파워와 21세기 권력」, 김상배 편, 『소프트파워와 21세기 권력: 네트워크 권력론의 모색』, 미래정책연구원, 2009; 손열, 「소프트파워의 정치: 일본의 서로 다른 정체성」, 『일본연구논총』 29권, 2009, 35~57쪽.

지 정치 전개의 새로움을 비가시화하는 문제점을 갖는다.

소프트파워는 이미 널리 알려져 있다시피, 미국의 국제정치학자이자 클린턴 정부 국방부 차관보를 지낸 조셉 나이(Joseph S. Nye)에 의해 1990년에 창안되어 2000년대를 거치면서 학계를 넘어 정책입안자들 사이에서 전지구적으로 시민권을 획득한 개념이다. 탈냉전 이후 세계질서에서 '미국의 패권 쇠퇴론에 대한 지적 반격'이자 '패권을 유지하기 위한 미국의 실천적 문제의식'에서 개념화가 이루어진 만큼,[6] 국제정세와 미국의 위상 변화에 따라 나이의 정의도 조금씩 달라지고 있다. 나이가 2004년 저작에서 밝힌 '가시적인(tangible) 위협이나 보상'을 통해서가 아니라 '무형의(intangible) 매력'을 통해 "타자를 끌어들여(coopt) 자신이 원하는 결과를 그들로 하여금 원하도록 만드는" 능력이라는 정의가 가장 일반적으로 통용된다. 같은 저작에서 나이는 소프트파워의 원천으로 한 나라의 매력적인 문화, 국내외에서 실현되는 정치적 가치, 정당성과 도덕적 권위가 인정되는 외교 정책을 지목한 바 있다.[7]

뒤에서 조금 더 자세히 설명하듯 일본에서는 주로 일본 문화 산업의 국제 경쟁력에 대한 자신감을 바탕으로, 국민국가를 기본 구성단위로 하는 이미지 정치를 정당화하고 국가 이미지를 둘러싼 국제 경쟁의 불가피성과 필요성을 환기하는 개념으로 사용되고 있다. 소프트파워는 장기불황과 소자화·고령화의 급속한 진행으로 인해 더 이상 일본이 경

---

6) 김상배 「소프트파워와 21세기 권력」, 10쪽.
7) Joseph S. Nye, *Soft Power: The Means to Success in World Politics*, New York: Public Affairs, 2004. p.5, p.7, p.11.

제력만으로 국제적 영향력을 유지하기 어려워진 상황을 타개할 정책 입안의 키워드로 대두했으며 시장 중심의 전지구화(globalization) 시대의 생존전략으로서 국가 전략 차원에서 국가 브랜드(national brand)를 구축하고 '일본'에 대한 사회적 상상을 재구축하려는 담론의 핵심적인 구성요소로 자리 잡았다.

이 글은 우선 NHK월드TV의 새로운 출범이 2000년대 이후 일본 정부의 주도 아래 '소프트파워' 개념을 전용하여 일본 국가 이미지를 새롭게 상상하고 재구축하려는 일련의 시도들의 연장선상에서 구상되었던 점을 분명히 할 것이다. 한편 '외국인' 대상 국제방송 추진 단계에서부터 국제방송 확충과 소프트파워 제고 사이에는 직접적인 상관관계가 있는 것으로 전제되었다. 이 글은 국제방송이라는 특정한 미디어의 특성 및 NHK월드TV가 직면하고 있는 현실적인 문제들을 조명하여, 둘 사이에 성립하는 것으로 가정되어왔던 상관관계가 실은 자명하지 않음을 논증할 것이다. 그리고 NHK월드TV가 구축하는 '일본' 이미지를 분석하여 오히려 소프트파워 개념이 국제시장에서의 차별성을 표시하기 위한 영역화된 기호로서 '일본'을 상상하고 국제시장에서의 경쟁력 검증 여부에 따라 공동체적 정체성을 추인하도록 추동하는 현실에 주의를 환기시키려 한다. 이러한 작업을 통해 일본의 사례를 '성공'으로 간주하고 무조건 소프트파워 경쟁에 뛰어들기를 제언하기보다는 현대 일본의 이미지 정치의 현주소를 비판적으로 직시할 필요성이 있음을 분명히 하려 한다.

2. 소프트파워와 국제방송의 담론적 결합

　일본에서 외국인 대상 영상 국제방송 추진의 발단으로 알려져 있는 것은 2006년 1월부터 다케나카 헤이조(竹中平蔵) 총무대신에 의해 소집된 '통신·방송의 존재방식에 관한 간담회(通信·放送の在り方に関する懇談会)'의 제언이다. 같은 해 6월에 제출된 간담회의 보고서는 일본의 '소프트파워 강화'를 위해 "외국인 대상의 영상에 의한 영어 국제방송을 조기에 개시해야 한다."는 의견을 개진했다. 국제방송을 실시하는 주체로는 "공공방송인 NHK가 최적"이나 민간방송의 노하우나 프로그램 제공의 필요성을 감안해 자회사를 설립하여 민간투자를 유치하되 국가의 재정지원도 고려할 것을 제안했다.[8] 이러한 간담회의 제언은 자민당 전기통신조사회(電気通信調査会)의 논의를 거쳐 정부 여당의 공식 방침[9]으로 굳어졌고, 총무성 정보통신심의회(情報通信審議会)의 '영상 국제방송의 존재방식에 관한 검토위원회'의 자문을 거쳐 2007년 자민당이 제출한 방송법 개정안에 반영되었다.[10]

　당시 정부·여당이 외국인 대상 영상 국제방송 조기 개시를 주장한

---

8) 通信·放送の在り方に関する懇談会, 「通信·放送の在り方に関する懇談会報告書」, 2006, 10~11쪽, http://www.soumu.go.jp/main_sosiki/joho_tsusin/policyreports/chousa/tsushin_hosou/pdf/060606_saisyuu.pdf(검색일: 2017. 11. 30.).
9) 「通信·放送の在り方に関する政府与党合意 平成18年6月20日」, 2006, http://www.soumu.go.jp/main_sosiki/joho_tsusin/policyreports/chousa/eisei_houso/pdf/060714_2_ss-2.pdf(검색일: 2018. 1. 31.).
10) 자세한 심의과정과 의사결정과정에 대해서는 선행연구들이 이미 다루고 있으므로 이 글에서는 간략히만 소개한다. 奥田良胤, 「外国人向け『NHK ワールドTV』新スタートから1年, 発足の経緯と課題」, 3~6쪽 참조.

것은 역사 인식 문제나 영토 문제 등에 대한 일본 정부의 정보 발신이 부족하다는 인식 탓이라는 지적이 종종 있어 왔다. 계기가 된 사건은 야스쿠니 신사 참배와 역사 교과서 문제를 둘러싸고 2005년 상하이 등지에서 일어난 반일 데모로, 반일 데모 당시 일본 정부의 입장이 '구미 미디어'에 잘 보도되지 않았다는 판단 아래 NHK에 의한 라디오 국제방송만으로는 이러한 상황을 역전시키기에 불충분하다는 문제의식이 대두되었다는 것이다.[11]

물론 국제방송과 관련하여 신국가주의적 관점에 선 정치인과 관료들, 일부 NHK 간부들의 발언 및 행동이 이러한 분석에 힘을 실어주는 면이 있다. 2006년 스가 요시히데(菅義偉) 당시 총무대신이 북한에 의한 일본인 납치문제에 유의하여 국제방송을 실시하도록 NHK에 명령한 소위 '명령방송' 문제나[12] 제2차 아베 신조(安倍晋三) 내각 수립 이후 새로이 임명된 NHK 회장 모미이 가쓰토(籾井勝人)가 취임 기자회견에서 NHK는 공영방송이므로 정부 입장과 다른 방송을 할 수 없다는 견해를 표명해 발생했던 방송 중립성을 둘러싼 논란 등이 가장 대표적인 예이다.[13]

---

11) 清水真, 「国際放送の潮流, 『ソフト・パワー』をスマートに活かせ!」, 『ぎゃらく』470号, 2008, 14쪽.
12) 방송법(당시 방송법 33조와 35조)에 따라 총무대신이 NHK에 방송 사항을 정해서 국고 부담으로 국제방송을 실시하도록 명령할 수 있도록 한 제도이다. 스가 당시 총무대신이 납치문제에 유의하여 NHK에 방송하도록 명령한 데 대해 방송 중립성 침해 논란이 일면서 2007년 방송법 개정 당시 '요청방송'으로 명칭을 변경하고 요청할 수 있는 사항에 대한 제한을 강화하는 조치가 이루어졌다.
13) 정지희, 「2000년대 이후 자민당 정권의 방송 내용 규제 논리와 NHK 우경화 논란」, 『동아연구』 35권 1호, 2016, 152~153쪽.

아시아 주변국과의 역사 인식 문제나 영토 문제를 염두에 두고 협의의 '국익'과 대외 선전을 강조하는 입장에서 국제방송 신설을 주장했던, 그리고 여전히 신국가주의적인 정치색이 뚜렷한 내용으로 방송할 것을 요구하는 국회의원들이나 관료들, 내각 총리·총무성·NHK의 자문위원 등이 존재하는 것도 사실이다.

다만 여기서 염두에 둬야 할 점은 국제방송 신설에 관한 의사결정 과정이나 실시방안 등에서 단순히 역사 인식 문제나 영토 문제에 대한 신국가주의 정부·여당의 공식적인 노선에 따라 정보를 발신할 필요성을 넘어서는 광의의 소프트파워 제고가 '외국인' 대상 국제방송 신설의 핵심적인 이유로 일관되게 거론되고 있다는 점이다.

심의과정에서 외국인 대상 영상 국제방송 개시의 필요성이 어떻게 설명되었으며 소프트파워와의 상관관계가 담론적으로 어떻게 구축되었는지를 구체적으로 살펴보자. 우선 통신·방송의 존재방식에 관한 간담회의 보고서는 소프트파워 제고와 새로운 국제방송의 필요성을 다음과 같이 설명했다.

중국 등의 경제가 고도성장을 이어나가는 가운데 일본이 아시아와 세계에서 존재감을 유지하는 동시에 경제력 이외의 면에서의 국제공헌에 충실하려면 소프트파워 강화가 불가결하다. 소프트파워는 군사력·경제력이라는 하드파워를 대체할 국력의 원천이자 "타국을 끄는 매력"이다. 일본은 애니메이션 등의 대중문화 및 다양한 전통문화 등 소프트파워의 원천을 가지고 있으며, 이를 표면화(顯在化)하기 위해서는 콘텐츠 제작 역량의 강화 및 정보 발신력의 충실화가 필수적이기 때문에 통신·방송 사업에 대한 기대는 더욱 크다고 할 수 있다. … 일본의 소프트파워를 강화하는 관점에서 세계에 '일본 팬'을 증가시키는 것이 중요하다. 동시에 세계화와 인구 감소가 진행되는 가운데 해외의 눈을 일본으로 향하게 하여 해외에서 일본으로 오는 기업, 관광객 및 유학생 등의 수를 증가시킬 필요가 있다.

이러한 문제를 해결하기 위해서는 외국인을 위한 영상에 의한 영어 국제방송을 조기에 개시해야 하며, 일본의 문화·학술 및 보도, 아시아의 정보 등을 균형 있게 발신함과 동시에, 텔레비전 방송과 IP망에 의한 프로그램 전송이라는 쌍방향에서 실행해야 한다.[14]

총무성 정보통신심의회의 「외국인 대상 영상 국제방송의 존재방식과 그 추진방책(外国人向けの映像による国際放送の在り方とその推進方策)」(2007. 8. 2. 이하 '추진방책')은 위의 보고서 내용을 인용하여 소프트파워 제고와 외국인 대상 영상 국제방송의 필요성을 재천명했다. 위의 '추진방책'은 외국인 대상 영상 국제방송이 '일본의 대외 이미지 제고'와 '친일감정(親日感)의 조성,' '구미의 아시아 이해의 향상'을 통해 '일본의 존재감 향상과 국제 여론 형성 능력 향상'을 꾀하여 궁극적으로 산업, 관광 진흥 등 '다양한 국익의 증진'을 목표로 할 것을 제언했다.[15]

위의 설명들에서 짐작할 수 있는 몇 가지 암묵적인 전제들과 기본적인 인식은 다음과 같다. (1) 소프트파워는 쇠퇴하는 일본의 하드파워를 대체할 국력의 원천으로 인식되고 있으며 소프트파워 제고는 선택이

---

14) 通信·放送の在り方に関する懇談会, 「通信·放送の在り方に関する懇談会報告書」, 10~11쪽.
15) 通信·放送の在り方に関する懇談会, 「通信·放送の在り方に関する懇談会報告書」. 5쪽.

아니라 필수라고 이해되고 있다. (2) 소프트파워 제고는 인구 문제와 같은 사회적 과제 극복이나 산업 진흥을 포함하여 다양한 국익의 증진을 위해 필요하다. (3) 소프트파워는 타국을 끄는 매력으로 단순화하여 이해되고 있고 일본은 소프트파워의 원천을 충분히 가지고 있다고 전제하고 있다. (4) 이러한 잠재된 원천을 드러내기 위해서는 정보발신 강화가 필요하며 외국인 대상 영상 국제방송은 그 중요한 수단이라고 인식하고 있다.

이러한 기본인식을 고려할 때 공영방송의 국책선전기관화나 국가의 저널리즘 길들이기에 대한 핑계로 소프트파워 제고라는 수사가 동원되고 있을 뿐이라고 보기는 어렵다. 오히려 이 글은 새로운 국제방송 개시라는 사건을 정부가 소프트파워 제고를 핵심 논리로 동원하여 국가전략 차원에서 일본 이미지 향상을 추진해온 보다 장기적인 역사적 맥락에 위치 지울 필요가 있다고 본다.

정재계를 중심으로 소프트파워 개념이 일본에서 적극적으로 수용된 것은 일본 제조업의 국제 경쟁력 하락과 경제불황, 고령화 및 인구감소 등으로 인해 경제대국의 지위를 상실해가고 있다는 위기의식이 팽배해 있던 1990년대 중반의 일이었다. 대표적으로 일본경제단체연합회(経団連)을 중심으로 하는 경제인들 사이에서 유행하던 '매력국가' 담론과 고이즈미 내각 이래 정부 주도로 추진된 '일본 브랜드 전략'에서 '매력'과 소프트파워는 쇠퇴하는 하드파워를 대체할 일본의 잠재력과 각종 경제·사회적 과제 극복 방안을 개념화하는 핵심적인 키워드로 채택되었다.

매력국가 담론은 1996년경부터 제기되었는데 주로 장기불황, 고령화, 경제의 전지구화, 미래 성장 동력 확보라는 경제 과제에 대응하려는 동기가 강하게 작용한 담론이다. 이러한 과제를 극복할 수 있는 '매력적인 일본' 즉 "세계로부터 신뢰받고 존경받는 일본"을 창조해야 함을 대대적으로 주장했고 그 방법으로 신자유주의적 경제사회시스템의 개혁과 국제공헌 증대가 제시되었다.16) 이러한 매력국가 담론의 연장선에 있는 일본 브랜드 전략은 일본 "산업의 국제 경쟁력을 강화하고 경제를 활성화하기 위해" 브랜드화할 수 있는 '매력적인' 국가 이미지를 창출하는 것을 목표로 하여 정부 주도로 추진되었다. 1990년대 이후 세계 각국이 앞다퉈 채택한 국가 브랜드(nation branding) 전략의 일본판이라 할 수 있다. 이 일본 브랜드 전략에서 소프트파워는 일본이 "21세기에 세계로부터 사랑받고 존경받는 나라"가 되기 위한 '열쇠'이자 군사력과 경제력에 앞서 제고해야 할 능력으로 지목되었다.17) 매력국가 담론과 일본 브랜드 전략 모두 궁극적인 목표로 국제시장에서의 일본 산업의 경쟁력 제고를 우선한 탓에 '매력'과 소프트파워가 다분히 경제주의적으로 개념화되고 있음에 유의할 필요가 있다. 주지하다시피 신자유주의 경제 전략과 국가 브랜드 전략에서 매력은 곧 국제시장에서의 경쟁력을 의미한다.

이안 홀과 프랭크 스미스(Ian Hall & Frank Smith)는 아시아에서 소프트파워론에 입각한 공공외교 정책의 실천을 위해 아시아 각국 지도자

---

16) 손열, 「소프트파워의 정치: 일본의 서로 다른 정체성」, 39~42쪽.

17) 知的財産戦略本部 コンテンツ専門調査会 日本ブランド・ワーキンググループ, 「日本ブランド戦略の推進: 魅力ある日本を世界に発信」, 2005, 1쪽, http://www.kantei.go.jp/jp/singi/titeki2/tyousakai/contents/houkoku/050225hontai.pdf (검색일: 2017. 12. 10.).

들이 막대한 재정과 노력을 투자하는 이유를 두 가지 논리를 들어 정리한 바 있다. 첫 번째 논리는 '결과 논리(logic of consequences)'로 정책입안자들이 소프트파워론에 입각한 공공외교가 효과적이라고 믿기 때문이라는 것이다. 두 번째 논리는 '적절성의 논리(logic of appropriateness)'로 타국이 모두 소프트파워 경쟁에 참여하고 있기 때문에 자국 역시 참여하는 것이 타당하다고 판단하기 때문이라는 것이다.[18]

앞서 소개한, 새로운 국제방송 실시와 관련된 인용문에서도 알 수 있듯, 일본의 소프트파워 효과에 대한 믿음은 소프트파워 원천을 충분히 가지고 있다는 자신감에서 비롯된다. 특징적인 것은 나이가 제시한 세 가지 요소 중 오로지 문화에 집중되는 양상을 보이는 점이다. 2000년대 중반부터 가치외교에 대한 관심이 고조되는 등, 정치적 이상이나 외교 정책 면에서의 소프트파워의 중요성이 거론되기도 하였다.[19] 그러나 공공외교 틀 속에서 소프트파워는 주로 일본 문화의 매력과 관련지어 개념화되었다. 실제로 일본 브랜드 전략은 소프트파워를 "군사력이나 경제력이라는 강제나 보상이 아니라 문화력(文化力)이라는 일본의 매력을 통해 원하는 결과를 얻어내는 능력"으로 한정하여 재규정한 바 있다.[20]

물론 전전과 전후 일본의 정체성 정치에서 문화가 유독 중요한 사

---

18) Ian Hall and Frank Smith, "The Struggle for Soft Power in Asia: Public Diplomacy and Regional Competition," pp.1~18.
19) 손열, 「소프트파워의 정치: 일본의 서로 다른 정체성」, 46~52쪽.
20) 知的財産戦略本部 コンテンツ専門調査会 日本ブランド・ワーキンググループ, 「日本ブランド戦略の推進: 魅力ある日本を世界に発信」, 1쪽.

회적 상상의 원천으로 기능해온 탓도 있을 것이다. 그러나 위와 같은 문화에 대한 편중 현상은 소프트파워 개념이 급격히 정책입안자들 사이에서 인지도를 얻게 된 배경에 애니메이션, 만화, 게임 등 서브컬처 중심의 대중문화 콘텐츠의 상업적 성공이 있었던 탓이 크다. 콘텐츠 산업의 성공이 일본 문화 전체의 매력을 제유적으로 증명하는 참조항으로 동원되면서, 상상된 일본 문화의 매력이 소프트파워로 직결된다는 도식적인 사고가 성행했다. 이러한 일본의 특정한 맥락에서 소프트파워는 종종 일본 문화의 매력과 등치 혹은 호환 가능한 개념으로 담론적으로 재구성되거나 오인되었다.[21] 즉, 서브컬처 중심의 콘텐츠 산업의 국제시장에서의 성공이 매력(=경쟁력)이라는 개념을 매개로 일본의 소프트파워의 존재 내지 약속된 효과를 선험적으로 증명하는 사고의 회로를 작동시키고 있는 것이다.

일본 문화가 타국민의 마음을 끌 잠재력을 갖고 있다는 전제하에 관심의 축이 국제 발신의 강화로 이동하는 것은 논리적 귀결로 보인다. 다만 텔레비전 국제방송이라는 특정한 미디어와 소프트파워 제고와의 상관관계가 명확하게 설정되었는지는 의문이다. 예를 들어 위의 인용문에서 '콘텐츠 제작 역량의 강화 및 정보 발신력의 충실화'의 필요성을 인

---

21) 岩渕功一, 『文化の対話力: ソフト·パワ-とブランド·ナショナリズムを越えて』, 日本経済新聞出版社, 2007, 75~102쪽; Michael Daliot-Bul, "Japan Brand Strategy: The Taming of 'Cool Japan' and the Challenges of Cultural Planning in a Postmodern Age," *Social Science Japan Journal* 12(2), 2009, pp.247~266; Peng Er Lam, "Japan's Quest for 'Soft Power': Attraction and Limitation," *East Asia* 24(4), 2007, pp.350~355.

정하더라도 국제방송이라는 특정한 미디어 서비스를 개선하고 확충해야만 하는 필연성이 뚜렷하게 제시되었다고 보기는 어렵다. 통신·방송의 존재방식에 관한 간담회는 위의 인용문에서 제시한 설명에 더해 "소프트파워의 강화는 시급한 과제이며, 이를 위해서는 방송 사업자가 중요한 역할을 담당해야 한다. 왜냐하면 방송 사업자는 취약한 콘텐츠 산업 강화 및 정보 발신의 충실화, 게다가 훌륭한 문화의 발굴 등에 크게 기여할 수 있기 때문이다."라는 부연 설명을 제공하고 있긴 하다.[22] 서브컬처 중심의 대중문화 콘텐츠 생산 환경이나 생산 규모 및 방식과 비교해서 조직, 재원, 인프라, 콘텐츠 제작 경험 등의 측면에서 대형 방송 사업자가 갖는 상대적인 장점에 대한 기대를 나타낸 것으로 추정할 수 있다. 그러나 사실 이 인용문에서 방송 사업자를 신문사나 출판사와 같은 다른 주류 미디어 사업자로 교체해서 읽어도 큰 위화감을 느끼긴 어려울 것이다. 이와 더불어 방송 미디어 자체의 위상 하락, 외주 제작 증가와 경쟁 격화로 인한 각종 프로그램 콘텐츠의 질적 하락과 부실 보도 빈발로 인한 신뢰도 하락 등과 같이 NHK를 포함하여 21세기 방송 사업자들이 안고 있는 현실적인 문제들은 도외시되고 있다.

즉, 새로운 국제방송이 소프트파워 제고를 위해 필요하다고 상정되는 역할을 수행해야 한다는 당위성은 표명되었지만, 외국인 대상 영상 국제방송이라는 특정한 미디어의 신설이 어떻게 소프트파워 제고로 이어지는가에 대한 설명은 부재하다. 이와 같은 미디어에 대한 이해 내지

---

22) 通信·放送の在り方に関する懇談会, 「通信·放送の在り方に関する懇談会報告書」, 3쪽.

미디어론이 부재한 상태에서 정책 방안과 선행 연구 양쪽에서 외국인 대상 영상 국제방송을 신설해야 했던 이유로 가장 뚜렷하고 빈번하게 제시되는 것은 결국 적절성의 논리이다. 타국들이 국제방송에 투자하고 있으므로 일본도 이러한 국제 경쟁에서 뒤쳐져서는 안 된다는 것이다.

예를 들어 위에서 언급했던 '추진방책'은 새로운 국제방송 서비스를 하루 빨리 개시해야 하는 이유를 다음과 같이 설명했다.

> 우리나라에서 영상에 의한 국제방송은 지금까지 NHK가 주로 담당해왔으나, 현재 반드시 만족스러운 상황이라 할 수 없으며 내실 있는 정보 발신력의 강화를 도모해야 한다는 목소리가 높아지고 있다.
> 한편 외국의 동향을 보면, 서양과 중국·한국 등에서 국책적인 관점에서 국가의 지원하에 국제적인 영상 정보의 발신을 강화하는 움직임이 활발해지고 있다. 구체적으로 프랑스는 재정적으로 국가가 전폭적으로 지원하는 형태로 외국인을 위한 새로운 영상 국제방송을 실시하는 '프랑스 24'를 설립했으며, 중국, 한국도 최근 외국인 대상 영상 국제방송 채널을 신설하고 구미의 시청자를 더욱 확보하기 위해 적극적인 노력을 전개하고 있다.[23]

중국의 경제적 부상과 경제대국으로서의 일본의 존재감 약화를 의식한 초기 구상에서 일본의 눈을 통한 '구미의 아시아 이해 향상'이 주요 목표 중 하나로 제시되었다. 따라서 중국이나 한국에 비해 서비스 개시

---

[23] 情報通信審議会, 「『外国人向けの映像による国際放送』の在り方とその推進方策」, 2007, 1쪽, http://www.soumu.go.jp/main_sosiki/joho_tsusin/policyreports/joho_tsusin/sokai/pdf/070802_3_si17-3-2.pdf(검색일: 2017. 11. 1.).

가 시간적으로 뒤쳐진다는 사실은 꾸준히 외국인 대상 영상 국제방송의 당위성을 주장하기 위한 참조항으로 소환된다.

실제로 2000년대 초에 텔레비전 국제방송 붐이 일었던 것은 사실이다. 국제방송은 제국의 식민지 경영과 확대, 2차 세계대전과 냉전 국면에서 '국익'을 위한 선전의 주요한 발신 수단으로서 중시되었다. 그러나 냉전 '해체' 후 그 존재 의의와 신뢰성에 대한 회의론이 대두되면서 전지구적으로 존립의 위기에 처한 듯 보였다. 이러한 위기는 1990년대 중후반에 걸쳐 미국, 독일, 오스트레일리아, 캐나다 등 각국에서 국제방송의 예산 삭감 여론이 일어나거나 실질적으로 서비스 규모나 범위가 축소되는 결과로 나타났다.[24] 그러나 민족·종교 간의 갈등이 새로이 대두되고 특히 9.11 이후 각국에서 타국 국민의 '공감 및 동의(hearts and minds)' 획득과 자국에 유리한 여론 형성을 목적으로 하는 공공외교와 소프트파워 전략의 중요성이 강조되기 시작하면서 그 주요 수단으로서 국제방송이 전 세계적으로 다시금 주목을 받은 바 있다.[25]

중국의 중국중앙텔레비전방송국(이하 CCTV)이 2000년부터 영어 국제방송을 개시했고,[26] 2006년에는 일부 재원을 정부 교부금으로 부담

---

24) Monroe Price, "Public Diplomacy and the Transformation of International Broadcasting," *Media and Sovereignty: The Global Information Revolution and Its Challenge to State Power,* Cambridge, Mass.: MIT Press, 2002, pp.203~207.

25) Monroe Price, "Public Diplomacy and the Transformation of International Broadcasting," pp.219~225; 櫻井武, 「新たな国際テレビ放送競争時代: 映像国際放送の在り方に関する検討委員会の議論を中心として」, 128~129쪽.

26) CCTV9. 같은 해 CCTV International로 개칭했고, 현재 CCTV News 채널로 불린다.

하는 프랑스의 프랑스24(France 24)가 영어와 프랑스어로 국제방송을 개시했다. 카타르의 알자지라(Al Jazeera) 역시 2006년 24시간 영어뉴스 채널 서비스를 시작했다. 선행연구에서 '국제 텔레비전 방송 경쟁 시대'라는 표현이 통용되고 NHK월드TV 신설 경위에 대한 설명에서 국제방송이 '오늘날 그 어느 때보다도 유의미한 공공외교의 메커니즘'으로 거론되는 것은 이러한 사정 탓이다.[27]

다만 프랑스24, 알자지라, CCTV의 경우 미국의 '대테러 전쟁'을 전후하여 서비스를 개시하고 미국과는 차별화된 정치적 이상이나 외교정책을 영어로 발신해 왔다. 따라서 미국의 전지구적 헤게모니에 대항하는 대안적인 정보를 습득할 수 있는 채널로서 시청자 유인력을 갖는 점을 무시할 수 없다. 물론 일본의 경우도 2000년대 중반부터 가치외교를 표방하면서 소프트파워 외교에 나선 바 있다. 그러나 미일동맹에 대한 고려를 우선시하면서 자유, 민주, 인권, 법치, 시장경제를 강조하는 일본의 소프트파워 외교에서 "미국이 추구해온 가치외교에 동참한다는 의미" 이상의 파급력을 갖는 차별화된 정치적 가치나 외교정책의 매력을 찾기 쉽지 않다는 점에 유의해야 한다.[28]

특히 서브컬처 중심의 여타 콘텐츠 산업과 달리 방송 미디어의 경우 뉴스 보도가 큰 비중을 차지하고, 일본 정부의 입장이나 일본 사회의

---

27) 櫻井武, 「新たな国際テレビ放送競争時代: 映像国際放送の在り方に関する検討委員会の議論を中心として」, 128~142쪽; Gary D. Rawnsley, "Introduction to International Broadcasting and Public Diplomacy in the 21st Century," *Media and Communication* 4(2), 2016, p.43.
28) 손열, 「소프트파워의 정치: 일본의 서로 다른 정체성」, 46~52쪽. 인용문은 50쪽.

여론을 보도하는 저널리즘 기능에 대한 기대가 국내외에 공히 존재한다. 따라서 문화 이외의 소프트파워 원천이 취약함은 방송 미디어와 소프트파워 제고 사이의 불완전한 연결고리를 한층 더 약하게 만드는 요소라 할 수 있다. 특히 정책입안자들의 국제방송이라는 특정한 미디어에 대한 이해가 부족한 상황에서 NHK월드TV는 운영 면에서 몇 가지 주요한 현실적인 문제에 부딪칠 수밖에 없다. 다음 장에서는 이 문제에 대해 논하고자 한다.

3. 시청자 니즈와 방송 효과라는 신기루

텔레비전 국제방송이라는 미디어에 대한 이해의 부재는 NHK월드TV가 직면해온 난제들과 무관하지 않다. 아래에서는 국제방송 미디어의 특징에 초점을 맞춰 NHK월드TV의 현실을 진단해보려 한다.

일본의 미디어 연구자인 사토 다쿠미(佐藤卓己)는 근대 이후 일본 문화 정책의 문제점으로 '미디어론'이 일관되게 '결여'되었던 점을 지적한 바 있다.[29] 2000년대 이후 일본의 소프트파워 제고 전략 역시 이러한 문제가 현재 진행형임을 드러낸다. 특히 눈에 띄는 문제로 '커뮤니케이션'이 아니라 정보의 '발신'이 일관되게 강조되고 있는 점을 들 수 있을 것이다. 일본의 소프트파워 전략이 '수신'이나 '해석'에 충분히 생각이 미치

---

29) 佐藤卓己, 「文化立国日本におけるメディア論の貧困」, 佐藤卓己 外 編, 『ソフト・パワーのメディア文化政策: 際発信力のために』, 新曜社, 2012, 172쪽.

지 않는 일방향적인 사고의 회로에 기초하고 있음을 시사하기 때문이다.

방송 미디어는 이처럼 발신에 초점을 맞출 경우 대단히 효과적인 매체로 간주될 수 있다. 예를 들어 외무성과 외무대신의 자문기관인 '해외교류심의회(海外交流審議会)'가 일본의 대외 발신력 강화를 위해 새로운 외국인 대상 국제방송의 신속한 개시를 주장하면서 일관되게 제시한 근거는 "리얼타임으로 선명한 영상에 의해 다수국의 시청자에게 정보를 제공할 수 있는 텔레비전 국제방송은 해당국의 여론, 국제여론의 형성에 미치는 영향이 극히 크다."는 믿음이었다.[30]

그러나 실제 '수신'이나 시청자의 '해석'까지 고려 대상에 넣을 경우 소프트파워 제고를 위한 도구로서의 방송 미디어의 효과란 정책입안자들이 희망적으로 전제한 것만큼 자명하지 않다. 다음과 같은 먼로 프라이스의 관찰은 국제방송의 효과를 실질적으로 측정한다는 것이 역사적으로 얼마나 곤란한 과제였는지를 상기시킨다.

---

30) 海外交流審議会, 「我が国の発信力強化のための施策と体制: 『日本』の理解者とファンを増やすために 平成20年2月 海外交流審議会 答申」, 2008, 8쪽. http://wwww.mofa.go.jp/mofaj/annai/shingikai/koryu/pdfs/toshin_ts.pdf(검색일: 2018. 1. 20.). 새로운 국제방송의 필요성에 대한 이와 같은 주장은 영상국제방송의 존재방식에 관한 검토위원회 제2회 회합(映像国際放送の在り方に関する検討委員会 第2回会合) 당시 외무성 문화교류부 작성 문서에 제시된 바 있다. 外務省 広報文化交流部, 「テレビ国際放送強化に係る外交上の要請 2006年9月15日」, 2006, http://www.soumu.go.jp/main_sosiki/joho_tsusin/policyreports/joho_tsusin/eizoukokusai/pdf/060915_1_si6.pdf(검색일: 2018. 1. 20.).

국제방송의 역사가들은 종종 국제방송이 주어진 목표를 달성하거나 혹은 달성하는 데 도움이 되었는지에 대한 답을 찾고자 했으나 대개 결론에 다나르지 못했다. 국제방송의 효과는 그것을 변호하는 회고들을 통해 자주 언급된 반면 불만을 품은 이들에 의해 이야기된 적은 거의 없다.[31]

이러한 문제는 정보통신기술과 각종 통계조사방법이 괄목할 만한 성장을 보인 현재에도 국제방송에 대한 시청자의 반응이나 효과를 측정하기가 여전히 쉽지 않은 현실에 기인한다. 국제방송의 경우 국내방송과 달리 시청률 측정이 현실적으로 불가능하다. 국내방송에서 사용하는 것과 같은 시청률이나 접속자율에 대해 국제적으로 통용되는 명확한 지표가 존재하지 않기 때문이다. NHK월드TV의 서비스 전개에 대한 초기 평가가 주로 방송환경 개선, 즉 방송 시청 가능 세대수 집계를 통해 측정되고 수량적으로 제시되는 인프라 확대 추이를 기준으로 이야기되었던 것은 바로 이러한 이유 때문이다.

2013년 1월 NHK 경영위원회는 100% 영어방송 개시 3주년에 즈음하여 "'외국인 대상 텔레비전 국제방송'의 강화에 관한 자문위원회(「外国人向けテレビ国際放送」の強化に関する諮問委員会)'를 설치하여 동 자문위원회에 NHK월드TV의 현상을 보고하고 "외국인 전용 텔레비전 국제방송의 새로운 충실·강화에 대해 검토하고 중장기적인 관점에서 국제방송의 존재방식에 대해 제언"하도록 했다. 같은 해 5월 28일에 완

---

31) Monroe Price, "Public Diplomacy and the Transformation of International Broadcasting," p.201.

성된 동 자문위원회의 보고서는 방송 개시 5년 이내 달성 목표치인 24시간 방송 시청 가능 1억 5천만 세대에 3년 이내에 도달한 것을 두고 방송 환경 개선 면에서는 일정의 성과를 올린 것으로 평가했다. 그러나 여전히 낮은 인지도를 심각한 문제로 지적하고 있다. 동 자문위원회는 "방송을 하는 것만으로는 서비스는 완결되지 않는다. 시청자의 관심권 안에 다다라야 진정한 의미에서의 서비스가 된다. 이제는 시청자인 외국인의 관심권 안으로 들어가는 것, 그리고 그들을 만족시키는 것을 더 의식한 서비스를 제공하도록 노력함과 동시에, 보다 적극적인 홍보 활동을 전개해 시청자의 통로 역할을 하는 인지도 향상을 도모해야 한다."는 논지에서 시청자의 니즈에 대한 파악과 방송 인지도 향상 등, 보다 시청자에 초점을 맞춰 방송의 효과를 높일 수 있는 방안을 마련할 것을 제언했다.[32]

---

32) 「外国人向けテレビ国際放送」の強化に関する諮問委員会, 「これからの外国人向けテレビ国際放送の在り方について」, 2013, 1쪽, 4쪽, https://www.nhk.or.jp/keiei-iinkai/shimon/giji/pdf/toshin01.pdf(검색일: 2017. 12. 19.).

〈표 1〉 NHK월드TV 시청실태조사 결과(2013년도)[33]

	채널별 인지도(%)							시청 경험						
	일본 NHK월드TV	영국 BBC	미국 CNN	중국 CCTV	카타르 알자지라	프랑스 프랑스24	한국 아리랑	일본 NHK월드TV	영국 BBC	미국 CNN	중국 CCTV	카타르 알자지라	프랑스 프랑스24	한국 아리랑
영국	7.8	85.9	74.3	30.8	46.0	23.8	1.5	4.5	65.9	47.0	16.2	16.8	9.7	1.1
워싱턴	10.8	80.6	61.7	15.7	53.1	13.5	3.8	7.3	60.8	46.8	9.2	25.8	10.1	2.4
뉴욕	8.3	77.4	64.6	21.2	45.7	12.8	4.8	4.6	58.0	48.5	12.9	19.5	7.8	3.7
프랑스	8.1	67.6	67.8	16.9	43.5	62.6	2.9	4.3	31.1	32.5	8.5	14.6	41.6	1.8
한국	69.9	78.8	92.0	51.8	-	-	69.9	63.2	74.1	88.1	47.0	-	-	66.7
홍콩	59.0	70.9	66.7	69.8	29.3	16.4	12.9	49.8	63.8	60.5	60.7	21.9	13.7	10.0
베트남	23.0	30.9	46.9	19.3	-	14.4	37.2	17.0	28.0	43.0	16.8	-	12.1	33.8
싱가포르	39.7	76.8	77.6	59.3	18.4	7.6	34.7	28.3	65.3	66.0	48.6	12.2	5.6	21.7
방콕	10.8	16.9	26.0	18.2	3.7	-	3.7	8.2	13.9	22.3	14.4	2.5	-	2.7
터키	8.9	40.6	44.9	3.7	22.3	3.1	2.1	4.4	29.7	33.3	2.3	11.5	1.9	1.3

※ 한국, 방콕, 터키는 2012년도, 베트남은 2011년도 조사에 따름.
※ 2013년도 조사와 2012년도 이전 조사에서는 조사방법 등이 다른 탓에 결과를 단순 비교할 수 없음에 주의.

　　총무성 또한 2014년 8월부터 "일본의 존재감을 높이기 위해 그 매력이나 사고방식을 널리 알려 일본을 좋아하도록 만든다는 관점에서 외국인 대상 텔레비전 국제방송(NHK월드TV)을 한층 더 충실화하고 강화하

---

33) NHK海外情報発信強化に関する検討会, 「『NHK海外情報発信強化に関する検討会』関連資料」〈参考資料〉別紙5, 2015, 14쪽, http://www.soumu.go.jp/main_content/000338154.pdf(검색일: 2018. 2. 13.).

기 위해 실시 체제, 재원 등에 대해 검토 하는 것을 목적으로" 'NHK 해외 정보 발신 강화에 관한 검토회'를 소집하여 자문을 구한 바 있다. 동 검토회 역시 2015년 1월말에 발표한 중간보고에서 낮은 인지도를 주요한 문제로 제기했다. 〈표 1〉에서 알 수 있듯, NHK월드TV는 아시아에서 일정 정도 인지도가 있는 반면 출범 당시부터 주요 목표로 삼았던 구미에서는 오히려 인지도가 낮은 상황이다. 동 검토회도 "텔레비전 수신 환경을 정비하고 방송하는 것뿐 아니라 시청자가 인지하고 실제로 시청하는 것이 중요하다."고 지적하고 있다.[34]

물론 NHK도 이러한 문제점을 인식하고 대응책을 마련하려 노력해 왔다. 2009년 NHK월드TV 재출범 이후 연간으로 몇몇 주요 국가를 대상으로 하여 NHK가 자체적으로 채널 인지도와 접속빈도에 대한 조사(시청실태조사)를 실시해 왔고, 2015년부터는 '국제전략조사'라는 이름으로 4반기 단위로 인지도와 접속률을 측정하고 있다. 국제전략조사는 워싱턴과 뉴욕은 약 1000명 전후, 나머지 나라는 2000명 전후로 샘플을 추출하여 '일본 전반', '국민성', '정치면', '경제면', '문화면'으로 항목을 분류하여 4반기에 방송에 접속했던 사람과 하지 않았던 사람의 일본에 대한 이해도를 측정한 결과이다. 〈표 2〉에서처럼 모든 나라와 모든 항목에서 접속했던 사람의 이해도가 그렇지 않았던 사람의 이해도보다 높게 나오고 있다. 그러나 동일인의 접속 전과 접속 후의 비교가 아니므로 그 차이

---

34) NHK海外情報発信強化に関する検討会, 「『NHK海外情報発信強化に関する検討会』中間報告 平成27年1月30日」, 2015, 9쪽, http://www.soumu.go.jp/main_content/000338153.pdf(검색일: 2018. 1. 12.).

를 오롯이 방송의 효과로 치부할 수 없다는 한계를 갖는다. 이에 더해 NHK의 자체평가인 탓에 신뢰도 향상을 위해서는 외부 평가로 전환해야 한다는 지적도 나오고 있고 이 수치를 두고 해외에서 이루어지고 있는 조사들과 의미 있는 비교가 가능한지에 대해 의문이 제기되기도 한다.[35)]

〈표 2〉 2017년 1사반기 NHK월드TV 인자사반기 접속 상황(국제전략조사)[36)]

분류		항목	워싱턴 DC	뉴욕시	타이	인도 네시아	싱가 포르	영국	프랑스
일본에 대한 이해도	일본 전반	접속	85.4	94.9	86.2	90.4	86.1	75.9	77.4
		비접속	51.2	48.1	67.7	68.9	64.8	35.6	29.6
	국민성	접속	87.5	89.7	89.2	91.9	78.3	75.9	80.6
		비접속	48.3	45.7	76.6	71.6	56.0	38.3	34.8
	정치면	접속	72.9	69.2	85.2	81.1	63.3	56.9	71.0
		비접속	33.8	35.4	63.0	51.3	36.8	17.3	27.1
	경제면	접속	83.3	79.5	89.6	92.8	74.9	63.8	74.2
		비접속	43.5	41.6	72.9	71.3	50.0	27.6	32.8
	문화면	접속	87.5	92.3	89.6	93.6	89.9	69.0	90.3
		비접속	54.6	54.6	78.1	75.3	66.9	41.0	42.0
양적 평가	인지도		18.4	13.6	40.9	49.3	44.5	9.8	6.4
	사반기접속률		4.6	3.8	15.8	24.8	14.6	3.1	1.6

※ 2017년 4월 25일~2017년 5월 23일에 실시한 인터넷 조사 결과.

---

35) NHK海外情報発信強化に関する検討会, 「NHK海外情報発信強化に関する検討会 (第8回)議事要旨」, 2016, 2~4쪽, http://www.soumu.go.jp/main_content/00042 3035.pdf(검색일: 2017. 12. 13.).

36) 日本放送協会, 「平成29(2017)年度 第1四半期業務報告」, 2017, 26쪽에 근거하여 필자 작성, https://www.nhk.or.jp/keiei-iinkai/giji/shiryou/1288_houkoku01-2.pdf(검색일: 2018. 2. 20.).

이처럼 여론이나 방송 효과를 측정할 수 있는 만족스러운 방법이 아직 마련되지 않고 있는 현실에서 시청자의 방송 내용에 대한 반응을 부분적이나마 살펴볼 수 있는 자료로 NHK가 월간으로 발행하는『시청자 대응보고』(2017년 3월부터『월간 여러분의 목소리(月刊みなさまの声)』로 개칭)에 게재되는 시청자 의견을 고려해볼 수 있다.[37] 2016년 4월부터 NHK에 접수되는 국제방송에 대한 의견 중 10개 정도의 내용을 발췌하여 한 페이지 안에 게재하고 있기 때문이다. 소개되는 의견은 대부분 방송 내용에 대한 호평이 주를 이루어, 일단 시청하고 있는 층에서는 좋은 반응을 얻고 있는 것으로 보인다. 불만 사항으로는 일부 영어 발음에 대한 지적이나 뉴스가 너무 많다는 정도의 내용이 소개되고 있다. 다만 국내방송과 달리 전체 의견 중 호의적인 의견과 비판적인 의견의 상대적 비율을 공표하지 않은 채로 호평 위주로 의견을 소개하고 있으므로 방송이 일본의 긍정적 이미지 확산이나 소프트파워 강화에 어느 정도 영향을 미치고 있는지 가늠하는 자료로 사용하기는 어렵다. 다양한 프로그램에 대한 감상을 단편적으로 싣고 있어 특정 장르나 특정 프로그램에 대한 시청자의 평가의 경향을 읽어내기도 쉽지 않다.

『시청자 대응보고』에 실린 의견을 보낸 시청자들을 살펴보면, 아시아 뉴스에 관심이 있으나 구미 뉴스에서 상세한 정보가 부족하다고 봤던 이들, 일본 방문 경험이나 방문 계획이 있는 사람들과 문화산업에 관심을 표명하는 사람들이 상당수를 차지하며, 일본 정부가 전략적으로

---

37) 이하의 내용은 日本放送協会 広報局視聴者部,『視聴者対応報告』(2016. 4.~2017. 2.),『月刊みなさまの声』(2017. 3.~2017. 10.)에 기초한 것이다.

소개하고자 하는 긍정적 이미지와 상관없는 센세이셔널한 사건사고에 관심을 드러내는 경우도 보인다. 다만 의견을 보낸 시청자의 거주지만 국가별로 기재하고 에스니시티나, 연령, 성별 등과 같은 여타의 구분은 두지 않아 세분화된 시청자 그룹별 반응이나 관심을 가늠하기는 어렵다. 거주지별로는 주로 북미(특히 미국), 동남아, 유럽, 오세아니아, 아프리카 등지로부터 접수된 의견이 소개된다. 접수 자체가 없었는지에 대해서는 확인할 수 없으나 중국과 한국으로부터의 의견은 소개된 적이 없다.[38]

NHK는 투서 내용을 주 1회 정리해 인트라넷상에서 열람 가능하도록 하는 것으로 알려져 있는데[39] 이렇게 집계된 내용들이 일반에게 공개되는 것보다 어느 정도 자세한 정보를 포함하고 있는지는 확인할 수 없다. 다만 투서 건수 자체가 많지 않고 건수도 줄어드는 추세여서 NHK 월드TV에 대한 시청자 그룹별 반응을 평가할 수 있는 유의미한 지표로 사용할 수 있을지는 의문이다. 텔레비전에 대한 의견 및 문의 건수는 라디오에 대한 건수의 3분의 1 전후 정도로, 2016년 4월 828건으로 출발하여 2018년 2월 553건으로 전반적으로 줄어드는 추세를 보이고 있다. 만일 시청자 의견수가 국제방송에 대한 관심을 반영한다고 가정한다면 국제방송에 대한 관심은 하락하는 경향을 보이는 셈이다.

---

38) 중국에서는 위성·케이블 서비스를 통한 NHK월드TV 시청이 허용되지 않고 인터넷 접속도 원활하지 않을 가능성이 있으므로 당연한 결과이기도 하나, 한국의 경우 위성(DTH)과 인터넷프로토콜 텔레비전 시스템(B tv, LG U-PLUS)을 통해 접속 가능한 상태이므로 의견 접수 자체는 가능하다고 할 수 있다.
39) NHK放送文化研究所, 『NHK年鑑2009』, NHK出版, 2009, 148쪽.

외국인 대상 국제방송은 해외에서 '매력'을 인정받은 서브컬처 위주의 애니메이션, 만화와 같은 미디어와는 달리 실제 오디언스 사이에 수요가 있었던 것이 아니기 때문에 일본 '팬'을 늘려 일본의 소프트파워를 제고한다는 소기의 목표를 달성하기 위한 전략 또한 달라야만 한다. 달리 말해 시청자의 반응을 세심하게 분석하지 않는 한 결국 그들의 '관심권' 안으로 들어가는 것은 쉽지 않은 일일 것이다. 그러나 위에서 논의한 국제방송 미디어의 특성상 시청자의 니즈를 세밀하게 이해하기에는 구조적인 어려움이 따른다.

이러한 상황에서 결국 방송 내용에 대한 검토와 프로그램 편집의 기본방향에 대한 의사결정은 NHK와 총무성이 소집하는 프로그램 심의 기관이나 자문기관의 의견에 기초하여 이루어지고 있다.[40] 이들 자문기관과 심의기관이 일본인 위주로 구성되는 탓에 국제방송을 통해 발신하려 하는 '외국인들에게 매력적으로 다가갈 수 있는 일본 이미지'는 결국 '일본인들이 긍정적이라고 생각하는 일본 이미지'로 대체될 수밖에 없다. 손열은 일본의 소프트파워 전략이 실제 '소프트파워 증진과는 무관'한, '본질적으로 자기중심적인' 정체성 정치에 머물 가능성이 크다고 전망한 바 있다.[41] NHK월드TV는 소프트파워 제고와의 연관성이 입증되

40) 각 프로그램 편집에 대해서는 학자, 전직 외교관, 기업인, 크리에이티브 디렉터 등 각분야 전문가들로 구성된 '국제방송 프로그램 심의회'에서 평가하고 개선방안을 제언한다. 국제방송 프로그램 심의회는 "방송 프로그램의 적정을 도모하기 위해" 방송법에 의해 설치가 의무화되어있는 법정 심의기관으로 프로그램 기준 및 프로그램의 편집에 관한 기본 계획을 결정하거나 변경할 경우에는 심의회에 자문하고 답신을 얻는 절차를 거치도록 되어 있다.
41) 손열, 「소프트파워의 정치: 일본의 서로 다른 정체성」, 52~53쪽.

지 않은 채로 미디어 전략이 입안되고 운영되는, 일본의 소프트파워 전략에 내재하는 구조적인 문제를 실질적으로 보여주는 사례인 셈이다.

이러한 미디어적 특성과 미디어 전략 추진 구조의 문제에 더해 미디어에 대한 노출 정도와 소프트파워 사이에 뚜렷한 함수관계를 상정할 수 없다는 일반적인 문제까지 고려하면 국제방송의 실질적 효과에 대한 회의는 더욱 커질 수밖에 없다. 일본 문화 소비 증대와 소프트파워 제고 사이에 직접적인 함수 관계를 상정할 수 없음은 쿨 재팬 전략과 일본 문화의 전지구적인 소비현상에 대한 여러 선행 연구를 통해 논증된 바 있다. 일본 문화의 소비자들이 상품의 매력과 국제 정치의 행위자로서의 일본을 구별하여 인식한다는 사실에 대한 실증적 조명이 이루어져 왔고 역사 인식 문제나 영토 문제 등이 얽혀 있는 동아시아에서 상품화된 문화를 매개로 한 소프트파워가 효과적으로 작동하지 않는 점 또한 지적되었다.[42] 국제방송도 이러한 일반적인 한계로부터 자유롭지 못 하다.

---

42) 지면의 한계상 몇 가지만 거론하면, Iwabuchi Koichi, *Recentering Globalization: Popular Culture and Japanese Transnationalism*, Durham and London: Duke University Press, 2004; Iwabuchi Koichi, "Pop-culture Diplomacy in Japan: Soft Power, Nation Branding and the Question of 'International Cultural Exchange,'" *International Journal of Cultural Policy* 21(4), 2015; Michael Daliot-Bul, "Japan Brand Strategy: The Taming of 'Cool Japan' and the Challenges of Cultural Planning in a Postmodern Age"; Kang Sungwoo, "The Enigma of Korea-Japan Relations: Why is Japan's Nation Branding Strategy not Working in Korea?," 『비교문화연구』 44권, 2016.

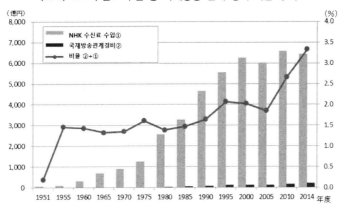

〈표 3〉 NHK수신료 수입 중 국제방송 관계 경비 비율 추이[43]

국제방송 효과에 대한 회의는 JIB에 대한 일본 기업으로부터의 투자 및 지원이 당초 정부가 기대했던 것보다 훨씬 미미하고 앞으로 투자가 크게 확대될 전망도 보이지 않는다는 점을 통해서도 간접적으로 가늠해볼 수 있다.[44] 이런 상황에서 국고 투입 또한 크게 늘어나지 않고 있다. 결국 텔레비전 국제방송에 투입되는 제반 비용 중 NHK수신료에서 충당하는 비용이 늘어나고 있는 현실이다(〈표 3〉 참조). 이로 인해 NHK월드TV의 인지도가 기대만큼 상승하지 않고 있는 유럽보다는 북미와 아시아로 중점을 좁히고 서비스를 인터넷 중심으로 이동시키며 NHK아카이브와 기존 국내방송에서 호평을 받았던 프로그램을 활용하는 방안 등이 고려되고 있는 실정이다.[45] 국내용으로 제작된 프로그램의 활용 방

43) NHK海外情報発信強化に関する検討会, 「『NHK海外情報発信強化に関する検討会』中間報告 平成27年1月30日」, 9쪽.
44) 奥田良胤, 「外国人向け『NHK ワールドTV』新スタートから1年, 発足の経緯と課題」, 8~9쪽.
45) 日本放送協会, 「NHK経営計画 2015-2017年度」, 2015, https://www.nhk.or.jp/

안은 내국인 대상 프로그램에 영어를 입히는 것만으로는 '외국인'에게 매력적인 콘텐츠를 제공하거나 일본 이미지를 제고할 수 없다는 취지에서 국제방송의 재편이 이루어졌다는 점을 고려할 때46) NHK월드TV의 존재 이유를 뒤흔드는 결정적인 후퇴로 볼 수밖에 없다.

NHK월드TV의 일본 소프트파워 제고 사이에 함수관계를 전제할 수 없다면 '외국인' 대상 텔레비전 국제방송에 대한 접근과 문제제기 자체가 달라져야 한다. 다음 장에서는 소프트파워 제고를 명목으로 생산되는 방송 콘텐츠에서 재구축되고 있는 일본 이미지가 소프트파워 제고에 효과적인지 여부보다 그러한 특정한 이미지의 창출을 통해 '일본'에 대한 사회적 상상력을 변화시키려는 움직임을 조명하고 이러한 움직임이 갖는 함의에 주목할 필요가 있음을 제기하려 한다.

---

pr/keiei/plan/pdf/25-27keikaku.pdf(검색일: 2018. 2. 20.); 日本放送協会, 「NHK 海外情報発信強化に関する検討会 資料 NHKの国際放送充実強化の取り組みについて」, 2016, http://www.soumu.go.jp/main_content/000422945.pdf(검색일: 2017. 11. 23.).

46) 외국인 국제방송 신설의 필요성이 처음 제기된 당시 '추진방책'에서 평가한 기존의 국제방송의 내용상의 문제점은 처음부터 외국인의 관심사를 의식해 제작되고 있지 않은 점과 뉴스·정보 프로그램을 주력으로 하여 시청자 층에 따라 반드시 매력적인 채널이라고 할 수 없는 점이었다. 情報通信審議会, 「『外国人向けの映像による国際放送』の在り方とその推進方策」, 3쪽.

4. 국제 경쟁력과 '일본' 이미지의 변용

전지구화 시대의 일본 이미지 정치의 현상을 고찰하는 데 유의미한 사실 중 하나는 NHK월드TV의 방송 내용에서도 국제 시장 경쟁에서 유리한 일본의 이미지를 구축하는 일이 우선시되어 온 점이다. 자국민 이외의 시청자를 대상으로 하여 궁극적으로 다양한 '국익'을 증진한다는 대전제 위에서 출발한 NHK월드TV의 방송 내용의 중점은 '외국인'에게 '매력적인 일본'의 이미지를 어떻게 구축할 것인가 하는 점이었다. 그리고 이러한 '매력'은 처음부터 국가 브랜드 담론에서 대중화된, 국제시장에서의 '차별성'에 기반을 둔 경쟁력으로 표현되었다.

외국으로부터의 니즈를 현 시점에서 기대할 수 없는 상황에서 [외국인들이] 새로운 영상 국제방송을 보도록 만들 수 있으려면 다른 국제방송에서 볼 수 없는 특색, 참신한 아이디어를 기반으로 한 매력적인 프로그램을 제작·편성할 필요가 있다.

뉴스를 제작할 때에는 글로벌 스탠더드, 즉 질 높은 보도를 지향하는 자세가 요구된다. 또한 특히 젊은 세대에 대중문화적인 것(ポップカルチャー的なもの)과 진지한(硬派) 뉴스의 장점을 잘 조합해가는 노력도 필요하다.

산업 디자인, 패션, 애니메이션, 만화를 포함한 현대 일본 문화가 서양 문화의 모방을 넘어 독창성으로 구미에서 평가 받고 있는 현상(現狀)을 토대로 이것들을 적극적으로 발신하는 관점을 가져야 한다. 특히, 애니메이션 등 콘텐츠의 소재와 관련 정보를 정보 프로그램에 살려 가면 프로그램의 매력을 높이는 것으로도 이어진다. 또한 신인 크리에이터 발굴, 아이디어 공모 등의 실험적인 시도도 콘텐츠 산업의 국제 경쟁력 육성의 관점에서도 중요하여, 적극적으로 고려해야 한다. 또한 국제관광교류를 확대하는 관점에 선 프로그램 제작도 방송에 대한 접속 증가, 제작자에 대한 인센티브 부여라는 점에서 중요하다.[47]

물론 출범 당시부터 NHK월드TV는 아시아에서 일본의 리더쉽을 강조하고 한국이나 중국을 의식하여 구미의 시청자로 하여금 일본의 시선에서 아시아를 보도록 유도하려는 의도를 분명히 한 바 있다. 'Your Eye on Asia'를 방송의 선전구호로 내걸고 세계나 아시아의 제 문제에 대해 각국의 각계 저명인사와 토론하는 〈Asian Voices〉라는 프로그램을 신설하는 등의 움직임은 이러한 지향을 드러낸다.[48] 자민당 내에서 신국가주의적 정치인들이 부상하고 이들의 수정주의 역사관이 주변국과의 갈등 요인으로 작용해온 시점에서 NHK월드TV의 새 단장이 이루어진 탓에 이러한 지향은 최근 일본의 보수화 혹은 우경화에 발맞춘 것이 아니냐는 의혹을 사기 쉽다.

일본 방송법(현행 81조 5항, 2007년 개정 방송법 44조 5항)이 국제방송 프로그램 편집에 관해 "우리나라에 대한 올바른 인식을 기르고 보급"(강조: 필자)할 의무를 규정하고 있고[49] NHK의 국제프로그램 기준에도

---

47) 情報通信審議会, 「『外国人向けの映像による国際放送』の在り方とその推進方策」, 7~8쪽.
48) NHK国際放送局 編, 『国際放送の80年 NHKは何を伝えてきたか』, NHK国際放送局, 2015, 44쪽.
49) 현행 방송법 81조 5항. 2007년 방송법 개정 당시 외국인 대상 국제방송에 한정하여 44조 5항으로 추가되었으나 국제방송 편집 원칙을 위와 같이 규정하는 내용 자체는 이전 방송법에도 존재했다.

"우리나라의 중요한 정책 및 국제 문제들에 대한 공적 견해 및 우리나라의 여론의 동향을 올바르게 전하"는 것(제1장 일반기준 2조)을 명시하고 있다는 점 역시 위와 같은 우려를 심화시키는 이유이다.[50] 일본에 대한 '올바른' 인식이라는, 가치 평가와 결부된 개념이 포함되어 있는데다 정부 여당의 입장을 '올바른' 인식으로 규정하고 이에 따라야 한다는 압력을 가하는 구실로 작용할 수 있기 때문이다. 게다가 정부의 '명령방송'에서 명칭이 순화된 '요청방송' 제도가 여전히 존재하기 때문에 국제방송이 정치권력으로부터 독립된 저널리즘의 기능을 수행할 수 있는지 여부는 꾸준히 논란의 대상이 될 수 있다.

그럼에도 불구하고 NHK월드TV가 '외국인'들 사이에서 일본의 소프트파워를 제고하는 것을 목표로 하고 있는 이상, '매력적인' 일본의 이미지를 구성하는 데 도움이 되지 않는 국책선전적인 방송은 지양해야 한다는 인식이 방송 내용 관련 각종 심의위원회 및 자문위원회, 방송관계자들에 의해 지속적으로 표명되어 왔다는 점에 주목할 필요가 있다. 예를 들어 '추진방책'에 이미 국제방송의 목적과 이념을 설명하면서 "편집권의 정부로부터의 독립을 확보하고, 프로파간다적인 방송을 하지 않는다는 취지"가 가장 우선적으로 명시된 바 있다.[51] 이러한 방송 취지에 대한 공감대는 2013년 시점에서도 외국인대상 텔레비전 국제방송 강화에 관한 자문위원회에 의해 다음과 같이 재천명되었다.

---

50) 「日本放送協会番組基準 国際番組基準」, https://www.nhk.or.jp/pr/keiei/kijun/kijun02.htm(검색일: 2018. 3. 30.).
51) 情報通信審議会, 「『外国人向けの映像による国際放送』の在り方とその推進方策」, 5쪽.

정부의 해외 정보 발신 강화 움직임에 발맞춰 … 정부 홍보에 협력하여 일본의 가치관, 사고방식 및 일본 시각에서 본 아시아 정세를 발신하기 위해 노력해야 한다는 의견도 나왔다. 그러나 NHK월드TV는 방송법 취지를 바탕으로 앞으로도 객관적 보도에 노력하는 것과 동시에 일본의 중요 정책이나 공적 견해, 여론의 동향을 정확하게 전달하는 '국제방송 기준'의 취지를 관철하여 많은 아시아 국제방송 중에서 가장 신뢰할 수 있는 정확하고 공정한 국제방송으로서 적극적인 정보 발신에 의해 일본에 대한 이해의 촉진을 도모하기 위해 존재해야한다는 결론에 이르렀다.[52)]

위와 같은 취지를 설명할 때 종종 아시아에 대한 정보를 제공한다는 NHK월드TV의 가장 중요한 경쟁상대라고 할 수 있는 중국의 CCTV와 내용적으로 차별성을 가져야 한다는 논리가 동원된다. 예를 들어 NHK 해외정보발신강화에 관한 검토회와 외국인 대상 텔레비전 국제방송에 관한 자문위원회의 아래와 같은 제언이 이러한 사례에 해당한다.

'일본의 국익'을 지나치게 강조하면 선전처럼 보인다. NHK는 표현의 자유, 보도의 자유를 확보하고 있는 것이 CCTV와 결정적으로 다른 점이고 이 점을 세계에 보여주는 것도 의미가 있다.[53)]

동아시아에서도 다양한 국제방송이 있지만, 굳이 말하자면, 국익을 강렬하게 주장하는 방송이 이루어지고 있다. NHK는 그런 방송이 아니라

---

52) 「外国人向けテレビ国際放送」の強化に関する諮問委員会, 「これからの外国人向けテレビ国際放送の在り方について」, 6쪽.
53) NHK海外情報発信強化に関する検討会, 『『NHK海外情報発信強化に関する検討会』中間報告 平成27年1月30日」, 16쪽.

아시아 전역의 정보를 객관적으로 전달하고 있다는 평가를 받아서 많은 나라의 사람들로부터 신뢰를 얻는 것을 목표로 했으면 한다.[54]

위와 같은 입장에서 CCTV를 중국 정부의 선전기구로 규정하여 비판하는 동기는 단순히 신국가주의적인 '혐중'보다는 NHK월드TV를 아시아의 국제방송과 차별화하여 자리매김하려는 의도에서 찾을 수 있다. 일본 방송법상에 보장되어 있는 방송 편집의 독립성을 유지하고 사실 보도, 공정 보도, 보도의 질에 방점을 둬야 한다는 저널리즘의 원칙이 중국과 차별되는 '매력적인' 일본 이미지 구축이라는 당위와 결부되면서 방송 내용에 개입하려는 일부 보수적인 정치인들의 담론에 대항하는 논리로 작용한다.

실제 뉴스 내용을 살펴보면 이러한 대항 논리가 어느 정도 작용하고 있는 것으로 보인다. 북한이 대륙간탄도미사일(ICBM)을 발사한 당일이었던 2017년 11월 29일의 뉴스 내용을 예로 들어보자. 〈News Room Tokyo〉는 총 45분 중 약 11분가량의 분량을 할애하여 이 문제를 집중 보도했는데, 북한 뉴스, 아베 신조 총리와 오노데하라 이쓰노리(小野寺五典) 국방대신 발언, 미국 트럼프 대통령 발언과 틸러슨 국무대신 발언, 문재인 대통령 발언, 중국 외교부 대변인과 왕이 외교부장 발언 클립을 순서대로 배치했다. 이 중 틸러슨 국무대신과 왕이 외교부장을 제외하고는 발언 일부를 직접 들려줬다. 중국 분위기를 보도하기 위해 베이징

---

54) 「外国人向けテレビ国際放送」の強化に関する諮問委員会, 「第2回ブリーフィング」, 2013, https://www.nhk.or.jp/keiei-iinkai/shimon/briefing/briefing02.html(검색일: 2018. 1. 30.).

특파원 보고와 특파원과 앵커 간의 간략한 질의응답이 있었고, 전문가 논평 코너로 전 자위함대사령관 고다 요지(香田洋二)와의 스튜디오 대담이 이어졌다. 분량이나 배치를 보면 일본 정부나 자위대 입장의 발언에 비중을 두고 있는 것은 분명하다. 그럼에도 불구하고 각국 입장을 비교적 균형 있게 소개하는 형식을 의식적으로 취하고 있는 것 또한 사실이다. 게다가 논평을 최소화하는 NHK의 국내 뉴스 스타일이 〈News Room Tokyo〉에도 채택되고 있음을 확인할 수 있다.55)

이처럼 차별화되고 경쟁력 있는 일본의 매력을 찾아내고 포장해야 한다는 경제 논리가 국제방송과 관련된 소프트파워 전략에서 우선시되는 경향이야말로 주목을 요한다. 2015년경에 이르면 국제방송 또한 콘텐츠 산업으로 인식하여 국제방송 서비스를 '상품'으로, 국제방송 환경을 '시장'으로 기술하고 프로그램의 '품질'을 개선해야 한다는 식의 제언도 등장한다.56) 뉴스 방송 이외의 프로그램 내용까지 시야에 넣을 경우, 이러한 경향은 더욱 두드러진다. NHK월드TV는 처음부터 오피니언 리더 뿐 아니라 차세대, 일반 대중까지 타겟으로 삼아 재출발하여 후자 그룹에 '매력적'인 방송으로 다가가기 위해 소위 '쿨 재팬' 전략에서 중시되었던, 국제 시장에서의 경쟁력이 검증된 콘텐츠를 적극적으로 활용해 왔기 때문이다.57)

---

55) NHK월드TV홈페이지, https://www3.nhk.or.jp/nhkworld/newsroomtokyo/ (검색일: 2017. 11. 30.).
56) 「外国人向けテレビ国際放送」の強化に関する諮問委員会, 「これからの外国人向けテレビ国際放送の在り方について」, 4쪽, 7쪽.
57) 情報通信審議会, 「『外国人向けの映像による国際放送』の在り方とその推進方策」, 3~4쪽, 6쪽.

NHK월드TV 프로그램의 스트리밍 서비스를 실시하는 공식 홈페이지에 뉴스 이외의 프로그램 중 문화, 여행, 음식 관련 프로그램에 별도의 탭을 마련해둔 것 또한 이러한 지향을 뚜렷하게 보여준다. 실제 방송에서도 NHK월드TV는 2009년 2월의 대폭적인 프로그램 개편 이후 매 정시마다 30분간의 영어 뉴스를 송출하고 후반 30분은 새로운 NHK월드TV를 위해 독자적으로 제작된 정보 프로그램 위주로 방송하는 것을 원칙으로 하고 있다. 매 시간 후반 30분에서 주로 다루는 내용은 여행, 문화/라이프스타일, 음식, 스포츠, 비지니스/테크놀로지, 예술/디자인, 대중문화/패션, 예능(entertainment), 과학/자연에 관한 것이다. 2009년 2월 프로그램 개편 당시 젊은 세대에게 어필할 수 있는 프로그램을 증대하기 위한 노력의 일환으로 일본 패션을 소개하는 〈Tokyo Fashion Express〉나 만화, 애니메이션, 게임에 관한 최신 정보를 전달하는 〈imagine-nation〉, 일본 중소기업 특유의 기술을 소개하는 〈J-Tech〉 등과 같은 프로그램들을 신설하기도 했다.[58]

그렇다면 이처럼 소프트파워 제고를 목표로 하는 정보 프로그램들은 일본에 대해 어떠한 이미지를 전달하는 것을 목표로 하는가? 2009년 재출범 후 NHK월드TV의 방송 프로그램을 텍스트로 삼아 면밀히 분석한 선행연구는 현 시점에서 찾아보기 어렵다. 주로 '쿨 재팬' 전략에 초점을 맞춰 최근 일본 정부가 주도해온 문화 전략을 비판적으로 분석한 선행 연구들은 종종 일본인론과 같이 전후 일본에서 생산되고 널리 소비

---

58) NHK放送文化研究所, 『NHK年鑑2009』, 134쪽. 2009년 2월 개편에 따른 프로그램 편성표는 608~609쪽.

되었던 본질주의적 일본 문화론에 대한 의존을 주요한 문제점 중 하나로 지적한다.[59] 실제로 NHK월드TV 프로그램 내용을 두고 본질주의적 일본 문화론을 답습하려 하는 일부 일본 정치·문화 엘리트들이 '시대착오적'인 사고방식을 드러내는 발언을 하는 사례는 종종 발견할 수 있다. 그러나 소프트파워 개념에 대한 적극적인 수용에 경제 대국으로서의 일본의 존재감 하락과 같은, 일본의 국제적 위상 변화에 대한 인식이 뚜렷이 자리하고 있었음을 상기할 필요가 있다. 실제 국제방송에서 발신해야 하는 이미지에 대한 논의 과정에서도 "60~90년대에는 일본의 경제력이 정보 발신력의 원천이었으나 지금은 다르다. 일본의 존재감을 세계에 알릴 수 있을만한 정보를 발신해야 한다."는 의견이 지배적이다.[60] 이러한 현실은 방송 정책 입안자나 방송관계자들 사이에 일본의 '매력'을 담론적으로 새롭게 구축할 수 있는 이미지 정치가 필요하다는 공감대가 형성되어 있음을 의미한다.

실제 방송되는 NHK월드TV 프로그램들이 일견 본질주의적인 일본 문화론에서 중시되었던 주제들을 다루더라도 그 구체적인 내용을 들여다보면 대개의 경우 과거의 자족적이고 본질주의적인 접근과 분명한 차이를 보인다. 매주 수, 목요일에 방송되는 〈Core Kyoto〉 프로그램이 좋은 예라 할 수 있다. 이 프로그램은 "교토의 매력, 사람과 삶, 행사, 문

---

59) Michael Daliot-Bul, "Japan Brand Strategy: The Taming of 'Cool Japan' and the Challenges of Cultural Planning in a Postmodern Age," p.253; Katja Valaskivi, "A Brand New Future: Cool Japan and the Social Imaginary of the Branded Nation," *Japan Forum* 25(4), 2013, p.496.
60) NHK海外情報発信強化に関する検討会, 『NHK海外情報発信強化に関する検討会』中間報告 平成27年1月30日」, 16쪽.

화자산 및 경관을 탐색하여 교토의 핵심으로 깊이 뛰어들어" "고도(古都)인 교토는 1200년이 지나도 계속하여 혁신적"임을 보이는 것을 취지로 한다.[61] 2017년 5월 4일과 5일 방송분인 'Modern Kyoto: The Ancient Capital's Aesthetics Shape the Future'의 내용은 이러한 취지를 다음과 같이 풀어낸다. 우선 도입부에 메이지 유신 후 천도로 인해 인구 감소 및 어려움에 처했던 교토가 혁신을 통해 이러한 고난을 극복했던 것과 현재의 마을 만들기(まちづくり)를 연결시키면서 "밀레니엄을 통해 매력을 유지해온 교토"라는 틀을 제시한다. 뒤이어 카메라는 양조장이나 상가 같은 오래된 건물을 개조하여 현대적인 공연장, 카페, 스튜디오로 등으로 재탄생시킨 사례나 니시진오리(西陣織)의 현대적 재해석을 통해 만들어낸 재킷, 신발, 가방, 소파커버 등이 세련되면서도 '일본적'이라는 차별성 덕분에 국제적으로 상품성과 매력을 인정받은 사례 등을 좇는다. 이러한 사례들에는 "전통의 힘은 새로운 것을 더해도 무너지지 않는 강함에 있다.", "새로운 것을 흡수해서 자신의 것으로 만드는 것이 전통의 힘"이라는 해석을 통해 의미가 부여된다. 또한 젊고 영어로 외국인과의 소통도 가능한 전통공예 장인이자 CEO 6인의 모임을 소개하고 그들이 전통을 다루는 방식을 탐사한다. "제품의 이미지를 개선하기 위해 스테레오타입을 깨는 것"에 찬사를 표하고 '핵심' 이외에는 시대의 필요에 맞춰 무한히 변용 가능한 것이 바로 전통이라는 시각이 인터뷰를 통해 서술된다.[62]

---

61) NHK월드TV 홈페이지, https://www3.nhk.or.jp/nhkworld/en/tv/corekyoto/ (접속일: 2018. 3. 25.).

즉 타국 상품과 구별되는 생산지 식별 기호로서 기능할 수 있는 '일본'이 중시되며, 변화하지 않는 문화적 본질로서의 전통보다는 새로운 시대의 요구에 맞춰 언제라도 빌려와 유연하게 활용할 수 있는 문화적 자산으로서의 전통이 강조되고 있다. 일본 문화의 '핵심'을 이야기하지만 타국문화와 본질적인 차이를 갖는 요소가 무엇인지에 대해서는 프로그램에 등장하는 장인들도 특정하지 못 한다. 이 점은 프로그램에 등장하는 장인들도 인지하고 있다. 오히려 위의 프로그램은 급변하는 현실에 맞게 문화를 새롭게 구성하는 능력을 일본 문화의 저력이자 매력으로 재규정하고 국제 시장에서의 경쟁력이 증명된 경우에 한해 사후적으로 매력적인 일본 문화로 재해석하고 재현하는 수순을 밟고 있음을 숨기지 않는다.

NHK월드TV가 발신하는 일본의 이미지는 전지구화의 심화 속에서 진행되고 있는 일본에 대한 사회적 상상의 변용과 경쟁력 있는 브랜드로서의 매력적인 '일본'의 이미지를 해외에 확산해야 한다는 강박의 산물이다. 지금까지와 다른 문화에 대한 접근이 공공연히 요구되고 문화의 "이용 가치가 내용에 대한 관심을 능가하게 된" 전지구화 시대의 현실 속에서[63] '일본'은 영역화된 차이와 차별성의 기호로 이미지화하며 공동체로서의 일본의 정체성은 고유한 특질보다는 시장 경쟁력과 자본유

---

62) NHK월드TV 홈페이지, https://www3.nhk.or.jp/nhkworld/en/tv/corekyoto/20170504/2029084/(접속일: 2017. 11. 30.).
63) 渡辺靖, 『〈文化〉を捉え直す: カルチュラル・セキュリティの発想』, 岩波書店, 2015; 岩渕功一, 『文化の対話力: ソフト・パワ-とブランド・ナショナリズムを越えて』, 68쪽.

치 적합성을 기준으로 새롭게 상상된다.[64] 그리고 이 모든 새로운 이미지의 구축은 소프트파워 제고라는 정언명령에 따라 정당화되고 추진되고 있다.

따라서 소프트파워를 실제로 이러한 이미지의 창출을 통해 실질적으로 제고할 수 있고 양적으로 측정할 수 있는 실체로 간주하는 기존의 소프트파워론이나 문화외교론의 논리를 따라가기 보다는 소프트파워가 이러한 상상의 변화를 촉진하는 촉매로서 작용하는 현실을 직시하는 편이 현대 일본의 소프트파워를 둘러싼 이미지 정치를 이해하는 데 더욱 생산적일 수 있다.

5. 일본 사회의 구조 변동과 '일본'을 둘러싼 이미지 정치

20세기와 21세기를 통틀어 방송만큼 공동체로서의 국민국가라는 상상을 생산해내고 지탱하는 데 큰 역할을 한 것으로 일컬어지는 미디어는 많지 않을 것이다. 방송은 국가적 시간(national time) 의식을 일상 생활의 리듬 속으로 들여왔을 뿐 아니라 공통의 언어와 문화를 창출하고 교육하여 국경 내의 시민들 사이에 일체감을 만들어내는 주요한 기제였다. 그 중에서도 보편서비스 제공을 지향하는 공영방송은 이러한

---

64) Melissa Aronczyk, *Branding the Nation: The Global Business of National Identity*, New York: Oxford University Press, 2013, pp.15~16 참조. Aronczyk는 국가 브랜드 담론에서 공동체의 응집력이나 구성원의 소속감은 이러한 경쟁력의 판명 여부에 따라 사후적으로 따라오는 것으로 상정됨을 지적한다.

일체감 형성에 크게 공헌한 것으로 평가되곤 한다. 달리 말해 방송은 국민 문화 통합과 국민적 정체성 형성이라는 근대주의 프로젝트에서 유독 존재감을 드러낸 미디어였다.[65] 따라서 냉전의 '해체'와 맞물려 전지구화가 가속화하고 후기 근대사회적 징후가 뚜렷해지면서 공동체로서의 국민국가라는 상상이 동요함과 동시에 전통적인 의미의 방송 미디어의 위기가 거론된 것은 우연이 아닐 것이다.

이러한 공동체로서의 국민국가라는 상상력의 동요에 대한 반작용이나 신국가주의적인 국가선전 강화 움직임이라는 틀에서만 2009년을 기점으로 한 NHK월드TV의 재편을 이해할 경우 '외국인' 대상 텔레비전 국제방송의 개시는 위와 같은 흐름을 역전시키기 위한 시도로 비춰질 수 있다. 그러나 이 글에서 살펴본 바에 따르면 NHK월드TV의 새 단장은 소프트파워 제고를 정언명령으로 삼아 전지구화에 적절히 대응할 수 있는 경쟁력 있는 '일본'을 새롭게 상상하고 구축하기 위해 1990년대 이후 시도되어온 국가 주도의 이미지 정치의 일환으로 자리 매김 되어야 한다. 공동체로서의 '일본'에 대한 사회적 상상 자체가 공통된 고유의 속성이나 불변의 정체성이 아니라 시장에서의 경쟁력을 중심으로 재편되고 있는 현실을 드러낸다는 점에서 방송 미디어의 위기와 관련하여 거론되었던 일본 사회의 거시적인 구조 변동의 또 다른 표현으로 볼 수 있을 것

---

65) Shun'ya Yoshimi, Translated by Jodie Beck, "From Street Corner to Living Room: Domestication of TV Culture and National Time/Narrative," *Mechademia* 9, 2014. pp.126~142; Hilde Van den Bulck., "Public Service Television and National Identity as a Project of Modernity," *Media, Culture & Society* 23(1), 2001, pp.53~69.

이다.

이 글에서 검토한 것처럼 출범 10주년을 넘긴 NHK월드TV가 현재 직면하고 있는 근본적인 문제들은 성급한 소프트파워론에 대한 맹신과, 국제방송 미디어의 특질이나 이 미디어를 통한 특정한 커뮤니케이션 방식이 갖는 한계에 대한 무지 내지 경시와 무관하지 않다. 이러한 일본의 현실을 직시하여 소프트파워론의 결과논리나 적절성의 논리를 상대화하고 전지구화 시대의 시장경쟁 논리를 체화한 현대 일본의 이미지 정치의 현주소를 비판적으로 직시하는 자세가 필요하다.

현대일본생활세계총서 **15**

흔들리는 공동체 다시 찾는 '일본'

다이쿠(第九) 현상과 일본적 베토벤*

이경분

1. 일본열도의 베토벤 9번(다이쿠) 열광

현대 일본에서는 연말이 되면 홋카이도부터 규슈까지 전국의 대도시 뿐만 아니라 인구 10만 명 되는 소도시에서도 베토벤 9번 교향곡 d단조(opus 125)를 연주하는 것이 당연한 관습이다. 또한 '국기관 5천 인의 다이쿠 콘서트(国技館5000人の第九コンサート)',[1] '산토리 1만 다이쿠(サントリー1万人の第九)'와 같은 대규모의 행사도 1980년대 시작하여 30년 이상 지속적으로 매년 개최되고 있어 일본의 독특한 연말풍물로 자리 잡았다.[2] 베토벤의 9번 교향곡이 일본의 '다이쿠'가 된 것이다. 이 현

---

* 이 논문은 「베토벤 9번 교향곡의 일본화: 일본의 연말 다이쿠(第九) 현상의 비판적 연구」(『음악과 문화』 제38호, 2018. 3.)를 수정·보완한 것이다.
1) 정식 홈페이지는 https://www.5000dai9.jp.
2) 도쿄예대가 있는 다이토구는 1981년 12월 시작하여 2017년 12월 17일 오후 3시, 37번째 연주회를 했다(http://www.city.taito.lg.jp/index/bunka_kanko/torikumi/dai9kouen/daikuend.html).

상으로 베토벤 9번 교향곡의 존재는 일본인이라면 누구나 아는 〈NHK紅白歌合戰〉에 비교될 정도로, 대중적 클래식음악이 되었다.

일본에서의 다이쿠 현상은 베토벤이 "오늘날 어떤 면에서 존 케이지(John Cage)보다 마릴린 먼로와 더 공통점이 많다"[3]라는 앤디 워홀(Andy Warhol)의 지적이 틀리지 않음을 보여주는 대표적인 예라고 할 수 있다. 베토벤 이미지는 예술가에게 더 이상 예술적 체험의 원천이 아니라 "죽은 초상화"[4]가 되어 버렸으며, 전문가의 입장에서는 대중적 수용과 함께 '천박화'된 것으로 받아들여졌다.[5]

예술적인 관점에서 빅 비즈니스가 결합된 대중화에 거부감을 가진 NHK 교향악단의 지휘자 이와키 히로유키(岩城宏之)는 이 현상을 음악과는 상관없는 "전형적인 일본인들의 유행에 미친" 열광이라 비판한다.[6] 비즈니스맨이 아닌 예술가로서 그는 "다이쿠를 이틀 밤을 연속 연주하면 마음이 피곤해져 너덜너덜 해지는 느낌이 있으므로 10년에 1번 정도 연주하면 좋겠다"라고 고백한 적이 있다.[7]

일본에서는 다이쿠의 유행으로 베토벤 9번 교향곡에 대한 단행본,

---

3) Esteban Buch, *Beethovens Neunte: eine Biographie*, Berlin, München: Propyläen-Verlag, 2000, p.17.
4) Esteban Buch, *Beethovens Neunte: eine Biographie*, p.18.
5) 마치 최고급 가라오케 노래방처럼 되어 버린 9번이 예술과는 상관없는 빅 비즈니스일 뿐 음악의 의미는 사라져 버렸다고 한탄하는 목소리도 있다 (Steven R. Weisman, "Japan Sings Along With Beethoven", *New York Times*, 1990. 12. 29.).
6) Steven R. Weisman, "Japan Sings Along With Beethoven".
7) 1987년 2월호의 인터뷰를 다시 게재한 것임. 하지만 실제 그가 가장 자주 연주해야 하는 곡은 다이쿠라고 한다(「全国〈第九〉あんない」, 『音楽の友』71, 2013. 12., 83~85쪽).

신문 잡지 기사, 에세이 등 매년 많은 글들이 출판 유통되고 있는 반면, 다이쿠 현상에 대한 일본음악학계의 비판적 연구는 그리 눈에 띄지 않는다.[8]

이 글은 한국학계에서 거의 알려져 있지 않은 '다이쿠 현상'에 대해 소개하고,[9] 다이쿠 현상을 비판적으로 분석해보고자 한다. 다이쿠와 관련해서 중요한 문헌은 두 가지이다. 하나는 스즈키 도시히로(鈴木淑弘)의 『다이쿠와 일본인(第九と日本人)』(1989)인데, 지금까지 다이쿠 현상에 관한 한 가장 기본이 되는 문헌이다. 풍부한 역사적, 실제적 정보를 담고 있지만, 이 책의 한계는 중요한 데이터가 1980년대 말까지로 끝난다는 것이다. 반면, E. Chang의 영어 논문 "The *daiku* phenomenon: social and cultural influences of Beethoven's Ninth Symphony in Japan"(2007)은 사회적 측면에서 다이쿠 현상에 접근한 최근 논문으로서 다이쿠 현상을 다도나 꽃꽂이, 서도 등 일본인들의 관습적인 예식의 맥락에서 설명하고 있다.

이 글은 위의 연구성과를 받아들이지만 기존 연구와 달리, 베토벤 9번 교향곡이 '다이쿠'가 된 독특한 현상을 소개한 후, 일본인들에게 베토벤을 통한 일체감이 주는 문제는 없는지 비판적 관점에서 고찰하고자 한다. 따라서 논문의 내용은 두 부분으로 나뉘는데, 현상을 다루는 첫 부

---

8) 그나마 쉴러의 〈환희의 송가〉가 정치적으로 연루된 역사를 언급하는 독문학계의 논문이 있다. 矢羽々 崇, 「忘却の歴史? シラーの「歓喜に寄せて」をめぐって」, 『獨協大学ドイツ学研究』53, 獨協大学, 2005, 119~146쪽.

9) 국내의 다이쿠에 관한 소개는 잡지 『문화+서울』에 게재된 짧은 에세이를 들 수 있다. 장윤선, 「독일의 음악과 음악관을 적극 수용한 일본. 베토벤 심포니 9번과 다이쿠(第九)」, 『문화+서울』 11월호, 서울문화재단, 2016.

분에서는 언제부터 '연말 다이쿠'가 시작했고, 어떻게 연말과 다이쿠가 세트로 결합하게 되었으며, 다이쿠에 감동하는 이유는 무엇인지 등을 분석할 것이다. 비판적 관점의 두 번째 부분에서는 베토벤 9번 교향곡이 나치시기에 정치적으로 남용된 역사와 왜 '일본 전통음악'이 아니라 '독일작곡가 베토벤음악'으로 일체감을 추구했는지에 대한 물음, 그리고 동일본대진재 이후의 다이쿠 현상과 '일본적 베토벤'의 허상에 대해 살펴보고자 한다.

2. 일본의 다이쿠 현상

2.1. 다이쿠 현상의 시작

베도벤의 9번 교향곡이 일본에서처럼 12월에 몰리는 것은 세계적으로도 매우 독특한 현상이다. 물론 독일 라이프치히 게반트하우스(Gewandhaus) 오케스트라나 빈 필하모닉 오케스트라가 12월 말(실베스터)에 9번을 연주하는 것은 100년이 넘는 전통으로 이어지고 있다. 하지만 12월 내내 전국적으로 수백회의 다이쿠 연주회가 국민적 행사로 개최되는 일본과 달리, 라이프치히와 빈에서는 12월 말 총 2~3회에 그친다.

이미 잘 알려져 있듯이, 베토벤 9번 교향곡은 일본인 대다수가 모르는 사이 1918년 독일 오스트리아 포로에 의해 초연되었고,[10] 1920년대

10) 1918년 6월에 시코쿠의 반도수용소에서 초연되었다. 이경분, 「일본포로수용소에서의 음악과 평화: 구루메와 반도를 중심으로」, 『人文論叢』 73, 서울대

도쿄에서는 일본음악가들에 의해 여러 차례 연주되었다. 하지만 그 이후 일본에서 언제부터 '연말 다이쿠'라는 독특한 관습으로 정착하게 되었는지는 분명하지 않고, 이에 대해서는 여러 가지 주장이 있다. 크게 보면 1920년대, 30년대, 40년대와 50년대 설이 있다. 가장 빠른 설인 1920년대 설은 고노에 히데마로(近衛秀麿)의 지휘하에 있었던 신교향악단이 1928년 12월에 9번 교향곡을 연주한 이래 현재와 같은 연말 다이쿠 현상이 되었다는 것이다.[11] 하지만 일본인으로 구성된 최초의 전문 오케스트라인 신교향악단이 1926년 창단된 이후부터 1945년까지 연주한 날짜, 지휘자를 살펴보면 12월에 한정된 연주회는 그리 많지 않다. 즉 부록 〈표 1〉에서 보듯이, 9번 교향곡 연주회 총 24회 중 4회만(*표시함)이 12월에 연주된 것으로 나타난다. 오히려 9번 교향곡이 빈에서 세계 초연된(1824. 5. 7) 달인 5월과 6월에 각 8회씩, 총 16회가 연주되어 봄 시즌에 집중되는 현상을 보인다. 당시 일본의 대표적인 교향악단인 신교향악단이 연말에 연주하지 않은 것으로 보아 전문가들 사이에서 1945년까지는 9번 교향곡을 연말에 연주하는 관습은 아직 정착되지 않았다 해도 과언이 아니다.

다른 한편, NHK 심포니 오케스트라의 지휘자 이와키 히로유키는 1930년대 빈에서 유학하고 귀국한 아리마 다이고로(有馬大五郎)가 독일에서는 가끔 12월 31일에 9번을 연주한다는 소식을 전한 이후 일본에서

학교 인문학연구원, 2016, 459~490쪽.

11) Yano Junichi, "Why is Beethvoen's *Ninth* so well loved in Japan?," *Japan Quarterly*, 2002, p.475.

도 따라하게 되었다고 한다.[12) 또 다른 설은 황기 2600년을 기념해 1940년 12월 31일 로젠슈토크(Joseph Rosenstock)가 일본교향악단과 9번을 지휘하여 라이브 중계되었는데, 곡이 끝난 것이 정확하게 0시였던 데에서 유래했다는 것이다.[13)

하지만 보다 유력한 다이쿠 현상의 시초는, 1947년 독일 망명 피아니스트 크로이처(Leonid Kreutzer)의 지휘 하에 일본교향악단이 히비야 공회당에서 연주한 것이라는 설이다.[14) 이 설을 확인하기 위해 NHK오케스트라가 패전 직후 다시 연주회를 재개하는 1946년부터 1966년까지 전후 20년간, 신향의 후신인 NHK오케스트라의 9번 교향곡 연주회를 살펴보았다.

부록 〈표 2〉에서 보듯이, 전후 1946년부터 1966년까지 20년간 NHK교향악단의 9번 교향곡 연주는 총 26회였고, 그 중 5회(*표시함)를 제외하고는 모두 12월 특별연주회에서 연주되었다. 연말 연주의 비중이 압도적이다. 1947년 12월 크로이처의 지휘로 3회 연주된 이래 1951년만을 제외하고 20년간 매년 12월에는 어김없이 9번 교향곡이 연주되었다. 전문오케스트라인 NHK교향악단의 연말연주 관습이 정착되어가고 있음을 확인할 수 있다.

크리스마스와 연관 지어 연말에 〈메시아〉를 더 흔하게 연주하는 유럽과 달리, 일본에서는 '9번 교향곡'과 '연말'이 하나의 세트를 이루게 되

---

12) Steven R. Weisman, "Japan Sings Along With Beethoven."
13) Philip Brasor, "Japan makes Beethoven's Ninth No. 1 for the holidays," *The Japan Times*, 2010. 12. 24.
14) 鈴木淑弘, 『第九と日本人』, 春秋社, 1998, 163쪽.

었다. 이것이 일본적 다이쿠의 특징이다. 왜 일본에서는 이런 현상이 정착하게 되었는가? 그 배경은 무엇인가?

2.2. 연말과 다이쿠(暮れと第九)의 결합

연말과 다이쿠의 결합에 대해서도 여러 가지 설이 있지만, 모두가 동의하는 중요한 배경은 '경제적인 측면'이다. 전후 모두가 배고팠던 시절, 빈곤과 적자에 허덕이는 오케스트라 단원들의 수입을 보장하는 티켓 판매라는 경제적인 이득이 연말에 9번 교향곡 연주를 부추겼다는 것이다.[15] 연말연시의 분위기에서 베토벤 9번 교향곡을 연주하면, 특별히 선전을 하지 않아도 관객을 모으기 쉽다는 점, 작품 연주를 위해 큰 규모의 합창단이 참가해야 하므로, 이 합창단원들의 친지들이 티켓을 구매하여 자연스럽게 티켓 판매가 수월하게 이루어질 수 있다는 점이 있다.[16]

그런데 전후 1962년까지는 일본에서도 유럽과 마찬가지로 연말에 〈메시아〉를 연주하는 경우가 9번 교향곡 연주회보다 압도적이었다.[17] 〈메시아〉 역시 대규모 합창단이 함께 공연하므로, 티켓 판매에 있어서는 9번과 다를 바 없는 장점을 가지고 있었다. 하지만 메시아가 1960년대

---

15) 久保田慶一, 「なぜ日本人は年末の『第九』が好きなのか: 大学生への意識調査から」, 『東京学芸大学紀要』 58, 2006, 1~8쪽; Philip Brasor, "Japan makes Beethoven's Ninth No. 1 for the holidays."

16) 지바의 우라야스(浦安)시의 다이쿠 연주회에서는 합창단원들이 노래를 부르고 듣기 위해서 티켓을 구매하였다(Steven R. Weisman, "Japan Sings Along With Beethoven").

17) 鈴木淑弘, 『第九と日本人』, 186~187쪽.

부터 '다이쿠'에 밀리게 된 이유는 무엇인가?

먼저 〈메시아〉가 60년대 이후 쇠락하게 된 배경은 항상 '자선연주회' 형태로 개최되었던 것과 관련이 있어 보인다. 1951년 강화조약 기념으로 시작했던 도쿄예대 〈메시아〉 연주회의 출연자는 모두 무보수였고, 전 수입은 아사히신문 후생 문화 사업단을 통해 양호시설아동의 연말위문에 보내졌다 한다.[18] 이런 배경에서 대단위 합창단이 필요한 〈메시아〉가 베토벤 9번과의 경합에서 점차 일본인의 관심으로부터 멀어지게 된 이유를 세 가지 가설로 설명해 볼 수 있다.

첫째, '고난'에서 부활로의 '영광'이라는 비슷한 메시지를 담고 있지만, 예수는 신의 아들로서 종교적 신앙의 대상이었던 반면, 인간 베토벤은 고통과 기쁨에 대한 공감이 용이했다는 점이다. 더욱이 일본인에게 기독교는 소수만의 종교로 대다수에게는 낯선 것이었다. 따라서 1960년대까지는 미군정시기의 영향으로 한동안 성탄절 분위기는 유지되었으나, 그 중요성을 뒷받침하던 미군문화가 쇠퇴함에 따라 성탄절 분위기도 점점 약화될 수밖에 없었다. 즉 크리스마스의 기부문화와 밀접한 관계에 있었던 〈메시아〉에 대한 호응도는 감소될 수밖에 없었다고 할 수 있다.

둘째, 1960년대 경제 부흥으로 불우아동과 이웃을 돕는 자선음악회의 중요성이, 패전 직후 전쟁고아들이 많았던 시기보다는 상대적으로 약화되었으리라는 점이다.

---

18) 헨델이 메시아연주 수입 전액을 자선사업에 기부한 정신을 이어받은 전통이었다(鈴木淑弘, 『第九と日本人』, 187~188쪽).

셋째, 〈메시아〉에 비해 기독교에 묶여있지 않았던 베토벤 9번의 '고통에서 환희에로'라는 메시지는 경제부흥의 분위기 속에서 패전을 딛고 다시 일어서고자 하는 일본인의 욕망을 한 마디로 대변하는 키워드가 아니었을까 한다. 즉 어려움 속에서 굴복하지 않고 희망을 가져야 한다는 9번의 메시지는, 패전에도 불구하고 자신이 건재함을 확인하고자 하는 욕구를 충족시키기에 안성맞춤이었다. 음악적으로 볼 때 베토벤 9번 교향곡은 〈메시아〉보다 더 어려운 곡이지만, 이 어려운 곡도 연주해냈다는 자신감은 제국시대 일본인의 우월함을 다시 기억하게 하고, '일본은 다시 해냈다, 우리는 다르다'라는 우월감을 세련되게 표현할 수 있는 좋은 증거물이었다.[19]

하지만, 전쟁 직후의 사회적, 경제적 조건이 이후에는 달라졌다. 그럼에도 현재까지 연말 다이쿠 현상이 지속기 위해서는 전후 경제부흥기와는 다른 욕구와 매력이 필요했다.

2000년대에 20대 일본 대학생들을 대상으로 다이쿠에 열광하는 이유를 물은 설문조사에 따르면, 작품자체에서 얻는 감동보다는 거대한 외형적 스케일과 '모든 사람은 형제'라는 가사가 던지는 박애와 평화의 이미지, 그리고 다이쿠를 들으면 자신도 교양 있는 엘리트에 속한다는 공동체적 느낌, 또는 숭고해지는 느낌이 중요한 키워드들로 나타났다.[20]

---

19) Dieter Hildebrandt, "Japan: Die Neunte", *Spiegel*, 1984. 1. 23.
20) 한 해를 보내고 새해를 맞이할 때, 매년 신사에 가서 하쓰모데(初もうで, 정월 첫 참배)를 하듯이, 연말에는 9번을 듣거나 연주하는 것을 연례행사로 여기는 학생들이 우세했다(久保田慶一, 「なぜ日本人は年末の『第九』が好きなの

특히 '다이쿠 음향이 퍼져야 확실하게 한 해를 보내는 느낌이다', 그래서 신년을 맞이하는 신선한 느낌을 가질 수 있다는 답이 가장 높은 비중을 차지한 응답 중 하나였다. "다이쿠는 무종교자를 위한 미사"라는 작가 시마다 마사히코(島田雅彦)의 표현이 말해주듯이,[21] 연말에는 한해를 마감하며 무언가 경건한 의식을 필요로 하는데, 다이쿠는 이를 위한 훌륭한 대체물이 될 수 있었다. 즉 기독교인 비율이 매우 낮은 일본인에게, 다이쿠는 연말의 경건하고 종교적인 분위기를 대신하면서도 모던한 느낌을 대변해주었다고 할 수 있다. 특히 '1만 인 다이쿠'와 같이 수천 명의 대규모 인원이 합창할 때 형성되는 웅장한 사운드 속에서 숭고함마저 느끼게 하는 다이쿠의 '유사 종교적' 분위기는, 다이쿠가 연말 행사로 정착되는 데에 기여했다고 할 수 있을 것이다. 새해를 맞이할 때 하쓰모데와 같은 연초의 예식을 필요로 하는 일본인의 종교적인 욕구에서 볼 수 있듯이, 한해를 마감하는 연말 예식으로서 다이쿠가 정착되어온 것은 우연이 아니었으리라 짐작된다.

'산토리 1만 다이쿠'와 관련하여 다이쿠 합창단 경험자들의 언설을 종합해보면, 이들이 감동하는 것은 함께하는 '연대감, 일체감 그리고 연주 후의 성취감'에 있었다. 오사카의 '산토리 1만 다이쿠'를 제17회(1999년)부터 맡게 된 지휘자 사도 유타카(佐渡裕)도 다이쿠가 "인간의 기분을 하나로 만든다 … 그것은 한 사람으로 만들 수 없는 매우 중요한 경험 … 즉 음악체험이다"[22]라며 '산토리 1만 다이쿠' 콘서트를 통한 일체감

か: 大学生への意識調査から」, 3~4쪽).
21) 矢羽々 崇, 「忘却の歴史? シラーの「歓喜に寄せて」をめぐって」, 125쪽.

을 강조한다. 이처럼 일체감과 성취감과 같이 다이쿠에 참여한 개개인의 보람이나 감동이 없었다면, 시대가 변한 오늘날까지 다이쿠 현상이 지속되기는 힘들었을 것이다. 특히 사이비 종교 행사를 연상하게 하는 대형화된 '산토리 1만 다이쿠'가 1980년대에 시작, 정착하여 지금까지 이어져온 것에 대해서는, 그 배경을 좀 더 자세하게 살펴보고자 한다.

2.3. '참여형 다이쿠'로 대중화되는 연말 다이쿠

1940년대 말부터 점차 연말 행사로 정착하게 된 다이쿠 연주는 1980년대를 정점으로 질적, 양적인 변화를 겪게 된다. 1970년에 48회였던 연주 횟수는 1988년에는 4배 이상인 158회로 급증했다.[23] 이러한 양적인 변화에는 대도시 중심의 연주문화가 중소도시에까지 확대된 것이 중요한 배경이 되었다. 1980년대의 '다이쿠 대중화'가 어느 정도까지 진행되었는지는 월간 『플레이보이』 1980년 12월호의 연말특집, "베토벤 다이쿠 대연구"에서 잘 드러난다. 여기서는 '클래식 팬들에게만 다이쿠를 맡기면 안 된다'는 말로 다이쿠 연주에의 참가를 권하고 있다.[24] 다시 말하면, 이전의 다이쿠가 소수 클래식 애호가의 영역에 국한되어 소비되었던 것과 달리, 80년대에는 일반인에게까지 널리 퍼지게 되었음을 보여주는 것이다.

원래 전문가 그룹에서 시작된 연말 다이쿠 연주회가 이처럼 대중적

22) 矢羽々 崇, 「忘却の歴史? シラーの「歡喜に寄せて」をめぐって」, 126쪽.
23) 鈴木淑弘, 『第九と日本人』, 217~220쪽.
24) 鈴木淑弘, 『第九と日本人』, 223쪽.

이고 양적인 변화를 겪게 된 배경은 세 가지로 정리할 수 있다. 첫째, 1970년대 경제 성장으로 지역경제의 발전과 함께 시민회관이나 문화홀 등의 시설이 대도시뿐 아니라 중소도시에까지 확대되어 건설되고 개관되었다. 이는 시민들이 문화 활동을 펼칠 수 있는 공간이 확보되었음을 의미한다. 둘째, 문화시설의 증설과 함께 고도성장을 배경으로 새로운 오케스트라가 많이 결성됨으로써 문화공간을 채울 소프트웨어가 준비되었다. 셋째로는, '우타고에 운동(うたごえ運動)' 등 노동자 음악 운동의 경험으로 축적된 자주적 문화 활동을 향한 시민들의 욕구가 있었다는 점을 들 수 있을 것이다.[25]

이것이 의미하는 바는 문화 활동의 적극적 주체로서의 시민들, 하드웨어, 소프트웨어라는 삼박자가 잘 맞아떨어졌다는 것이다. 즉 1970년대에 공연시설과 연주단체 오케스트라가 확보되었고, 이를 적극적으로 향유하고자 하는 청중시민들의 존재는 80년대에 이루어진 다이구 현상의 저변 확대를 가능하게 했다. 대도시에서 중소도시로 퍼져가는 양적인 변화는 두 가지 차원에서 진행되었다. 하나는 연주 횟수의 폭발적인 증가이다. 이미 언급했듯이, 일본 전국에서 12월 한 달 간 연주된 다이쿠 연주 횟수는 1981년 80회 이상이었던 것이 82년에는 100회를 넘게 되고, 1988년에는 약 160회에 이르렀으며 1990년에는 적어도 170회가 되었다.[26] 가장 정력적으로 연주한 단체는 오사카 필하모닉 오케스트라로

---

25) 渡辺裕, 『歌う国民 唱歌,校歌,うたごえ』, 中公新書, 2010 참고.

26) 1990년 뉴욕 타임즈 기사는 12월 동안 NHK오케스트라는 5회, 도쿄 심포니 오케스트라는 13회, 일본 필하모니 심포니 오케스트라는 11회의 연주 횟수를 기록했다고 한다(Steven R. Weisman, "Japan Sings Along With Beethoven").

서, 1987년 12월에 자체 누적 연주 횟수가 400회를 넘겨 세계 최다 연주 신기록을 남겼다.[27] 일본인은 이러한 양적 기록을 자랑스러워하지만, 마치 누가 더 많이, 누가 더 빨리 기록을 세우느냐에 촉각을 세우는 스포츠 경기를 하는 듯한 느낌을 지울 수 없다.

다른 하나는 단일 연주회의 대형화이다. 5천 명, 1만 명의 대규모 합창단이 참여하는 다이쿠 연주회의 대형화의 대표적 사례는 오사카 성 홀에서 1983년에 시작한 '산토리 1만 다이쿠'이다. 일회성으로 시작한 이 벤트가 2017년 35회에 이르기까지 지속되어 온 것에는 직접 합창단원으로 참여하고자 하는 시민들의 욕구와 빅 비즈니스의 결합이 중요하게 작용했다.

다이쿠를 연주하는 유명 전문성악가들은 연간 수입의 반을 12월 한 달 간 다이쿠 연주로 벌어들인다고 한다.[28] 이는 "일시 귀국형 솔리스트"의 탄생을 가능하게 했다.[29] 뿐만 아니라, 전국적으로 크고 작은 아마추어 합창단의 수요가 증가함에 따른 다이쿠 연주의 횟수 증가는 전문오케스트라에게도 확실한 수입을 보장하는 것이었다.[30]

오사카의 '산토리 1만 다이쿠' 홈페이지를 보면, 1만 인 다이쿠의 아마추어 합창단원이 되기 위해서는 합창단 공모에 신청한 후, 추첨에 당선되면 참가비를 지불하고 정해진 횟수의 레슨을 받은 다음 최종 리허

---

27) 鈴木淑弘, 『第九と日本人』, 192쪽. 지휘자 아사히나 다카하시는 1984년에 이미 200회를 넘는 연주기록을 남겼다(Dieter Hildebrandt, "Japan: Die Neunte").
28) Steven R. Weisman, "Japan Sings Along With Beethoven."
29) 鈴木淑弘, 『第九と日本人』, 209~210쪽.
30) 합창은 아마추어가 담당했지만, 오케스트라와 솔로는 유명한 전문가들에 의존했다.

설에 참여해야한다.[31] 이 모든 과정을 해내면 마침내 무대에 서게 되는데, 이는 1만 명의 합창단 공모에서 당일 무대연주에 이르기까지 거대한 비즈니스 조직이 뒷받침되어야 가능한 일이다. 앞에서 언급한 이와키 히로유키도 비판했듯이, 연말의 다이쿠 열광은 음악계에서 말하는 클래식음악으로서 의미를 갖기보다 대중 문화적 비즈니스에 가깝다 할 수 있다. 즉 1만 인의 다이쿠는 연주회로만 끝나는 것이 아니라, 흥행을 위해 다양한 방법을 이용하고 있다. 예를 들면 매스미디어 방송으로 시청자들의 참여욕구를 자극하거나, 합창 리허설에 참여하는 사람들에게만 연주 라이브 장면을 담은 DVD 등의 소프트웨어를 현장에서 주문, 구입할 수 있게 하여 참여욕구를 확산시키는 데 기여한다.[32] 더욱이 '1만 인의 다이쿠' 콘서트는 2부로 구성되어 있는데, 후반부의 본격적인 9번 교향곡 연주 전 1부에서 유명 연예인을 게스트로 출연시켜 흥행 가능성을 더욱 높인다. 일본에서 인기 있었던 가수 겸 배우 윤손하는 2004년과 2005년에 '1만 인의 다이쿠' 1부 게스트로 출연하기도 했다.[33]

이처럼 수백 회에 달하는 연주 횟수와 대형화라는 양적 변화는 다

---

31) 레슨의 경우 유경험자는 6회, 무경험자는 12회를 수강해야 하고, 레슨실은 일본의 전국 각 지역에서 운영되고 있다.

32) 아마추어 합창단에게 필요한 가타카나로 표기된 악보를 비롯하여 베토벤과 9번 교향곡에 대한 도서도 대량으로 판매되니 출판사도 이득을 챙길 수 있는 비즈니스이다. 2017년 音樂之友에서 판매된 합창악보의 가격은 802엔이다. http://www.city.funabashi.lg.jp/kurashi/gakushu/004/sennindaiku_d/fil/you kou.pdf(2017. 12. 9.).

33) 방송 프로그램의 타이틀은 2004년에는 "1万人の第九 sona第九を歌う!"(MBS), 2005년에는 "1万人の第九~ユンソナ熱唱!! ドイツで見つけた第九誕生の秘密"이 었다.

이쿠 연주문화의 질적인 변화와도 밀접한 연관이 있다. 1970년 이전만 해도 전문합창단 또는 훈련된 합창단이 주로 4악장의 합창을 담당했다. 대다수 일반 참여자들은 다이쿠를 청중으로서 향유했었지만 점차 아마추어 합창단이 주류가 되는 양상을 띠면서, 80년대에는 '듣는 다이쿠'가 아닌, 직접 연주자들과 함께 무대에 서서 '부르는 다이쿠'로 질적 변화를 겪게 된 것이다.[34]

이러한 대형 다이쿠의 성공적 정착에는 산토리(サントリー)사나 이와이코스모 증권(岩井コスモ証券)과 같은 기업의 후원이 절대적이었지만, 오사카부, 오사카시와 같은 지방정부와 시의 차원에서도 적극적인 지원이 이루어지고 있다. 지역시민들의 공동체 경험은 정치를 하는 관료의 입장에서는 매우 긍정적인 요소로 여겨질 수 있을 것이다.

시장을 비롯한 관료가 지역시민들을 위해 다이쿠 연주를 지원한 한 예로서 지바현의 후나바시시(船橋市)를 들 수 있다. 지바현 북서부에 위치한 지바현 제2의 인구도시(현재 인구 약 63만 명, 1983년 인구는 약 50만 명)인 후나바시시의 경우는, 1983년 1월 시민들과 시청 노동조합의 요구에 따른 시장이 허가로 다이쿠 연주회가 결정된 케이스이다. 시장을 중심으로 하는 '후나바시 다이쿠 연주실행위원회'가 결성되어 연주회 개최를 위한 모든 업무를 담당하였다. 기악연주는 일본필하모닉오케스트라로 결정하고, 솔리스트도 일본필에서 다이쿠를 연주했던 멤버들을 그대로 기용하였다. 200여 명에 이르는 합창단을 모집하였는데 약 50%가 가

---

34) 다이토구의 '시타마치에서 다이쿠'가 변화의 중요한 상징이 되었다(鈴木淑弘, 『第九と日本人』, 226~227쪽).

정주부였고 장애인도 1명 포함되었다. 연령별로는 30~40대가 46%로 가장 참여도가 높았고, 10~20대가 40%, 50~70대가 14%였다.[35] 합창단을 따로 연습시키는 지휘자와 피아노 반주자도 결정되어 5개월 간 훈련에 들어갔다. 처음에는 합창단원들 중 악보 없이 노래할 수 있었던 사람이 단 1명에 불과했지만, 연주회 당일에는 합창단 전원의 암보가 가능했다.[36]

연주회에 참여한 사람들은 결혼 40주년을 기념하기 위해 부인과 함께 합창단에 참가한 70대 부부에서부터 "많은 사람과 목소리를 합하여 노래하는 것이 이렇게 즐거운 줄 몰랐다"는 30~40대 젊은 참가자에 이르기까지 다양했으며, "노래하는 전원과 마음이 통하여 내 마음도 용해되는 것 같았다"며 감동을 전하였다.[37]

합창단원 각 개인은 평화로운 가정과 평화로운 세계를 위해, 혹은 개인적인 감동을 위해 노래한다 하더라도, 이것이 베티적인 공동체가 될 때 다양한 측면이 왜곡되거나 원래의 순수한 의도와 다른 방향으로 쉽게 굴절될 수 있음도 부인할 수 없다. 실제로 9번 교향곡은 정치적 왜

---

35) 鈴木淑弘, 『第九と日本人』, 233쪽.
36) "노래하는 것에 특별히 흥미도 없고, 합창 경험 등도 없었지만 다이쿠만은 어쩐지 노래하고 싶다고 생각했다. 시의 광고에서 합창단 모집을 보는 순간 응모했다. 결단식은 9월 9일. 그 후 매주 수요일, 애를 데리고 밤 연습에 가는 날들이 시작되었다. 집에서는 피아노를 치고 독어 테이프를 들으며 악전고투. 그러는 동안 가사와 함께 다이쿠 운율을 노래하게 되고 레코드의 노래와 비슷하게 되면 노래하는 것이 즐거워 어쩔 줄 모르게 되었다. 본 연주회 전날은 긴장하여 안절부절 … 기다리고 기다렸던 당일. 무대에서의 합창단의 출연은 시간으로 하면 18분정도. 그 시간은 아 하는 순간 지나갔다"(鈴木淑弘, 『第九と日本人』, 236쪽).
37) 鈴木淑弘, 『第九と日本人』, 230~235쪽.

곡과 굴절의 역사에 노출된 경우가 많으므로 특히 주의가 필요한 음악
이라 할 수 있다.

3. 비판적 관점에서 본 베토벤 9번과 다이쿠

3.1. 〈환희의 송가〉의 "모든 사람은 형제"라는 메시지와 정치적 연루

이러한 '부르는 다이쿠'의 감동의 핵심은 4악장 〈환희의 송가(An die Freude)〉이다. 합창과 솔리스트가 부르는 〈환희의 송가〉는 '베토벤 신화'를 만드는 데 절대적으로 기여한 작품이다.[38] 가사는 쉴러의 〈환희의 송가〉에서 온 것인데, 핵심사상은 "모든 사람은 형제(Alle Menschen werden Brüder)"[39]라는 표현에 들어있다.

이는 애매한 표현이지만 휴머니즘적이고 유토피아적인 것으로 여

---

38) 9번은 베토벤의 마지막 교향곡으로서 기악으로만 이루어지는 교향곡의 속
   성에 반하여 합창을 넣은 독창적이고 실험적인 곡으로서, 베토벤의 유언과도
   같은 작품이다. 하지만 이 작품의 생명력은 음악적, 미학적 관점만으로는 이
   해하기 힘든 것이 사실이다. 음악학자 에게브레히트(Hans E. Eggebrecht)는
   베토벤 음악의 수용에서 항상 입에 오르내리는 스토리는 "고통-의지-극복"
   이며, 이것이 베토벤 음악이 대중적으로 수용될 수 있는 근본적 열쇠라 피
   력한다(Hans Heinrich Eggebrecht, *Musik im Abendland*, München, 1990,
   pp.571~575).
39) 베토벤의 텍스트는 쉴러의 1785년 버전이 아니라 사망 후 출판된 1807년 사후
   버전을 따르고 있다. 이전 버전에서는 "거지가 제후의 형제가 된다(Bettler
   werden Fürstenbrüder)"였다.

겨져, 9번 교향곡이 국가적 행사에서 자주 사용되는 배경이 되었다. 한편으로 〈환희의 송가〉 멜로디는 1985년 공식적으로 유럽연합의 찬가가 되었고, 1990년 초에 독일 통일을 축하하는 기념연주회에서도 베토벤 9번 교향곡이 연주되었지만,[40] 다른 한편에서는 9번 교향곡에 대한 비판도 적지 않았다.[41] 이유는 〈환희의 송가〉로 점화되는 일체감을 향한 열광이, 나치시기 아리아인의 배타적 민족공동체의 일체감을 떠오르게 하기 때문이다. 실제로 9번 교향곡은 히틀러의 생일에도 연주되었고, 1941~42년에 가장 많이 연주된 심포니로서 나치독일의 음악적 상징으로 선전되었다.[42] 나치들은 한편으로는 열광적으로 "모든 사람은 형제"라 외치면서 독일민족공동체가 도래한 듯 연출했지만, 다른 한편에서는 유대인, 집시, 장애인과 동성애자 등을 학살했다. 모든 사람이란 아리아인만을 의미하는 배타적인 일체감을 지지하는 데에, 9번 교향곡은 중요

---

40) '환희(Freude)'가 '자유(Freiheit)'로 바뀌어 불려졌다. 矢羽々 崇, 「忘却の歴史? シラーの「歓喜に寄せて」をめぐって」, 126쪽.

41) "모든 사람은 형제"라는 표현에 대해 페미니스트 쪽에서는 남성중심주의를 비판하며 여성이 제외되었음을 지적하고, '모든 사람은 자매(Alle Menschen werden Schwester)'로 바꾸어야 한다고 주장하기도 한다. 또한 모든 '형제'를 '사람(Alle Brüder werden Menschen)'으로 바꾸는 등 다양한 패러디가 있다. 뿐만 아니라, 베토벤 9번이 정치적으로 연루되었음을 망각하지 말자는 시도로서, 1992년 바셀로나 올림픽 개막식에서는 9번 4악장 중 일부분만 연주되었다. 그 이유는 1936년 독일 올림픽에 저항하기 위해 바르셀로나에서 '민중의 올림픽'이 개최될 예정이었고 이때 9번을 연주할 계획이었으나, 나치 독일의 지원을 받았던 프랑코 군대에 의해 실패로 돌아가고 말았던 일을 상기하고자 한 것이다(Esteban Buch, *Beethovens Neunte: eine Biographie*).

42) 아도르노는 "히틀러와 9번 교향곡: 포위하라 수백만인이여(Hitler und die IX. Symphonie: Seid umzingelt, Millionen)"라 말하며 히틀러와 9번 교향곡을 연관지으면서, 9번이 "선동적이고 이데올로기화"되었다고 비판한다(Theodor Adorno, *Gesammelte Werke* 7, Frankfurt/M: Suhrkampf, 2003, p.367).

한 역할을 한 것이다.[43]

독일에서는 이러한 학살의 기억을 잊지 않도록 하는 여러 가지 예술적 시도가 있다. 대표적 예로서 미하엘 길렌(Michael Gielen)이 1970년대 말 프랑크푸르트에서 지휘한 연주회를 들 수 있다. 그는 9번 교향곡 3악장과 4악장 사이에 '파격적'으로 나치의 학살을 다루는 쇤베르크(Arnold Schoenberg)의 〈바르샤바의 생존자(A Survivor from Warsaw)〉를 삽입하여 연주했다.[44] 〈바르샤바의 생존자〉는 바르샤바 게토에서 시체더미에 던져졌지만 죽지 않고 살아남았던 사람의 이야기를 음악으로 작곡한 것이다.[45] 나치들의 공동체적 열광을 연상시키는 〈환희의 송가〉와 나치 희생자를 기억하는 〈바르샤바의 생존자〉의 대조는, '모든 사람은 형제'라는 메시지는 쉽게 왜곡될 수 있으며 오히려 수백만의 살인에 이용되었음을 잊어서는 안 된다는 경고의 의미를 담고 있다. 이런 프로그램의 진행으로 9번 교향곡 연주가 끝나면 〈환희의 송가〉는 오히려 아이러니한 뉘앙스를 가지게 되어, 열광의 환호가 나올 수 없게 만드는 실험이었다.

하지만 9번 교향곡에 얽혀있는 이러한 어두운 역사적 배경은 일본의 다이쿠 합창단이나 일반인에게는 어필되지 않는 듯하다. 1984년 마이니치 신문은 '베토벤 9번 교향곡의 일본화(다이쿠)'를 '내셔널한 사건'으로까지 자랑스럽게 칭송하였다.[46]

---

43) 이경분, 「베토벤 수용을 통해 본 나치의 음악정책」, 『음악이론연구』 6, 서울대학교 서양음악연구소, 2000, 39~64쪽.
44) 이경분, 『나치음악 망명음악』, 책세상, 2004, 193쪽.
45) 이경분, 「아놀드 쇤베르크의 '바르샤바의 생존자(A Survivor from Warsaw)'와 망명음악」, 『낭만음악』 45, 낭만음악사, 1999, 5~38쪽.
46) Dieter Hildebrandt, "Japan: Die Neunte."

앞서 언급한 일본 대학생을 대상으로 한 설문조사(2006)에서도 다이쿠를 떠올릴 때는 '박애'라는 개념이 중요한 이미지였고, 작품으로서의 음악보다 가사에 들어있는 이념적 측면,[47] "국민적 영웅"으로서의 베토벤의 이미지,[48] 거대한 스케일과 숭고미 등 긍정적인 키워드들이 두드러졌다. 또한 '1만 인 다이쿠'의 홈페이지와 관련 사이트를 조사해보아도 〈환희의 송가〉로 연주가 끝나면 연출되는 열광의 도가니만이 강조될 뿐, 여기에는 다이쿠에 대한 비판적인 측면이 들어설 틈이 없다. 오히려 독일어로 연주되는 〈환희의 송가〉가 아마추어에게는 어려운 노래임에도 불구하고 어려운 것을 해냈다는 성취감과 공동체적 일체감에의 도취, 그리고 유사 종교적 체험으로 충만하다.

일본에서 '산토리 1만 다이쿠'를 비롯하여 연말 다이쿠가 전후시기를 지나 2000년대까지 성공적으로 정착할 수 있었던 것은, 9번 교향곡의 역사에 대한 침묵과 비판적 목소리의 차단으로 가능한 것이 아니었을까 한다.

---

47) 久保田慶一, 「なぜ日本人は年末の『第九』が好きなのか: 大学生への意識調査から」, 7쪽.
48) Yano Junichi, "Why is Beethvoen's *Ninth* so well loved in Japan?," p.477.

〈그림 1〉 오사카 성 홀의 '산토리 1만 다이쿠' 연주회 장면

출처: https://www.youtube.com/watch?v=X6s6YKlTpfw (2018.2.28)

3.2. 일본전통음악이 아닌 베토벤음악으로 상상되는 일본공동체

그렇다면 사이비 종교적 분위기를 형성하며 일본인이 하나되는 느낌을 추구하는 것이, 왜 일본전통음악이 아니라 베토벤의 음악인가 하는 물음이 가능하다.

물론 일본전통음악은 일본적 문화로서 내세울 수 있고 지역, 향토공동체의 일체감을 보여주는 데 이용된다. 하지만 지역과 출신 등 사회적 배경을 뛰어넘어 불특정다수가 하나의 공동체라는 느낌을 가지게 하는 데에는 한계가 있다. 현대 일본인에게는 이미 서양음악 사운드가 전통음악보다 더 친숙하며, 전통악기로 드라마틱한 사운드나 웅장함 및 비장감을 표현하기에는 역부족이므로, 열광의 도가니를 연출하기 힘든 점이 있다.

흥미로운 것은 1936년 올림픽경기를 위해 떠나는 일본 선수들에게 승리를 얻기까지 필요한 힘든 과정을 극복할 수 있는 용기를 주는 환송

행사에서, 샤미센이나 고토로 연주한 일본전통음악이 아니라 베토벤 9번을 연주했다는 것이다.[49] 일체감이 강조되는 때는 독재자의 통치기나 전쟁 시기일 것이다. 메이지 시기 러일전쟁 때 전진하는 일본 군인들이 불렀던 것은 샤미센 반주의 〈나니와부시〉와 같은 일본전통음악이 아니었다. 〈군함행진곡〉과 같은 서양식 일본군가, 즉 행진곡을 불렀다.

음악평론가 모리모토 가쿠탄(森本覺丹)은 「신일본문화에 있어서의 음악의 사명(新日本文化への音樂の使命)」에서 다음과 같이 샤미센 음악을 비하하고 있다. "장래의 일본음악은 바로 대동아음악이라는 것을 인식하지 않으면 안 된다. 일본의 대활약에 이어서 일본의 음악도 대(大)비약을 하지 않으면 안 된다. 도쿠가와시대 샤미센에 의한 여러 퇴폐적인 화류계음악보다 베토벤 교향악이 우리에게 필요하다. 〈기미가요〉는 샤미센으로 연주하는 것보다 관현악으로 연주하는 것이 어울린다"라고 강조한다.[50]

베토벤을 전쟁 시기에 어울리는 음악으로 여기는 것은 일본근대음악의 대부 야마다 고사쿠도 마찬가지였다. 그는 「대동아전쟁과 음악가의 각오(大東亜戦争と音楽家の覚悟)」에서 "대동아전쟁을 완수하기 위해 창작활동은 민족음악건설에 일조가 되고 단순히 섬나라 일본의 국민음악이 아니라, 대동아의 찬송가가 되지 않으면 안 된다. 이런 의미에서 기본적으로 장엄미를 작곡해야한다. ⋯ 베토벤 작품이 영원한 생명을 가

---

49) 鈴木淑弘, 『第九と日本人』, 88~94쪽; Eddy Chang, "The daiku phenomenon: social and cultural influences of Beethoven's Ninth Symphony in Japan," *Asia Europe Journal* Vol.5(1), 2007, p.98.

50) 森本覺丹, 「新日本文化への音楽の使命」, 『音樂公論』, 1942. 6., 18~23쪽.

지는 것은 기본적으로 장엄미 정신과 남성적 힘이 작품의 기조에 있기 때문"이라고 설파한다.[51]

모리모토와 야마다 모두 일본인이 전쟁 완수를 위해 따라야 할 모범이 되는 음악가는 베토벤이라는 것이다. 전시체제하에서는 베토벤의 작품은 예술로서가 아니라, 전시교육이나 국민통치의 수단으로서 높이 평가되고 이용되었던 것이다.

일본에서 일본인들이 찾고 모방해야 할 이상적인 '영웅'으로서 베토벤이 수용된 배경에 중요한 역할을 했던[52] 책은 프랑스 작가 로망 롤랑(Romain Rolland)이 쓴 『베토벤 전기(*Vie de Beethoven*』(1903)인데, 이는 중일전쟁기에 번역, 출판[53]되던 것도 우연은 아니었다.

부록 〈표 1〉에서 볼 수 있듯이 전쟁 시기에도 베토벤 9번 교향곡의 연주가 지속되었던 것은, 그 곡이 '일본제국'을 표방하는 선전이미지로서 적당하다 여겨진 것과 연관이 있다. 특히 베토벤이 청각을 상실한 상황에서 작곡하였으므로, '고통을 참고 견뎌서 승리의 환희로'라는 모토를 전쟁이데올로기에 이용하였다.[54]

---

51) 山田耕筰, 「大東亜戦争と音楽家の覚悟」, 『音樂公論』, 1942. 1., 18~19쪽.
52) 모로이 사부로를 비롯한 〈근대초극〉 좌담회 참여자들은 베토벤을 "전인적인 정신성"의 최고봉으로 여긴다(나카무라 미츠오·니시타니 게이치 외, 이경훈 외 옮김, 『태평양전쟁의 사상: 좌담회 〈근대의 초극〉과 〈세계사적 입장과 일본〉으로 본 일본정신의 기원』, 이매진, 2006, 76~77쪽).
53) 이 책은 1938년에 다카야마 도시히코(片山敏彦)의 번역을 통해 이와나미 문고(岩波書店)에서 『ベートーヴェンの生涯(베토벤의 생애)』로 출판되었다.
54) Mattias Hirschfeld, *Beethoven in Japan. Zur Einführung und Verbreitung westlicher Musik in der japanischen Gesellschaft*, Hamburg: Bockel verlag, 2005, p.88.

이처럼 전쟁 당시 전투적이고 근대화된 일본인의 시대적 감각을 대변하였던 베토벤은 일본음악의 대비약을 위한 것으로 높이 평가되는 반면, 일본전통음악은 퇴폐적이며 낡은 것으로 여겨졌다. "모든 사람은 형제"라는 메시지는 전쟁과 반대되는 평화적인 것이었지만, 나치 독일에서처럼 일본에서도 전쟁 시기 공동체의식을 뒷받침하는 것으로 이용되었다.

전쟁 공동체를 위해서 베토벤이 필요했듯이, 패전 후 폐허를 딛고 다시 경제부흥의 길로 일어서는 전후 시기에도 드라마틱한 일본인의 시대적 감각은 '고통에서 환희로'를 노래하는 베토벤의 다이쿠와 훌륭하게 맞아떨어졌던 것이다. 하지만 패전 직후와 같은 역전 드라마가 필요 없었던 호경기인 80년대에 다이쿠 현상이 확대재생산되고 연말의 풍물로 정착한 것은, 중소도시에 이르기까지 문화시설의 혜택을 받은 시민들이 물질적 세계 속에서 정신적 감동을 추구하면서 다이쿠가 연말의 유사 종교적 분위기를 대변하는 데에 성공하였기 때문이라 할 수 있다. 이후 90년대 일본경제의 불경기에도 정신적 감동을 추구하는 개인의 욕구는 오히려 더 커졌으면 커졌지 줄어들지는 않았으므로, 다이쿠 현상은 쇠퇴하지 않았다.[55]

그렇다면 패전 직후에 못지않은 큰 충격과 고통을 경험한 2011년 3월 11일 동일본대진재 이후 다이쿠와 베토벤의 이미지는 어떤 모습을 띠는지, 그러한 양상은 고통 속에서 이전의 영광을 되찾기 위해 베토벤

---

55) Philip Brasor, "Japan makes Beethoven's Ninth No. 1 for the holidays."

을 '희망의 심벌'로 절실하게 이용했던 패전 직후 시기와 비교될 수 있는
지를 살펴보자.

3.3. 2011년 대진재 이후의 다이쿠와 '일본적 베토벤'

2011년의 동일본대진재 이후에도 '다이쿠' 연주는 희생당한 이들에
대한 위로와 연대의 메시지를 발신하며 매년 이어지고 있다.[56] 특히 매
스컴의 주목을 받는 '산토리 1만 다이쿠' 본부는 동일본대진재가 있었던
2011년 12월 "음악의 힘으로 도호쿠에 원기를 주자"라는 취지하에, '도호
쿠와 함께하는 산토리 1만 다이쿠(1万人の第九 with TOHOKU)'라는 타이
틀로 대진재와 원전재앙의 고통 속에 있는 후쿠시마 시민들에게 위로를
전달하고자 하였다. 이러한 배려는 2014년까지 반복되었으며, 두 가지
차원에서 시도되었다.

우선 도호쿠 사람들에게는 특별히 200~300명의 합창단원을 배당·
선발하는 특별대우를 하여, 오사카의 '산토리 1만 다이쿠'에 참여할 수
있도록 했다. 이들의 훈련을 위해 합창지도자가 도호쿠 지역으로 파견

---

56) 도호쿠 지역에서는 2013년 센다이 필하모니 관현악단이 1회, 야마카타(山形)
교향악단이 2회를, 2014년에는 각각 1회, 2015년에도 각각 1회, 2016년에는
센다이 필하모니 관현악단이 2회, 야마카타교향악단이 1회 연주하였다(「全国
〈第九〉あんない」, 『音楽の友』 71, 2013. 12., 83~85쪽;「2014 年末国内オーケ
ストラ《第九》公演情報(特集 2014年末《第九》13のトリビア)」, 『音楽の友』
72, 2014.12, 98~100쪽;「「第九」公演日程(どこよりも早い今年の「第九」公演情
報&周辺)」, 『音楽現代』 45, 2015.11, 77~80쪽;「国内オーケストラ《第九》公演
情報2016(特集《第九》の記憶：指揮者, 楽団員が語る名曲の深奥」, 『音楽の友』
74, 2016.12, 102~105쪽).

되었고, 지휘자 사도 유타카가 직접 방문 레슨을 하기도 했다.[57]

다른 한편으로는 오사카 성 연주홀과 도호쿠의 연주홀을 방송으로 연계하여 다이쿠 연주회를 동시에 진행, 중계되도록 했다. 즉 제1부에서는 오사카와 도호쿠가 각각 나름대로의 프로그램으로 구성되었지만, 제2부에서는 사도 유타카가 오사카 성 홀에서 지휘하는 9번 연주 화면을 보면서, (오케스트라가 없는) 도호쿠 연주홀의 합창지휘자가 도호쿠 합창단을 지휘하는 형태로 진행되었다. 이 연주회의 중계(2011)는 마이니치 방송사와의 합작으로 유럽에도 소개되어,[58] 도호쿠의 희생자들에게 위로와 용기를 주고자 했다.

다이쿠 뿐 아니라 '베토벤 이미지'를 통해 동일본대진재의 충격에서 이재민 만이 아닌 일본인 모두를 위로하고자 시도한 것은 NHK 방송이었다. 동일본대진재 2주기가 되던 해인 2013년 3월 31일, 21시부터 49분간 NHK스페셜 〈혼의 선율: 소리를 잃어버린 작곡가(魂の旋律: 音を失った作曲家)〉가 전파를 탔다. 이 다큐의 주인공은 히로시마 출신 작곡가 사무라고우치 마모루(佐村河内守)였다. 그는 베토벤처럼 청각장애에도 불구하고 〈바이오 하자드(Resident Evil)〉라는 비디오 게임의 음악을 작곡한 것으로 유명했고, 교향곡 제1번 〈히로시마〉를 작곡하여 '일본적 베토벤'으로 관심을 끌게 되었다.

---

57) 모집에서 12월 공연까지의 자세한 과정에 대해서는 다음 사이트를 참조. http://www.mbs.jp/daiku/process(2017. 12.).

58) 프리데만 호텐바허(Friedemann Hottenbacher) 감독이 2011년, Euroarts Music International, 일본 MBS와 공동으로 만든 다큐를 말한다. https://www.youtube.com/watch?v=8wzXZRd087I(2017. 12.).

여기서 중요한 것은 '고통에서 극복을 통해 환희로'라는 드라마적 메시지를 강렬하게 발신하는 베토벤 이미지가 일본인에게 얼마나 큰 파급력을 가질 수 있는가 하는 사실이다. NHK 방송은 사무라고우치를 디지털 시대의 '일본적 베토벤'으로 이미지화하여 영상을 만들었고, 이 방송이 나간 후 그는 갑자기 유명해졌다. 방영된 지 1주일 정도가 지난 4월 8일에는 그의 대표작인 교향곡 1번 〈히로시마〉의 CD 판매 순위가 오리콘 주간 (292위에서) 2위로 껑충 뛸 정도였다.[59]

〈그림 2〉 2013년 3월 31일에 방영된
NHK 스페셜의 사무라고우치 마모루(가운데)

출처: 〈NHKスペシャル〜音を失った作曲家〜佐村河内守〉
http://www.dailymotion.com/video/x1c1z3y(2017.12)

특히 이 다큐에서 흥미를 끈 것은 사무라고우치가 NHK 스페셜의 기획으로 작곡한 〈피아노를 위한 레퀴엠(ピアノのためのレクイエム)〉에 담긴 사연이었다. 이 곡은 쓰나미로 부모를 잃은 이시노마키(石巻)시의 열 살짜리 아이를 위로하기 위한 것이었는데, 사무라고우치는 그 작

---

59) http://biz-m.oricon.co.jp/news/data/1044.shtml(2017. 12. 9.).

곡 경위를 신비한 것으로 묘사한다. 여자아이의 엄마가 쓰나미에 휩쓸려 사라진 해변에서 그가 밤을 지새우는데, 그때 "음이 빗발치듯 내려와서" 그 멜로디를 가지고 작곡했다는 것이다.[60] 작곡 과정에서 고뇌하는 사무라고우치가 도호쿠의 피해자들과 교류하는 모습 등이 감동적으로 소개되어 이 방송은 큰 반향을 일으켰다.[61]

하지만 2014년 2월 니가키 다카시(新垣隆)가, 자신이 10여 년 간 사무라고우치를 위해 대신 작곡한 대필자임을 공개적으로 고백하면서, 사무라고우치의 청각상실에 대해서도 이의를 제기하는 기자 회견을 열었다. 이 사무라고우치 사기 사건은 BBC, 뉴욕 타임즈, 슈피겔지 등을 통해 전세계적으로 크게 보도되어 주목을 받았다.

사무라고우치 사건이 보도된 2014년 2월 이후 오사카의 '산토리 1만 다이쿠'에 도호쿠 지역합창단원 참여를 신청한 인원이, 2013년의 반으로 줄어든 150명 정도에 그치는 사태가 벌어졌다. 그 다음 해인 2015년부터 도호쿠 지역민들에 대한 특별 배려는 사라졌고, 도호쿠 사람들도 다른 지역사람들과 똑같은 경쟁을 통해 합창단에 참가하도록 했다.

대필자 니가키의 고백 없이는 누구도 사무라고우치의 속임수를 알수 없었겠지만, 그를 '일본적 베토벤'으로 이미지화하여 유명하게 만든 NHK 방송의 책임도 크다고 할 수 있다. 이러한 이미지화가 통할 수 있었던 것은 2011년 동일본대진재로 인한 일본 사회의 절망과 관련이 있어 보인다. 절망스러운 시기 다른 음악가도 아닌 바로 '베토벤'의 이미지를

---

60) 〈NHKスペシャル~音を失った作曲家~佐村河内守〉.
61) http://www.dailymotion.com/video/x1c1z3y(2017. 12.).

이용한 것이 큰 반향을 일으킨 것은, 고통을 참고 함께 극복하면 다시 이전의 영광을 되찾을 수 있다는, '고통에서 환희로'라는 희망적 메시지에 대한 일본인의 욕망이 그만큼 강했기 때문이라 할 수 있을 것이다.

4. '고통에서 환희로'의 허상

지금까지 일본에서 베토벤 9번 교향곡이 다이쿠로 변하여 일본적 현상으로 자리 잡게 된 배경을 서술했다. NHK 교향악단의 베토벤 9번 교향곡 특별연주회가 패전 직후인 1947년부터 지금까지 매년 12월에 이어지고 있는 것은, 교향악단 및 음악가들의 경제적인 이득과 아마추어 합창단의 문화적 욕구라는 수요와 공급이 맞물린 배경이 있었기에 가능한 것이었다. 다시 말해서, 다이쿠를 향한 초기의 열광은 1960년대에 다시 경제성장을 이룩하여 '고통에서 승리로' 가고자 한 일본인들의 시대적 욕망이, '고통에서 환희로'라는 베토벤 9번 교향곡의 이미지에 투영되었다고 할 수 있다.

다른 한편, 1980년대의 대형화된 다이쿠 현상에서는, 유명 솔리스트들이 일시 귀국한 무대에서 전문음악가들과 함께 무대에 서서 노래할 수 있다는 아마추어들의 감동이 다이쿠 열광의 동력이었다고 할 수 있다. 이후 갑작스런 경제위기와 경기침체로 인한 절망스러운 90년대 이후 잃어버린 20년 동안에도 연주회를 준비하는 기간 내내 삶의 활력소가 될 수 있다는 점이 아마추어 합창단원들의 다이쿠 참여에 중요한 동기가 되었다. 80년대에 시작된 대형화의 대표적 예인 '산토리 1만 다이쿠' 연주회가 90년대 경제침체기에 오히려 성공적으로 정착된 것에서 볼 수 있듯이, 90년대 이후 '고통에서 환희로'라는 슬로건은 80년대 못지않게 절실한 것이 되었음을 말해준다. 어려운 〈환희의 송가〉를 독일어로 부를 수 있게 되었을 때의 성취감, 함께 해냈다는 일체감이 주는 감동은 참여자들의 중요한 참여 동기가 되었다. 마치 순복음교회나 통일교의 대대적인 종교행사처럼 '산토리 1만 다이쿠'의 큰 스케일의 연주회 장면 (〈그림 1〉)은, 특정 종교와 무관하면서도 연말의 유사 종교적 분위기를 체험하는 감동을 줄 수 있었다. 이런 이유들이 지금까지 수십 년 동안 베토벤 9번이 일본 특유의 '연말 다이쿠'로 지속되어온 현상을 가능하게 했던 배경이라 할 수 있을 것이다. 뿐만 아니라 2011년 3월 동일본대진재의 충격과 고통도 연말 다이쿠 현상을 약화시키지는 못했다. 오히려 후쿠시마 원자력 발전소의 폭발로 인한 감당하기 힘든 피해 속에서, 패전 직후에 못지않은 역전드라마가 다시 필요한 상황이 되었으므로 다이쿠 현상은 앞으로도 지속될 것이다.

하지만 이러한 '일본화'된 베토벤 9번의 다이쿠 현상에는, 나치 시기 독일인들만의 배타적 공동체를 조장하고, 아리아인에 속하지 않는 타자들을 학살했던 역사에 정치적으로 연루되었던 베토벤 9번에 대한 성찰은 없었다. 일체감을 경험하게 하는 대형 다이쿠 이벤트는 빅 비즈니스화 되었고, 기업이 지원하지만, 지자체와 시 차원의 후원도 합쳐져서 정치적 의도를 전혀 배제할 수는 없다. 다이쿠에 참여하는 각 개인이 평화를 노래하고 성취감, 일체감의 감동을 느끼며 열광하는 행위를 순수하게 여길 수 있겠지만, 경계해야 할 것은 감정적 일체감은 쉽게 조종되고 조작될 수 있다는 사실이다.

사회적으로 일체감이 강조되는 때는 특히 전쟁 시기나 사회적 위기의식이 있을 때이다. '산토리 1만 다이쿠'가 2017년 12월 4일(제35회) "1만 인의 다이쿠. 일본의 마음이 모이는 날(1万人の第九, 2017: 日本中の想いが集う日)"이라는 타이틀로 개최되어 다시 일체감을 강조하는 것은 그만큼 일본사회의 위기감을 간접적으로 암시하는 것이라 할 수 있을 것이다.

이처럼 일본에서는 '일체감'을 키워드로 하는 2017년 연말 연주회가 있었던 반면, 같은 시기 독일에서는 이와 대조적인 실베스터 연주회가 있었다.[62] 미하엘 길렌의 시도처럼 블라디미르 유로브스키(Vladimir Jurowski)가 지휘하는 베를린 방송오케스트라도 2017년 12월 30일과 31일, 베토벤 9번의 3악장과 4악장 사이에 쇤베르크의 〈바르샤바의 생존자〉를 넣어 연주하여 베토벤 9번이 연루되어 있는 유대인 학살의 피비린내 나는 과거에 대한 경각심을 일깨웠다.

결론적으로 말하면, 이런 식의 비판적인 프로그램과 9번 교향곡에 대한 비판적 관점은 일본에서는 호황기인 1980년대에도 환영받지 못한 상황이었으므로, 동일본대진재 이후의 위기적 사회 분위기 속에서는 더더욱 환영받지 못할 것이다. 오히려 2013년 사무라고우치 스캔들에서

---

62) Udo Badelt, "Berliner Silvesterkonzerte Clowns und Händel. Tollkühne Zwölftonmusik, Robin Hood in Sektlaune, Glanz und Glimmer: Wie Berlin mit seinen Silvesterkonzerten ins neue Jahr feierte," *Der Tagesspiegel*, 2018. 1. 1.

보듯이, 허구적 베토벤 이미지의 사용과 다이쿠를 통한 공동체 의식을 부추기는 현상이 지속되리라 예측할 수 있다.

■ 부록

〈표 1〉 신교향악단(일본교향악단)의 베토벤 9번 연주회 개최(1927~1945)

일련번호	날짜	연주회명	지휘자
1	1927. 5. 6.	제8회 정기연주회	요셉 쾨니히
2	1928. 12. 18.*	특별연주회	고노에 히데마로
3	1928. 12. 19.*	제40회 정기연주회	고노에
4	1930. 2. 23.	제64회 정기연주회	고노에
5	1931. 5. 10.	제89회 정기연주회	고노에
6	1933. 6. 27.	특별연주회	고노에
7	1934. 5. 30.	특별연주회	고노에
8	1935. 3. 13.	제152회 정기연주회	고노에
9	1935. 5. 21.	특별연주회	고노에
10	1936. 1. 22.	제163회 정기연주회	기시 고이치
11	1936. 3. 18.	특별연주회	기시
12	1936. 5. 28.	베를린올림픽의 참가 일본선수들의 출전을 위한 특별연주회	기시
13	1937. 5. 5.	제179회 정기연주회	요셉 로젠슈토크
14	1937. 5. 6.	특별연주회	로젠슈토크
15	1938. 6. 15.	정기연주회	로젠슈토크
16	1938. 6. 16.	특별연주회	로젠슈토크
17	1938. 12. 26~27.*	특별연주회	로젠슈토크
18	1940. 6. 5.	제217회 정기연주회	로젠슈토크
19	1940. 6. 6.	특별연주회	로젠슈토크
20	1941. 5. 7~8.	특별연주회	로젠슈토크
21	1942. 12. 26~27.*	특별연주회	야마다 가즈오
22	1943. 6. 18~19.	특별연주회	로젠슈토크
23	1944. 6. 14~16.	특별연주회	오타카 히사타다
24	1945. 6. 13.	제267회 정기연주회	오타카

출처: NHK交響楽団, 『NHK交響楽団40年史』, 229~278쪽의 연주회기록을 정리한 것임.

<표 2> NHK오케스트라의 연말 다이쿠 현상(1946~1966)

일련번호	날짜	연주회명	지휘자
1	1946. 6. 6~7.*	제278회 정기연주회	로젠슈토크
2	1946. 10. 15~16.*	특별연주회	로젠슈토크
3	1947. 12. 9~10.	제292회 정기연주회	레오니드 크로이처
4	1947. 12. 13.	특별연주회	크로이처
5	1948. 12. 10.	특별연주회	오타카
6	1948. 12. 20~21.	특별연주회	오타카
7	1949. 6. 7~8.*	제308회 정기연주회	야마다 가즈오
8	1949. 12. 31.	특별연주회	크로이처
9	1950. 12. 28~29.	특별연주회	야마다 가즈오
10	1951. 8. 6.*	특별연주회	야마다 가즈오
11	1952. 12. 29~30.	특별연주회	뵈스
12	1953. 12. 8~9.	특별연주회	장 마르티농
13	1954. 5. 7~8.*	제357회 정기연주회	헤베르트 폰 카라얀
14	1954. 12. 27~28.	특별연주회	니콜라스 애쉬바흐
15	1955. 12. 27~29.	특별연주회	애쉬바흐
16	1956. 12. 26~27.	특별연주회	로젠슈토크
17	1957. 12. 17~19.	특별연주회	빌헬름 로이브너
18	1957. 12. 27.	특별연주회	로이브너
19	1958. 12. 27.	특별연주회	로이브너
20	1959. 12. 25~27.	특별연주회	빌헬름 쉬히터
21	1960. 12. 25~27.	특별연주회	쉬히터
22	1961. 12. 25~27.	특별연주회	쉬히터
23	1963. 12. 24~26.	특별연주회	로이브너
24	1964. 12. 25~17.	특별연주회	알렉산더 룸프
25	1965. 12. 25~27.	특별연주회	요셉 카일베르트
26	1966. 12. 28~30.	특별연주회	로브로 폰 마타칙

출처: 『NHK交響楽団40年史』, 245~299까지의 연주회를 정리한 것임.

제3부

타자 인식

현대일본생활세계총서 15

흔들리는 공동체 다시 찾는 '일본'

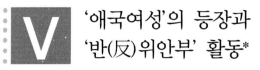

V '애국여성'의 등장과 '반(反)위안부' 활동*

이은경

1. 일본의 보수우경화와 여성

1.1. 일본 여성이라 다행이다?

얼마 전 일본의 인터넷상에서는 이른바 "나, 일본인이라 다행이야 (私、日本人でよかった)" 소동이 있었다. 일본 신사(神社)에서 흔히 볼 수 있었던 "나, 일본인이라 다행이야"라는 문구가 적힌 포스터의 여성이, 실은 일본인이 아니라 중국인이라는 사실이 알려졌던 것이다.[1] 그 하단에는 작은 일장기와 함께 "자긍심을 가슴에 담아 일장기를 휘날리자(誇

---

* 이 글은 「현대 일본의 '애국여성'과 '반위안부' 활동」(『역사비평』 123호, 2018. 5.)을 수정·보완한 것이다.

1) http://www.huffingtonpost.jp/2017/05/10/jinjahoncho_n_16526916.html(20 17. 7. 20.). 이것은 베이징에서 활동하는 사진작가가 2009년에 찍은 'beauty shot of a young woman'이라는 타이틀이 붙은 사진으로, 어찌된 일인지 포스터를 제작한 회사가 이 사진을 구매할 때에는 '일본인'이라는 키워드가 달려있었다고 한다.

りを胸に日の丸を揚げよう)"라는 문구가 덧붙여져 있었다. 이 포스터는 일본 전국의 신사를 포괄하는 신사 본청(本庁)에서 2011년 약 6만 장을 제작하여 신사 경내에 게시하도록 배포했던 것으로, 경축일 등에 일장기 게양을 장려하려는 의도를 담은 것이었다. 문제는, 일장기를 배경으로 하여 누가 보더라도 정말 만족스러운 표정을 짓고 있는 그래서 보는 이로 하여금 '저 여성은 정말 자신이 일본인이라는 사실이 좋은가보다'라는 마음마저 들게 하는 이 여성이, 실제로는 일본인이 아니라 중국인 모델이었다는 것이다.

　오래 전에 찍힌 사진의 정보와 권리가 관련 회사에 위임되어 판매・이용되는 과정에서 정보가 잘못 전달되면서 생긴 일종의 해프닝이었다. 하지만 트위터에서 "#당신의 애국은 중국제(#お前の愛国は中国製)"라는 해쉬태그가 달리는 등 일본인의 애국심마저 비웃음의 대상이 되는 것을 막을 수는 없었고, 하필 많은 외국인이 방문하는 신사에서 굳이 이러한 메시지를 강조하는 것이 오히려 불쾌감을 유발할 수 있다는 우려 섞인 반응도 나타났다. 그럼에도 "특정 인물을 지칭해서 일본인이라고 하는 내용은 아니기에, 문제삼을 정도는 아니다"[2]라는 것이 포스터 제작을 의뢰했던 신사측의 반응이었고, 실제로 이 포스터를 둘러싼 문제는 더 이상 확대되지 않았다.

　그런데 〈BBC NEWS JAPAN〉이 "교토(京都)의 주민들은 이번 달(2017년 5월)에 들어 포스터가 붙은 것을 인지하게 되었다고 한다"라고

---

2) http://www.bbc.com/japanese/features-and-analysis-39893086(2017. 7. 26.).

이 해프닝이 발생한 시간과 장소를 한정하고 있지만, 필자는 기사 내용보다 앞선 2017년 1월에 방문했던 쓰시마(対馬)의 한 신사에서 이 포스터를 보았던 기억이 있다. 광고 전용 게시판이 아니라 도리이(鳥居)를 들어섰을 때 정면으로 보이는 신사 본채의 한쪽 벽에, 그것도 고풍스러운 목재와는 너무도 어울리지 않게 붙어 있어서 눈길이 갔고, "나, 일본인이라 다행이야"라는 문구나 그와 함께 찍힌 여성의 얼굴도 인상 깊었다. 포스터가 일본 국기(日の丸) 게양을 장려하는 의도를 담은 것이라고는 눈치 채지 못했지만, 자신이 일본인이라는 사실을 자랑스러워하는 여성, 즉 강한 애국심을 가진 일본 여성의 이미지를 일본에서 어떻게 표현하는지, 혹은 어떻게 정형화되는지를 엿볼 수 있었기 때문이다.

〈그림 1〉 "나, 일본인이라 다행이야"의 포스터

진하지 않은 화장에 일장기를 연상시기는 발그레한 볼터치와 평화로운 미소, 무엇보다도 '단아하다'라고밖에 표현할 수 없는 분위기. 필자는 당시 일본의 보수우경화에 앞장선 이른바 '애국여성'에 대한 연구에 대한 구상을 시작한 참이라, 막연하게 생각하던 그들의 존재를 구체적으로 시각화해서 표현한 포스터를 그냥 지나칠 수 없었다. 이 여성은 누구이며, 여성으로서 일본을 이토록 좋아하는 구체적인 이유는 무엇일까? 언제부터 여성이 일본에 대한 '애국'을 외치기 시작한 것일까? 이 포스터에 형상화된 여성의 실체, 그들의 생각과 목소리를 담아내고 이를 해석하는 작업을 하는 것이 필자에게 남겨진 과제라고 생각했다. 포스터 속의 여성은 거짓이었을지라도, 최근 애국심을 목소리 높여 외치는 일본 여성들의 증가는 심심치 않게 지적되는 사실인 만큼, 현대 일본 사회를 이해하기 위한 하나의 방법으로서 그들의 실제 모습과 주장에 접근해보고자 싶어진 것이다.

1.2. 애국여성의 존재와 주목하는 이유

일본의 정치와 사회가 과거에 비해 보수화, 나아가 우경화의 경향을 보인다는 것은 일본과 일본 사회에서는 물론이고, 국내 일본 관련 전문가뿐 아니라 일반 대중에게도 보편적인 상식이 된 듯하다. 아베 신조(安倍晋三) 수상이나 일본회의, 그리고 이른바 '재특회(在特会)' 등 일본의 보수우경화와 배외주의를 상징하는 존재들이 미디어에 종종 등장하면서, 이제는 한국의 대중에게도 낯설지 않을 정도가 되었다. 일본에서 관련 연구가 활발히 이루어지는 것은 물론이고 한국에서도 이를 학문적으로 해석하려는 시도들이 이어져, 어느덧 연구성과도 상당히 축적되었고 또 여전히 진행 중이다.[3] 특히 최근에는 우경화의 경향이 특정 소수 집단에 의해서 혹은 간헐적으로 등장하던 과거와 달리 지속화 · 제도화의 단계로 들어섰을 뿐 아니라 "민간 차원에서, 또 젊은 층으로도 확대되고 매스미디어도 가세하는 등 대중화"의 양상을 띠게 되었다는 점, 그런 언행이 한 · 중 등으로 전파되어 내셔널리즘을 강화하고 적대감을 자극하는 등의 악순환이 나타나고 있다는 점이 지적되기도 했다.[4]

그런데 이상과 같은 일본 보수 · 우경화의 경향을 '여성'의 존재에 주목하여 고찰하는 사례를 찾기는 어렵다. 물론 이것이 일본 여성은 정치에 무관심하거나 보수 · 우경화 경향에서 벗어나 있다는 의미는 아닐 것이다. 2000년대 후반부터 20대 일본 여성의 인식이 과거의 전통적인 방식으로 회귀하고 있을 뿐 아니라,[5] 젊은 여성들이 거리와 인터넷상에서 소리 높여 '애국'을 외치는 장면이 자주 포착되면서, 이들을 '애국여자'라고 지칭하게 되었고 '애국여성'이라는 용어도 등장했다.[6] 권위적이고

---

3) 樋口直人, 『日本型排外主義: 日本型排外主義—在特会 · 外国人参政権 · 東アジア地政学』, 名古屋大学出版会, 2014; 中野晃一, 『右傾化する日本政治』, 岩波書店, 2015 등. 국내 연구로는 2014년 '현대 일본의 보수 그리고 우익'이라는 주제로 특집을 편성했던 『일본비평』 10호(서울대학교 일본연구소, 2014. 2.)가 대표적이며, 최근에도 이지원, 「일본의 '우경화'」, 『경제와 사회』 101, 2014년 봄호; 하종문, 「넷우익을 통해 본 일본 우경화의 정치 동학」, 『일본비평』 18, 2018. 2. 등 일본 우경화에 관한 연구가 꾸준히 이어지고 있다.
4) 이지원, 「일본의 '우경화'」, 55~56쪽.
5) 赤坂真理 · 中島岳志 · 北原みのり, 「座談会 生きづらい時代の"愛国"の正体 若い女性が保守化しているって本当ですか?」, 『婦人公論』 98(13), 2013. 5. 22., 48쪽.

남성적인 이미지와 곧잘 어울리는, 그래서 최소한 전후 일본에서는 여성과 좀처럼 연결되는 일이 없었던 '애국'이라는 용어가 바야흐로 현대 일본 여성을 수식하는 용어로 등장한 것이다.[7]

전후 일본 여성들이 목소리를 높여 주도적인 역할을 했던 활동이라면 '생활'의 문제를 제기했거나(1960년대), 종래의 성역할(gender role)에 이의를 제기했던(1970년대), 나아가 일본군 위안부를 비롯한 여성을 향한 폭력을 쟁점화했던(1990년대 이후) 것과 같이, 기본적으로 '진보적인' 성향의 운동이 먼저 떠오른다.[8] 당시 여성들은 "기업이나 조직으로 연결되는 남자들과는 다른 '생활자'로서, 권력을 갖지 않은 작은 힘으로서, '직접 손으로 만든 느낌(手作り感)'이 강한 시민운동으로서" 진지하게 목소리를 내거나, "특정 이상한 사고의 소유자가 아닌 생활자로서, 보통의 감각의 소유자로서" 어필하려 했다.[9] 그러한 진보적 운동에 참여했던

---

6) 일본에서 '여자'는 대개 20대까지의 청년층을 지칭하는 것으로, '애국여자' 역시 '젊은' 여성들의 우경화 경향을 특히 강조하기 위해 사용된다. 이는 한국에서의 '여자'와 의미가 다를뿐더러, 이 글에서 '연령'은 특별한 고려 대상이 아니기에 포괄적으로 '애국여성'을 사용한다.

7) 과거 일본에는 국가와 정부를 위한 봉사, 혹은 전쟁 수행의 후방 지원 등에 동원하기 위해 조직·운영되었던 '애국부인회', '국방부인회', '대일본부인회' 등 다수의 어용 여성단체가 존재했지만, 이는 침략전쟁이 한창이던 근대에서의 일로 패전 후에는 이처럼 전면적으로 애국을 표방하는 어용 여성단체는 찾아보기 힘들었다.

8) 전후 일본 여성들이 전개한 운동의 흐름과 주된 이슈에 대해서는 다음을 참조. Ki-young Shin, "The Womens's Movements in Japan," Alisa Gaunder ed., *Routledge Handbook of Japanese Politics*, Routledge, 2011.

9) 北原みのり・朴順梨, 『奥さまは愛国』, 河出書房, 2014, 59~60쪽. 이 글에 저자 혹은 활동가로서 등장하는 대부분의 인물이 '애국여성'의 범주에 속해 있다면, 기타하라는 그러한 애국여성을 타자의 시선, 심지어 비판적인 시선에서 인터뷰한 진보적인 저널리스트로서 그들과 전혀 다른 입장에 서 있다.

일원으로서 현재의 '애국여성'을 취재하고 있는 한 작가는, 근래 새로이 등장한 '애국여성'들의 모습에 "기묘한 친밀감과 당혹감"을 동시에 느끼면서, 과거 자신이 참여했던 '운동'과 "분위기가 아주 닮았다. 아니, 같다"라고 고백한다.[10] 이러한 기시감(旣視感)이 의미하는 바는 무엇일까?

'애국여성'이라는 존재를 명확히 규정하거나 범주화하기는 쉽지 않다. 후술하겠지만 '애국'과 '여성'을 정체성으로 삼은 소수의 단체를 제외하면, 대부분은 개인적으로 온라인의 넷우익이나 오프라인상의 우익 세력에 포섭된 형태로 분포하는데, 이들 모두가 스스로 애국 활동과 자신이 '여성'이라는 사실을 연관시키고 있다고 단언할 수 없을 뿐 아니라,[11] 활동의 스펙트럼도 상당히 넓게 퍼져 있기 때문이다. 즉 서로의 생각을 상호 확인하고 교환하는 소소한 교류회나 문화 활동, 소박한 규모의 가두선전에 참여하는 사례부터, 우익 단체나 미디어와 적극 연계하여 '여성'이라는 정체성을 내건 애국 단체를 결성하여 행사를 기획하는 사례, 극단적으로는 직접 국회의원으로 입후보하여 정계에서 애국여성으로서의 주장을 펼치는 사례도 존재한다. 일본에 국한되지 않고 유엔을 비롯한 국제사회로까지 시야를 넓혀 활동하고 있기도 하다.

이 글은 일본 사회의 보수·우경화 경향 속에서 '여성'이라는 존재에 학술적으로 접근하는 사실상 첫 시도로, 이들 '애국여성'이라는 존재

---

10) 北原みのり・朴順梨, 『奥さまは愛国』, 59쪽.

11) 자신의 애국 활동과 여성성을 전혀 연관 짓지 않는 경우도 있다면(北原みのり・朴順梨, 『奥さまは愛国』, 200쪽), 활동의 내용에 따라서는 자신이 '여성'이라는 자각에서 출발하거나 혹은 여성이라는 정체성을 십분 활용하는 경우도 있다.

자체와 그들의 '반(反)위안부' 활동12)을 두 개의 축으로 삼아 구성하려 한다. 제2장에서는 '애국여성' 자체에 대해 종합적으로 고찰한다. 애국여성을 표방하는 대표적인 단체 및 주요 활동가, 그들의 주요 활동내용을 살피고, 여타의 보수우익과 비교해서 구분되는—혹은 구분되지 않는—애국여성으로서의 특징을 살피며, 이들이 가진 현대 일본에 대한 문제의식을 파악할 것이다. 제3장에서는 애국여성의 주된 활동으로서 '반위안부' 관련 주장과 활동의 내용을 살피려 한다. 이를 위해서 '일본군 위안부 문제'(이하 '위안부 문제')를 둘러싼 역사적 경위를 간단히 개관하고, 애국여성들이 현재 위안부 문제를 어떤 방식으로 인식하고 있는지 파악하며, 이에 기반하여 국제사회에서 이들이 전개하는 '반위안부 활동'의 구체적인 사례를 소개한다.

이 글에서 특별히 '반위안부 활동'을 비중 있게 다루는 것은, 이것이 '애국여성'에게 가장 뜨겁고 공통된 관심의 대상이자 주된 활동일 뿐 아니라, 이들이 위안부 문제에 자신들도 같은 '여성'이라는 점을 어떻게 반영하는지—혹은 반영하지 않는지—자체가 흥미로운 점이기 때문이다. 대다수 독자들의 기대에 반하는 것이겠지만, 애국여성이 어느 정도의

---

12) '반(反)위안부'란 필자가 이 글의 집필 과정에서 고안한 용어로, 일본군 위안부의 존재 자체를 부정하거나, 위안부의 존재는 인정하더라도 그에 관해 지금껏 인정된 주요한 사실을 부인함으로써 사실상 '일본(인)이 사과해야 할 위안부 문제라는 것은 존재하지 않는다'라고, 위안부 문제의 '문제화' 자체를 반대하는 입장을 표현하기 위한 것이다. 즉 일본 국내외에서 이루어지고 있는 다양한 위안부를 '위한' 활동에 반하여, 이를 부인하고 비판하고 심지어 공격하는 등 위안부를 향한 '적대적인' 태도를 형용하여, '반위안부 활동' 혹은 '반위안부 주장' 등과 같이 사용한다.

세력을 이루고 있는지, 내적으로는 상호 어떠한 관계를 구축하고 있는지, 나아가 보수·우익 세력 안에서 어떠한 위치를 점하고 있는지 등을 밝히는 것은, 필자의 역량을 넘어서는 일이기도 하지만 본래 이 글의 관심에서 벗어난 것이기도 하다. 이에 대해 양해를 구하며, 이 글이 국내 학계에서 현대 일본 사회와 여성을 둘러싼 변화의 양상을 파악하는 데, 그리고 위안부 문제를 둘러싼 갈등의 양상을 이해하는 데 다소나마 쓰임이 있기를 기대한다.

2. 현대 일본의 '애국여성'

2.1. '애국여성'이라는 존재

'애국여성'의 한 명으로 분류되는 여중생을 주인공으로 하는 혐한 만화 『히노마루 가두선전 여자(日之丸女子街宣女子)』(이하 『가두선전』)의 저자 도미타 아키코(富田安紀子)는 자신들의 정체성을 종래의 '보수'와 구분하여 '신보수'라는 용어로 소개하면서, '행동' 여부를 그러한 구분의 기준으로 삼았다. 기존의 전후 보수는 '행동'하지 않고, 누군가가 '히노마루(日の丸, 일장기)'를 들고 거리를 걷기만 해도 비판하지만, 그에 반해 자신들은 "항의하고, 가두선전하고, 데모를 하고, 히노마루를 드는" 행동을 한다는 것이었다. 대부분 '일반인'으로서 주로 '인터넷 정보'에 의존한다는 점도 이들의 특징이라 할 수 있다.[13] 당사자들의 표현을 빌리자면, 이들은 여성 가운데 "인터넷의 보급으로 미디어 리터러시 (literacy)가 몸에 밴 사람", "혹은 독학 등으로 자학사관에서 탈각하여 진정한 역사, 일본의 진실한 모습, 일본인으로서 당연한 자긍심을 회복해 가는 사람"[14]이라고 한다.

애국여성 중에는 개인적인 표현과 참여에 그치지 않고 인터넷을 통해 지지자를 모아 특정 활동에 동원하거나 아예 상설 조직화에 성공한 경우도 있다. '애국여성'의 모임을 표방하는 단체로는 '나데시코 액션(なでしこ・アクション)'(이하 '액션')이 대표적이며, '애국여성 모임 하나도케이(愛国女性のつどい花時計)'(이하 '하나도케이'), '일본 여성의 모임 소요카제(日本女性の会そよ風)'(이하 '소요카제') 등이 있다.

'액션'은 2011년 12월, '수요집회' 1,000회를 기념하여 도쿄에서 개최되었던 특별행사에 대한 '카운터' 집회를 계기로 결성되었다. 이를 주도한 것은 재특회에서 활동하던 야마모토 유미코(山本優美子)로, 그는 위안부 문제에 일본 '여성'이—일반적인 위안부 문제 관련 활동가와 정반대의 의미에서—분노한다는 사실을 드러내기 위해 '여성만의 항의 활동'을 기획했다. 지금까지도 '액션'의 주된 관심과 활동은 '반위안부'로 집중된다. 결성 자체가 수요집회에 대항하기 위해서였던 만큼, 활동의 목적도—그들 자신의 표현을 빌자면—"위안부 문제를 우리 세대에서 끝내려"는[15] 것에 있다.

---

13) 富田安紀子, 『日本が好きでなぜ悪い! 拝啓, 『日之丸街宣女子』から思いを込めて』, 146~147쪽, 175쪽.
14) 아마존재팬에 투고된 佐波優子, 『女子と愛国』에 관한 독자평(투고자: こーち, 2013. 11. 2.).

'하나도케이'의 경우 2010년 4월 '주부 등 20~40대 여성'을 중심으로 설립되어 약 1,000여 명의 회원이 있다고 선전한다(2015년 8월).[16] 이들의 활동 중 두드러져 보이는 것은 '가두연설회'다. 주로 "한국 · 북한의 거짓말에 주의!", "매스컴의 거짓말에 주의!" 등을 주제로 삼아 정기적으로 '여성들만의' 가두연설회를 개최한다.[17] 그 외에도 주로 '일본인의 권리를 확보하고 자긍심을 높이기 위한' 활동을 전개한다.[18] '소요카제'의 경우 2009년 창립되었으며 "일본인의 자학사관 탈각"을 목표로 활동한다.[19]

'애국여성' 중에는 이상의 단체뿐 아니라 몇몇 여성 활동가의 활동도 눈에 띈다. 소수의 대표적인 애국여성들이 적극적으로 주장을 발신하여, 다수의 이름 없는 일반 애국여성의 여론 형성과 활동에 영향을 미치는 것이다.

정치인 가운데는 중의원의원 스기타 미오(杉田水脈, 1967~)의 활동

---

15) http://nadesiko-action.org/(2017. 7. 29.).
16) http://www.hanadokei2010.com/hanadokei.php(2017. 7. 29.).
17) 2016년 11월 18일 필자가 도쿄 아카바네(赤羽)역 니시구치(西口) 앞 가두연설에서 목격한 바로는, 남성 인사가 연사로 다수 참여하여 주도적인 역할을 하는 것으로 보였다. 시위대 한편에는 위안부 문제가 날조된 것이라는 내용을 담은 패널이 전시되었고, 한국이나 미디어에 대한 비판도 위안부 문제와 관련된 경우가 많았다.
18) 예를 들면 매년 1~2회 재일 외국인 행정에 관한 '전국 일제조사 캠페인(全国一斉調査キャンペーン)'을 실시하여 외국인의 아동수당 및 생활보호 '혜택' 축소를 요구하는 등 배외적인 주장을 펼치거나, 음악 · 영화 · 문화행사를 참여 · 개최하는 등의 형태로 일본의 전통과 아이덴티티를 확인하려 한다.
19) http://www.soyokaze2009.com/soyokaze.php(2017. 7. 30.); http://blog.livedoor.jp/soyokaze2009/(2017. 7. 30.).

이 두드러진다. 지방공무원 출신으로, 2012년 일본유신회(日本維新の
会) 소속으로 당선되어 2014년 말까지 의원 생활을 했고,[20] 한 번의 낙선
을 거쳐 2017년 자민당 소속으로 의회에 복귀했다. 정치·사회적인 다양
한 이슈에 대해 발언하고 있기는 하지만, 최근 잇달아 내고 있는 저술 목
록에서 짐작할 수 있듯 주로 역사 문제, 특히 위안부 문제에 관심을 가지
고 활동 중이다.[21] 2017년 국회에 재입성한 것은, 낙선 기간 중에도 멈추
지 않은 활발한 반위안부 활동에 대한 평가로 보아도 좋을 것이다.

스기타의 반위안부 활동에 자주 동행하는 '액션'의 대표 야마모토
유미코도 빼놓을 수 없다. 항공자위관이었던 아버지와 보수잡지『정론(正
論)』의 영향을 받았다. 2005년부터 납치 문제 관련 집회에 참여하기 시
작했고, 한동안 재특회 임원으로 활동하다가 2011년 12월부터 위안부 문
제에 집중하기 시작했다. 그의 활동은 앞서 소개한 '액션'의 활동 그 자체다.

인터넷 '비디오 블로거'이자 아티스트를 자처하는 랜덤 요코(Ran-
dom YOKO, 이하 '요코')[22]도 눈길을 끄는 존재다. 2006년 활동을 시작했

---

20) http://sugitamio.net/profile.html(2017. 7. 30.).
21) 스기타 미오의 주된 저서는 다음과 같다. 『なでしこ復活: 女性政治家ができ
ること』, 青林堂, 2014; 『胸を張って子ども世代に引き継ぎたい: 日本人が誇る
べき〈日本の近現代史〉』(공저), ヒカルランド, 2015; 『「歴史戦」はオンナの闘
い』(공저), PHP研究所, 2016; 『慰安婦像を世界中に建てる日本人たち』, 産経新
聞社, 2017; 『なぜ私は左翼と闘うのか』, 青林堂, 2017; 『韓国人の皆さん「強制
連行された」で本当にいいの?』, 育鵬社, 2017; 『女性だからこそ解決できる慰
安婦問題』(공저), 自由社, 2017.
22) 요코 스스로는 실명 등 신상정보를 공개하지 않았지만, 비디오를 통해 얼굴
을 드러내고 활동하는 만큼 인터넷 검색을 통해 프로필도 쉽게 찾을 수 있
다. 그에 따르면 그는 후쿠오카현(福岡県) 출신 우마다 요코(馬田陽子)로, 대
학 졸업 후 접객업, 영문 사무, 외국계 기업 영업과 매니지먼트, 미용사 등

지만, 그가 일본인으로서 '애국'에 '각성'한 것은 센카쿠(尖閣)열도를 둘러싸고 일본과 중국이 충돌했던 2012년의 일이었다. 특히 그는 해외에서 보는 일본의 이미지가 실제 자신이 알고 있는 것과 다르다고 느껴, "자신이 보는 일본을 세계에 알리고 싶다"는 바람에서 비디오 블로그 발신을 시작했다.[23] 그러나 지금의 주된 관심은 한일 간의 문제인 듯, 일본어와 '영어' 대역(対訳)으로 한일 간 주요 이슈를 담은 노래나 편지, 요약문 등을 만들어 공개하고 있다.[24]

또 다른 애국여성으로 앞서 언급했던 만화가 도미타 아키코가 있다. 그는 "일본이 좋다는 게 뭐가 나빠!(日本が好きでなぜ悪い!)"라고 외치며, 일본의 "출판업계는 곧잘 왼쪽으로 기울고" "중국이나 한국의 험담을 하나라도 그리면 미쳐 날뛴다"고 비판한다. 특히 그는 혐한만화

　다양한 직업 경력을 가지고 있는 30대 초중반의 여성이다. http://new-tape-shinka.com/3786.html(2017. 7. 29.).

23) YOKO, 『超人気ブロガーRandomYOKOの新・愛国論』, 桜の花出版, 2014, 5쪽, 6쪽, 18쪽.

24) 그는 〈한국 병합의 노래(Annexation Song)〉, 〈한국인 위안부의 노래(Comfort Women Song)〉, 〈야스쿠니의 노래(Yasukuni Song)〉 등을 만들어 악보와 함께 업로드하고, 「비방중상을 반복하는 한국인 여러분께(誹謗中傷を繰り返す韓国人の皆さんへ: Dear Korean People)」라는 장문의 편지를 쓰거나, 역사문제에 대한 주장을 번호를 붙여 정리한 「한국인에게 이 점을 주장합시다(韓国にはここを主張しよう: Point to tell Korea)」, 「일본은 이 점을 반론합시다(日本はここを反論しよう: Counterarguments of Japan)」, 「일본인은 이 점을 이해합시다(日本人はここを理解しよう: Points for Japanese to understand)」, 「이상한 일본 매스컴(おかしな日本のマスコミ: Strange media of Japan)」, 「헤이트 스피치의 진실(ヘイトスピーチの真実: Truth about hate speech)」 등의 글을 공개했다. 필자는 이들 노래와 편지 내용 일부를 '사료'로서 소개하고자 내용을 검토하였으나, 내용의 진위나 입장에 대한 찬반을 떠나 핵심을 잘 정리한 내용이라 보기 어려워 제목만 열거하는 것으로 소개를 대신한다.

『가두선전』을 그린 후 작품에 대한 비난과 강의 중단 압력을 받았던 자신의 '경험'에 근거하여, '안티 레이시즘'을 외치는 이들이 도리어 자신의 인권을 유린한다고 분노를 드러냈다.[25] 일찍부터 재특회의 사쿠라이 마코토(桜井誠) 등과 교류해왔고, 2008년에는 베이징올림픽 성화봉송 저지 데모에 참석하기도 했던 그는 "'후조시(腐女子)'를 보수로 각성시키고자" 작품을 쓴다.[26]

그 외에 지바 레이코(千葉麗子), 가와소에 게이코(河添恵子), 사나미 유코(佐波優子) 등도 '애국여성'을 자처하며 활발하게 활동중이다. 지바 레이코의 경우, 아이돌 배우-벤처기업 경영-결혼과 출산, 육아 등의 경험을 거쳐 최근에는 요가 강사로 활동 중이다. 3.11 직후에는 반원발(反原発) 활동에 참여하다가 이탈한 경험이 있고, 시라타 나오키(百田尚樹)의 소설『영원의 제로(永遠の0)』에 큰 감화를 받았으며, 무엇보다 '일본인의 미덕'의 근원이 「교육칙어」와 수신(修身) 과목이라 여겨 그에 의한 교육의 부활을 열망한다.[27]

---

25) 富田安紀子, 『日本が好きでなぜ悪い! 拝啓, 『日之丸街宣女子』から思いを込めて』, 24~25쪽, 58쪽.

26) 富田安紀子, 『日本が好きでなぜ悪い! 拝啓, 『日之丸街宣女子』から思いを込めて』, 204~205쪽. 혐한 만화인 『가두선전』에는 여성, 특히 여자 중학생이 주인공으로 등장한다. 이는 "평범함을 상징하는, 일반적으로 정치에 무관심한 여성이 동조하거나 움직일 정도로 '중요한' 이슈라는 점을 효과적으로 드러낼 수 있는 장치"로 간주된다. 김효진, 「혐한 만화를 어떻게 읽을 것인가? 세이린도(青林堂)의 최근 출판물을 중심으로」, 『일본연구』 26, 2016, 292쪽.

27) 千葉麗子, 『ママは愛国』, KKベストセラーズ, 2017, 4쪽, 11쪽, 21쪽. 최근 아베 수상 부부와의 특수한 관계로 미디어의 주목을 받았던 모리토모학원(森友学園)의 경우, 「교육칙어」와 「오개조 서문(五箇条の御誓文)」에 기초한 교육을 시행했던 것으로 알려져 있다.

논픽션 작가 가와소에 게이코[28]와 사나미 유코의 경우, 스스로 애국적 내용을 담아 발언할 뿐 아니라 같은 '애국여성'을 적극 발견하고 이를 소개하는 저널리스트의 역할을 한다는 공통점이 있다. 가와소에는 1980년대 중국 유학 경험이 있고 1994년부터 보수 저널을 중심으로 집필 활동을 해왔다. 취재를 위해 중국 등 수십 개국을 방문했던 경험에 근거하여 일본을 '세계 최고'라고 자랑한다. 특히 그가 자신의 글에서 일본과 대조되는 대상으로 곧잘 등장시키는 중국에 대한 표현은 비판이라기보다는 멸시에 가까워 보인다.

사나미 유코[29]는 "지상파에서는 보도될 수 없는 뉴스" 보도를 천명하는 저널리스트이자 예비자위관(予備自衛官)[30]으로, 현재 우익계 인터넷방송 '채널 사쿠라(チャンネル桜)' 등을 중심으로 활동하면서 '시베리아 억류 진실을 배우는 모임(シベリア抑留の真実を学ぶ会)', '할아버지들의 전쟁 체험을 듣는 손자들의 모임(祖父たちの戦争体験をお聞きする孫の会)' 등의 대표로 활동하고 있다. 대학 시절 우연히 야스쿠니신사(靖国神社) 청소 봉사 활동과 관련된 세미나에 참여하면서, 자신이 학교에서 배웠던 것과 다른 일본의 역사에 눈뜨게 되었다고 소개한다.

---

28) 河添恵子, 『歴史戦はオンナの闘い』, PHP研究所, 2016; 『世界はこれほど日本が好き: No.1親日国・ポーランドが教えてくれた「美しい日本人」』, 祥伝社, 2015; 『国防女子が行く: なでしこが国を思うて何が悪い』, ビジネス社, 2014.
29) 佐波優子, 『女子と愛国』, 祥伝社, 2013.
30) 2001년부터 일반인 가운데 희망자를 모집하여 소정의 훈련을 받게 한 후 예비자위관으로 임용하는 '예비자위관보' 제도가 도입되었다. 국민과 자위대의 접촉을 확대하여 방위에 대한 인식을 제고하고 안정적으로 예비자위관을 확보하기 위한 것이지만, 한편으로는 이러한 교육과정이 대중에게 보수적인 정서, 혹은 애국심을 강화하는 수단으로 작동할 가능성이 높다.

2001년부터 이오지마(硫黄島)나 남양제도(南洋諸島), 시베리아 등지에서 일본인 전사자의 유골을 수집하는 활동에도 참여하는 등, 그의 관심과 활동은 역사에 대한 '재고(再考)'로 관통되고 있는 듯하다.

마지막으로 이상의 내용에 주요한 두 존재의 소개가 빠져 있다는 사실과, 그 이유를 언급해둘 필요가 있다. 첫째는 사쿠라이 요시코(桜井よしこ, 1945~)와 같이, 이 글에서 주로 다루는 노골적인 '애국여성'과는 결을 달리하는 '정통 보수' 여성 논객이다. 설령 주장하는 내용은 상당히 유사할지라도, 출신이나 구체적인 활동 등에서 애국여성과 공유하는 특징이 적다고 판단하여 이 글의 대상에서는 배제했다. 둘째는, "특정 사람들에게 저질의 말을 퍼부은 후 집에 가서 가족을 위해 식사를 준비하는 사모님들"[31]로 표현되는 이들, 이름 없이 거리 시위나 인터넷 활동에 참여하고 있는 다수의 일반 애국여성들이다. 개개인의 목소리를 일일이 반영할 수 없기에 이들의 인식 혹은 여론 형성에 큰 영향을 미치는 애국여성 논객들의 언설로 대신할 수밖에 없었다. 이들의 존재를 계량화하거나 인터뷰를 통해 개별 목소리에 주목하는 별도의 연구가 필요할 것이다.

이 글에서는 기본적으로 이상에서 소개한 단체와 애국여성의 주장과 활동을 중심으로 논의를 전개하되, 기타하라, 가와소에, 사나미 등의 저서에 소개된 인터뷰 내용과 인터넷 기사 등을 반영함으로써 무명의 애국여성을 논의의 대상에 포함시키는 방식을 취한다는 점을 밝혀둔다.

---

31) https://bookmeter.com/books/7923150.

2.2. 자기표현과 문제인식

(1) 각성의 알리바이, 우연한 경험

흥미롭게도 애국여성에게는 공통의 '주장'만이 아니라 공통의 '경험'이 함께 목격된다. 자신이 언제 '각성'하게 되었는지, 혹은 과거의 가치관을 버리고 새로운 세계관을 갖게 되었는지, 그 전격적 변화의 '계기'에 대해 상당히 뚜렷한 기억을 가지고 있는 것이다. 이제야 비로소 "진실에 눈떴다"[32]는 식의 '전향'의 고백이자, 이전에는 '진실'을 알지 못한 채 거짓으로 가득 찬 일종의 '매트릭스'에서 살아왔다는 선언인 셈이다. 이들이 말하는 이른바 '각성의 계기'는 대개 중국이나 한국과의 외교적인 갈등이나 일본에 대한 국제사회의 압력 등으로 인해 일본인으로서 위기감을 느꼈다거나, 인터넷이나 가두선전 등을 통해 그동안 자신이 알고 있던 것과 다른 정보를 접하고 충격을 받았다는 것 등이다.

사나미를 비롯한 여러 애국여성들은 이른바 센카쿠(尖閣)문제, 특히 2010년 어선 충돌 사건을 영상으로 직접 목격한 것, 이후 일본이 중국의 압력에 굴복하여 중국 어민을 석방할 수밖에 없었던 사실에서 받은 충격 등을 자신이 애국에 눈뜨게 된, 혹은 애국 활동 참여를 시작하게 된 계기로 꼽는다.[33] 앞서 소개한 것처럼, '요코'는 일본이 센카쿠 국유화를 선언하여 중국과 갈등하고, '다케시마(독도)'를 둘러싸고 한국과 분쟁이

---

32) 北原みのり・朴順梨, 『奥さまは愛国』, 183쪽.
33) 北原みのり・朴順梨, 『奥さまは愛国』, 200쪽; 河添恵子, 『国防女子が行く: なでしこが国を思うて何が悪い』, 32쪽; 佐波優子, 『女子と愛国』, 193쪽, 215쪽.

격화했던 2012년을 인생의 분기점으로 선언한다.[34] 종종 언급되는 또 하나의 사건은 한일이 공동개최했던 2002년 월드컵이다. ─당시까지는 감히 하기 어려웠던 행동인─'히노마루'를 손에 들고 '단체'로 일본을 응원하면서 새삼 혹은 처음으로 '일본인'임을 의식할 수 있었다거나, 거친 플레이와 과격한 응원문화를 가진, 혹은 과도한 내셔널리즘을 표출하는 한국에 부정적인 인식을 갖게 되었다는 식이다.[35]

또 다른 각성의 계기는 학교 교육을 통해 배우지 못했던 일본 역사의 일면과 조우했을 때다. 예를 들면, 우연히 이오지마·미얀마 등지에서 병사 유골을 수습하는 자원봉사에 참여했을 때 마주친 퇴역병사들이 "[그동안 생각했던 것과 다르게] 너무나도 온화하고 선량하다"든가, "돌아가신 할아버지와 너무 닮았다"는 사실에 자극을 받고, 결국은 자신들이 평소 들어왔던 것처럼 일본 병사들이 "임산부의 배를 찢고 영유아를 열탕에 내던졌던" 것이 아니라, "우리를 보호하기 위해 [전장으로] 갔던 것"이라는 결론에 이르는 식이다.[36] 또 다른 경우, 오키나와 여행 중 히메유리탑(ひめゆりの塔)에서 "나보다도 어린 평범한 소녀들이 용감하게 나라를 위해 싸웠다"는 사실에 감명을 받아, 그에 보답하고자 야스쿠니신사 참배를 결의하기도 한다.[37] 같은 경험 끝에 그와는 반대로 일본

---

34) YOKO, 『超人気ブロガーRandomYOKOの新・愛国論』, 6쪽, 20쪽.
35) 그 외에 야스쿠니신사의 유슈칸(遊就館)에서 병사의 유서를 읽었거나, 직장인 방송사에서 마주친 참전 병사의 예상과 다른 모습에 자극을 받은 경우 등도 유사한 사례다. 佐波優子, 『女子と愛国』, 24~25쪽, 162~164쪽, 168~169쪽.
36) 佐波優子, 『女子と愛国』, 72~83쪽.
37) 2002년 니찬네루(2ちゃんねる)에서 8월 15일 야스쿠니신사 참배를 권장하여, 수년간 이 행사를 진행했던 아모우 준코(天羽絢子)의 경우(佐波優子, 『女

의 과거에 대해 반성하거나 평화주의로 전향하는 이들도 있는 것을 보면, 각성과 전향의 계기가 무엇인지를 단정하기는 쉽지 않다.

이처럼 애국여성들은 자신들이 특정한 사상이나 애국심을 주입받아 세뇌된 것이 아니라 이상과 같은 우연한 과정을 거쳐 각성에 이른 것이라고 강조한다. 자신이 각성하고 전향할 만한 우연하지만 설득력 있는 과정이 있었음을 어필하는 것이다. 전향 과정에 대한 '간증' 자체를 자신들의 주장에 정당성과 설득력을 확보하는 근거로 사용하고 있는 셈이다.

이들은 대개 일본의 역사에 대해 무지했거나 '일본이 전부 잘못했기에 비난 받는 게 마땅하다'는 식의 막연하고 단순한 인식을 가지고 있다가 우연한 기회에, 그것도 대개는 특히 감성을 자극하는 어떤 분위기에서 일본의 역사 문제와 낯설게 조우하면서 종래 자신이 가지고 있던 역사관을 극적으로 거부하고 돌연 '애국적' 주장에 심취하는 경향이 있다. 한편으로는 '모든' 것이 과거 일본의 잘못이었다는 단순한 인식, 심지어 "일본인은 틀려먹었다(日本人はダメ)"[38]는 식의 극단적인 자격지심이 내면화되고, 또 다른 한편으로는 그에 대한 불편한 감정과 막연한 의심을 품고 있다가, 앞서 언급한 바와 같은 몇몇 계기를 만나 폭발하고 마는 것이다. 그리고 거리와 인터넷 등에서 비슷한 경험과 생각을 가진 사람들을 만나면서 자신의 확신을 강화해 나간다.

좀 더 과감하게 단순화하자면, 그동안의 자신의 무지가 '좌편향된' 역사교육이나 '왜곡된' 미디어의 탓이었다고 비난하면서 '각성'을 선언

子と愛国』, 109쪽).
38) 佐波優子, 『女子と愛国』, 162쪽.

하고, 새삼 '일본이 최고'라고 목소리를 높여 애국심을 강조하는 양상을
보인다고 할 수 있다.

(2) '보통'이라는 정체성

이상에서 살핀 '각성'의 경험은 애국여성의 또 다른 특징인 '보통'의
강조와 긴밀히 연결되어 있다. 이들 대부분은 자신이 본래 지극히 평범
한 '보통' 사람이었다고, 그리고 지금도 여전히 그러하다고 강조한다.[39]
나아가 자신들과 함께 하는 사람들, 자신들이 느끼는 감정, 자신들의—
야스쿠니신사 집단참배와 같은—특정 행동조차도 지극히 '보통'이라고
우기면서 끊임없이 동의를 얻으려는 것처럼 보인다.[40] 이러한 경향은
특정한 지향 혹은 사상을 견지하는 단체에 속하여 주장을 펼치는 '운동
가'들은 '좌파'나 '공산당'처럼 순수하지 못하고 불온한 세력이라는 인식
을 전제로 하고 있다. 심지어 유사한 주장을 펴는 보수 논객조차 자신들
과 다른 '특별'한 존재라고 선을 긋는다. 그렇게 '특별'한 사람들은 '보통'
의 일본인을 대표할 수 없다는 것이다.

애국여성들이 이렇게 '보통'을 강조하는 것은 자신들이 이른바 '논
폴리(ノンポリ, 비정치적인)'의 일반대중을 대표하는 것으로 등치시키
는 데 효과적이며, 나아가 그렇게 함으로써 자신들의 주장이 정당성을

---

39) 北原みのり・朴順梨, 『奧さまは愛国』, 71쪽. 스기타 미오도 자신이 '보통 사
　　회인'에서 정치인이 되었다고 강조한다. 杉田水脈, 『なでしこ復活: 女性政治
　　家ができること』, 154쪽.
40) 北原みのり・朴順梨, 『奧さまは愛国』, 45쪽; 佐波優子, 『女子と愛国』, 98쪽,
　　102~104쪽, 115쪽, 122쪽, 163쪽, 185쪽.

획득한다고 인식하기 때문인 듯하다. '보통' 사람들의 주장인 만큼, 자신

들이 주장하는 '애국' 역시 너무나 '보통'의 '당연'한 상식에 속한다는 식

이다. 실제 이들을 지지하는 대중도 "지극히 보통[으로 보이는] 여성이…

라는 부분이 지금까지와 다른 점"으로 "그렇기에 비로소 최근의 보수적

경향이 진짜가 아닐까라고 생각"[41]한다든지, "어디에든 있는 보통의 여

자가 자각하여 목소리를 높이는 것이 가장 영향력이 있다"[42]라며, 애국

여성들이 '보통'의 존재라는 점에 높은 점수를 준다.

(3) 해외 경험을 통한 비교

애국여성들의 일본 제일주의가 자칫 '우물 안 개구리'와 같이 협소

한 경험, 즉 해외 경험이 부족한 상태에서 일부 편향된 인맥이나 정보에

둘러싸인 결과라고 생각하기 쉽지만, 실제는 그와 다르다. 오히려 '일본

이 최고'라고 소리 높여 외치는 애국여성 다수가 그러한 자각의 계기를

'해외 경험'에서 찾고 있다. 풍부한 해외 경험이 일본에 대한 상대화 혹은

객관적 인식이 아니라 일본에 대한 자긍심으로 직결되는 것이다. 앞서

낯선 역사와의 조우가—애국운동과 반전평화운동이라는—서로 반대되

는 방향의 전향을 낳은 것과 유사하다. 취재를 위해 중국을 비롯한 40여

개국 이상을 방문했다는 가와소에는 일본 이외의 세계는 "무책임하고

거짓과 속이는 게 많으며, 위험하고 불편하고 불결하며 냉담하고 불합

---

41) 아마존재팬에 투고된 佐波優子, 『女子と愛国』에 관한 독자평(투고자: 2669, 2014. 1. 11.).

42) 아마존재팬에 투고된 佐波優子, 『女子と愛国』에 관한 독자평(투고자: nii, 2013. 11. 26.).

리”하다고 단언한다.43)

일본의 우월함을 증명하기 위한 비교대상은 비단 개발도상국이나 제3세계, 혹은 공산권 국가로 한정되지 않는다. 오히려 이른바 서구 선진국과 비교하여 일본의 전통과 문화가 우월하다고 확인하는 데서 더 큰 자부심을 느끼는 것으로 보인다.44) 아예 “일본이 어떤 나라보다도 긴 역사를 갖고 있기 때문에, 본래 일본이 앞서 있다고 해석하는 게 자연스럽다”거나, “해외가 일본보다 앞서있다고 보는 고정관념을 불식시키지 않으면 안 된다”고 주장하기도 한다.45)

일본에 대한 자긍심을 높이는 방법 중의 하나는 생활 속의 경험이다. 연예활동의 일환으로 동남아를 방문했던 지바 레이코는 주거나 위생 등에서 월등하게 쾌적한 일본의 생활환경에 새삼 감사하지만, 오히려 선진국인 미국을 방문했을 때에도 일본측 관계자들이 시간을 더 잘 지키거나 겸손하다는 점 등을 들어 역시 “일본이 대단”하다며 “일본인의 미덕”을 새삼 인식했다고 한다.46) 그 외에 해외에서 불편함이나 낯설음을 느낄 때마다 그와 달리 자신에게 익숙한 일본의 것들을 상기하는데, 예를 들어 시간을 잘 지킨다든가, 학교에서 수영을 가르친다든가, 어머니가 도시락을 준비하는 문화가 있다든가, 네일아트나 미용기술 등이 빼어나다는 등의 사실을 굳이 ‘일본(인)의 장점’이라고 미화하는 경향을 보인다. 딱히 국가적, 민족적 특성과 관련 없는 차이를 굳이 ‘일본다운’

43) 河添恵子, 『国防女子が行く: なでしこが国を思うて何が悪い』, 7쪽.
44) 千葉麗子, 『ママは愛国』, 9쪽, 11쪽.
45) YOKO, 『超人気ブロガーRandomYOKOの新・愛国論』, 100쪽.
46) 千葉麗子, 『ママは愛国』KKベストセラーズ, 2017, 9쪽, 11쪽.

것이라 상찬하는 것은, 논리나 이론과는 거리가 먼 소시민적 반응이라 딱히 비판의 잣대를 대기도 어려울 정도다.[47]

이처럼 국제사회의 보편적 상식이나 방향성을 부인하고 일본 고유의 것에 집착하면서 과도한 자긍심을 갖는 경향은 여러 이슈를 통해 공통적으로 드러나는데, 후술하겠지만 이 글의 주제와 관련이 깊은 젠더 문제와 관련해서는 그런 경향이 더욱 두드러진다.[48]

2.3. 현대 일본 비판의 패러다임

(1) 역사수정주의적 견해와 해법

의회, 유엔, 거리, 인터넷 등 활동의 영역은 다르지만, 애국여성을 자처하는 이들의 주장을 반복해서 듣다 보면 이들에게 공통적인 문제의식과 세계관이 있음을 엿볼 수 있다. 즉 막연한 애국심의 강조에 그치지 않고 외교 문제나 역사 문제, 남녀평등 등 여러 이슈에 대해 대체로 유사한 인식과 주장을 갖고 있는 것이다. 그 주된 내용은 사실상 '역사수정주의'와 대체로 유사하며, 종래 자신들이 받았던 '전후교육'과 현재까지도 진실을 보도하지 않―는다고 그들이 주장하―는 '매스미디어'를 양대 '악의 축'으로 간주한다.

---

47) "극단에서 극단으로 계속 질주하는 사람", "요가를 배우고 가르친다는 사람이 이렇게까지 편협하게 사고할 수 있는가"[아마존재팬에 투고된 千葉麗子, 『ママは愛国』의 독자평(투고자: Juliet 2017. 3. 5.)]라는 인터넷상의 독자평은 그의 활동과 저서에 대한 비교적 적확한 비판으로 보인다.
48) 杉田水脈, 『慰安婦像を世界中に建てる日本人たち』, 183~190쪽.

이들은 자신들이 "제대로 된 교육을 받지 못했"으며 그 책임이 '일교조(日教組)'에 있다고 비난한다. 헌법 제9조를 암기하게 하는 등 일방적으로 평화만 강조하는 수업을 들어야 했고, 극단적으로 일본을 비하하는 역사교육을 받았다는 것이다. 때문에 "당시는 일본이 싫어졌던 시간"이었고 그 결과 자신이 "일본에 무관심해지고 말았다"고 불평한다.[49] 전후교육을 통해 자신들에게 '자학사관'이 주입되었으며, 이 때문에 지금의 자신을 있게 해준 '선조'에 대해, 혹은 일본이라는 나라에 대해 오해하거나 부끄러움을 느끼게 되었다는 것이다.[50] 또한 전후교육이 "오래된 일본의 교육과 전통을 파괴"하고 "왜곡된 평등, 지나친 자유, 의무 없는 권리주의라는 세 가지" 독을 유포했다고도 비난한다.[51] 마지막으로 이들이 교육의 회복을 이야기할 때 반드시 언급되는 것은 「교육칙어」와 수신 과목의 부활이다.[52] 여기에 보편적이면서도 일본의 고유한 미덕이 담겨 있다고 믿기 때문이다.

앞에서 이미 언급했던 것처럼, 이들이 생각하는 또 하나의 거대한 적(敵)은 매스미디어다. 기성 매스미디어에 대한 불신과 분노는, 이들이

---

49) 佐波優子, 『女子と愛国』, 34쪽.
50) YOKO, 『超人気ブロガーRandomYOKOの新・愛国論』, 31쪽.
51) 河添恵子, 『国防女子が行く: なでしこが国を思うて何が悪い』, 159쪽. 이러한 일본의 교육 현실과 대조되는 곳, 즉 근대 일본의 교육의 장점이 여전히 잘 보존되고 있는 곳으로 타이완이 강조되고 있다(佐波優子, 『女子と愛国』, 244~246쪽).
52) 특히 지바 레이코는 「매우 알기 쉬운 교육칙어(とってもわかりやすい教育勅語)」, 「진실한 '수신'(真実の「修身」)」과 같은 별도의 장을 통해 각각의 내용을 상세히 소개하면서, 현대 교육에서 교육칙어와 수신 과목을 부활시켜야 한다고 역설하고 있다(千葉麗子, 『ママは愛国』).

인터넷 사용에 익숙하고 인터넷에서 대부분의 정보를 획득하고 있다는 사실과 밀접한 관계가 있다.[53] 지상파 방송이나 주요 신문에서 보지 못한 내용을 인터넷에서 발견했을 때의 '놀라움'은 그동안 미디어에 의해 속고 살았다는 '자각'으로 이어지고, 앞으로는 속지 않겠다는 '결심'으로 귀결된다. 그리고 이는 막강한 힘과 기반을 가진—것으로 여겨지는—기성 매스미디어에 대한 불신과 분노로 발전하는 것이다.

무조건적인 '애국'이 이들의 정체성의 근간을 이루는 만큼, 권력에 대한 감시 및 비판을 본령으로 하는 미디어와 대립하는 것은 당연한 귀결로 보인다. 주된 비판의 대상은 공영방송인 NHK와 『아사히신문』이다. NHK 비판의 주된 내용은 '수신료를 받으면서도 일본에 대해 비판적인 보도를 한다'는 것, 혹은 위안부 문제에 관해 위안부 측 주장을 중심으로 보도하면서 자신들의 입장은 제대로 전해주지 않는다는 것 등이다. 특히 『아사히신문』의 경우, 위안부 문제에 관해 선구적이고 지속적으로 보도했던 것이 이들로부터 비난 받는 주된 이유가 되고 있다.

이들의 적대적인 시선은 문제의 교육과 매스미디어를 낳은 역사적 '원흉'으로까지 향한다. 바로 전후 약 7년 동안 일본을 통치했던 GHQ (General Headquarters, 연합군 최고사령부)다. 이들은 GHQ가 "철저하게 일본을 약화시키기" 위한 작업을 했다고, 선량한 일본인의 성정에 맞춰 "반성 후 속죄의식을 갖게 하는 방식"을 택했고, 이를 위해 "일본인이 나

---

53) 국내 일본인은 왜곡된 정보를 발신하는 매스미디어에 속고 있는 데 비해, 해외 일본인은 주로 인터넷을 통해 정보를 접하기 때문에 보다 '애국적'이라는 주장마저 보인다.

쁜 짓을 했다는 시나리오"를 마련했다고 비난한다.[54] 또한 GHQ가 '일본 약체화'를 위해 「교육칙어」를 없애고 수신, 국사, 지리 등의 과목을 없애 거나 축소하는 정책을 폈고,[55] 이른바 '공직추방'을 실시하여 각계의 우수한 인재를 축출한 결과, 공산주의자이거나 반일적인 사상을 가진 자들이 지금까지도 일본의 주요 직책에서 여전히 영향을 미치고 있다고,[56] 심지어는 당시 GHQ가 만든 검열코드가 지금도 여전히 미디어를 통제하고 있다고 믿는다.[57] 사실상 현대 일본을 지배하는 모든 악의 근원은 전후의 잘못된 출발, 즉 GHQ의 책략이라는 것이다. 시야를 국제사회로 확대하면, 일본은 현재 "국제적으로 갈취와 학대를 당하고"[58] 있으며, '반일활동'을 적극 수행하는 중국과 한국 그리고 이들의 활동에 호응하는 일본의 '좌파'야말로 일본의 주요한 '적(敵)'이라는 인식을 공유한다.

반중국·혐중국의 중심에는 중국 유학 경험을 가진 가와소에가 있다. 그는 국제사회에서 위상이 높아진 중국이 반일을 주도하고 있다고 의심하는데, 특히 미국에서 중국이 영향력을 확대하는 것을 우려한다. 중국 경제가 급속히 발전하여 미국의 주요 무역국으로 부상하면서 미·중이 상호 이용하는 관계로 변화했고, 재미 중국계의 영향력이 강해지면서 미일관계를 이간하는 쪽으로 작용하고 있다는 것이다.[59] 중국뿐

---

54) 佐波優子, 『女子と愛国』, 38~39쪽.
55) YOKO, 『超人気ブロガーRandomYOKOの新·愛国論』.
56) 杉田水脈, 『なでしこ復活: 女性政治家ができること』, 96쪽.
57) 예를 들면 전후의 언론 정책에서 미국, 러시아, 조선, 중국을 비판하지 못하도록 했고, 그러한 방침이 지금도 유효하다는 것이다(YOKO, 『超人気ブロガーRandomYOKOの新·愛国論』, 186쪽).
58) YOKO, 『超人気ブロガーRandomYOKOの新·愛国論』, 176쪽.
59) 河添恵子, 『国防女子が行く なでしこが国を思うて何が悪い』, 70~71쪽.

아니라 중국인에 대한 인식도 사실상 멸시와 인신공격에 가까우며,[60] 한국에 대한 인식도 중국에 대한 그것과 크게 다르지 않아 보인다.[61] 한·중 양국에 더하여 일부 '일본인', 즉 '좌파' 역시 국제사회에서 '반일 활동'을 한다는 점에서 공격의 대상으로 간주되는데, 이에 관해서는 국제사회에서의 위안부 문제를 둘러싼 갈등과 관련하여 다음 장에서 보다 자세히 설명할 것이다.

일본을 둘러싼 현실에 대한 이런 인식을 전제로 이들이 제시하는 해법은 현대에 필요한 전쟁, 즉 '정보전'의 수행이다. 국제사회로의 적극적인 발신을 촉구하는 것이다. 이들에 따르면 세계 최고의 나라인 일본이 그에 걸맞은 대접을 받지 못하는 것은 잘못된 전후교육으로 인해 일본이 정보 '발신'에 실패했기 때문이다. 유엔이나 미 의회 등에서 위안부 문제 해결 권고를 받는 것도,—일본에 잘못이 있어서가 아니라—오로지 정보 발신이 부족하기 때문이라는 식이다.[62] 일본에 대해 제대로 알리

---

60) "[중국인은] 상대의 기분이나 입장은 상관없이, 조령모개와 같은 법률이나 제도를 엉망으로 이용하면서, 임기응변적인 자기주장과 요구로 살고 있습니다. 극단적인 찰나주의, 개인주의, 금전지상주의입니다. 이에 더하여 고상하거나 겸허한 것과는 완전 반대의 성격으로, 거의 예외 없이 자기PR형(型)이며 과대망상적입니다(河添惠子, 『国防女子が行く なでしこが国を思うて何が悪い』, 94쪽)."

61) 한국에 대한 비판을 주도하는 것은 액션의 대표 야마모토와 블로거 '요코' 등이다. 이들이 미국 등 해외에서 한국의 영향력이 강한 이유로 꼽는 것은, 한국이 이중국적을 인정하기 때문에 현지 정치인에게 압력을 행사할 수 있어서라거나, 정치자금을 대고 있을 가능성이 있다, 현지인에게 뇌물성 한국행을 주선하여 환심을 사고 있다는 등, 명확한 근거 없는 악의적 추측이 대부분이다. 심지어 정대협을 "북조선 공작기관과 연계하여 북조선 이익을 대변하는 친북단체"라고 단언하기까지 했다(杉田水脈, 『慰安婦像を世界中に建てる日本人たち』, 137쪽).

기만 해도 세계가 일본에 대한 인식을 재고할 것이라 단언한다.[63] 이런 인식 위에서 '요코'는 일본인에게 다음과 같이 독려한다.

정말 일본인의 마음이 아름답고 주변을 존중하는 민족성을 지녔다면, 모르는 사이에 반일(反日)이 조장되고 있는 현대의 해외를 위해서라도 일본인이 일본의 역사를 해외에 알려주어야 할 것입니다. 일본인 중에는 우리가 당연히 아는 것이 외국에는 기본적으로 침투되어 있지 않은, 그 식견의 [낮은] 수준에 기막혀하는 사람도 많을 것입니다. … 일본 측

---

62) 노가와에 따르면 1990년대 말부터 『정론』 등을 중심으로 활동하는 이른바 우파들 사이에서 '정보전'의 필요성이 제기되었으며, 2006년 제1차 아베 내각 수립에 이어 2007년 몇 가지 역사인식문제가 잇달아 발생하면서 움직임이 본격화했다. 첫째, 2006년부터 이듬해에 걸쳐 미국 하원에서 일본 정부에 '위안부' 문제 해결을 독촉하는 결의가 논의 끝에 채택되었고, 둘째, 2007년에는 이른바 '난징대학살'(1937) 70주년을 기념하여 이를 소재로 한 영화 제작 프로젝트가 진행되었다. 셋째, 이듬해(2008)부터 사용 예정인 고교 교과서 검정 결과에서 오키나와전 '집단자결'에 관한 일본군의 '강제' 여부를 둘러싼 논쟁이 활발했다. 이상과 같은 정세를 배경으로 이른바 '정보전'의 발상이 부상했다는 것이다. '정보전'의 주된 내용은, 난징대학살과 위안부 문제는 일본에 대한 누명이며, 여전히 사실로 간주되는 것은 일본을 지배하기 위한 프로파간다의 탓이라는 것, 따라서 반일 프로파간다에 대항하기 위한 정보 발신에 노력하지 않으면 안 된다는 것 등이다(能川元一, 「「歷史戰」の誕生と展開」, 山本智美 等, 『海を渡る「慰安婦」問題』, 岩波書店, 2016, 10~14쪽, 31쪽). 자민당도 2014년 '국제정보검토위원회'를 발족하고 2015년에는 "나라의 주권이나 국익을 지켜내기 위해서는 … 보다 적극적으로 정보 발신을 수행할 필요가 있다"고 결의하기도 했다(山本智美 等, 『海を渡る「慰安婦」問題』, 88쪽, 115쪽). 이른바 '애국여성'들이 주장하는 '정보 발신'의 주장도 이러한 우파, 혹은 역사수정주의자의 주장과 맥락을 같이하는 것으로서, 직간접적 영향을 받았을 것으로 여겨진다.

63) 야마모토는 전국 지방의회에서 "일본의 바른 역사인식·정보를 세계에 발신하여 다음 세대 일본인이나 해외에 있는 일본인이 자긍심을 품을 수 있도록" "의견서"를 제출해야 한다고 주장하기도 한다(山本優美子, 『女性が守る日本の誇り』, 青林堂, 2014, 93쪽).

이 … 정보 제공에 태만한 것이 … 부끄러운 일입니다. … 지금이야말로 우리나라가 놓여 있는 '국제사회의 상식'을 다시 보아야 할 것입니다.[64]

'요코'에 따르면 중국은 2013년 약 9천억 엔의 대외 홍보예산을 사용했던 반면, 2014년 일본이 홍보에 사용한 금액은 18억 엔 정도에 불과하다. 한국의 홍보비 역시 연간 2억 4천만 엔 정도에 머물고 있지만, VANK(Voluntary Agency Network of Korea)와 같이 "정부 지원을 받는 사이버 테러집단에 버금가는 반일조직"이자 "사이버 외교사절"이 존재한다는 점에서 일본과 다르다. "민간이 정보매체나 네트워크를 구사하고 있기 때문에 … 대단한 금액의 예산 확보도 없이 실적을 남기고 있다"는 사실만큼은, 그가 한국에 대해 거의 유일하게 부러워하는 점이다.[65]

(2) 젠더인식과 유엔 비판

역사수정주의에 입각한 현실인식에 더하여 이들이 현대 일본의 상황에 대해 갖는 또 하나의 불만은, 전통적인 일본의 남녀관계와 동떨어진 '남녀평등' 정책이다. 이들은 '젠더'보다는 '여성'이라는 용어를 선호하고, 페미니즘이나 남녀동권보다는 성별에 따라 역할을 구분하는 이른바 남녀성별분업을 지지한다. 무엇보다 전통적인 '일본 여성'의 낮은 지위나 역할에 대해, 그리고 이를 전제로 하는 가족과 일본 사회에 대해, 남성중심적이라거나 여성차별적이라고 비판하기는커녕 매우 자랑스럽고

---

64) YOKO, 『超人気ブロガーRandomYOKOの新・愛国論』, 66쪽.
65) YOKO, 『超人気ブロガーRandomYOKOの新・愛国論』, 59~63쪽, 89쪽.

당연한 일본 특유의 문화로 여긴다.

스기타는 "일본은 남녀의 역할분담과 더불어 여성을 소중히 여겨온 나라"로서 "일본 여성 태반은 '다시 태어나도 여성이 좋다'"고 생각하는데, 유엔이 "과도한 페미니즘과 젠더프리(gender-free)를 추진"한다고 불만을 터뜨린다.[66] "과도한 '여성의 권리'에 관한 생각은 모두 '유엔발(発)'"이라는 것으로, 특히 2015년 일본 황실의 남계(男系) 계승이 여성차별이라 지적하면서 황실전범의 개정을 권고하려 했던 여성차별철폐위원회는 "페미니즘이나 젠더프리를 추진하는 입장의 인간"밖에 없는, 따라서 일본에게는 "백해무익"한 곳이라 비난한다.[67] "페미니즘은 피해자의식이 강해서 싫다"며 페미니즘이 오히려 여성을 모욕한다고 여기는 그들로서는 당연한 반응일지도 모른다.[68] 거슬러 올라가 1985년의 여자차별철폐조약과 그에 기반해서 제정되었던 '남녀공동참획(参画, 참여)사회기본법'조차 일본에 필요하지 않다고 할 정도다.[69] 아래는 이들이 가진 '일본여성'론의 총결산이라 할 만하다.

일본은 과거부터 많은 여성이 빛났던 나라입니다. 그러나 서서히 여성들이 그 빛을 잃어가고 있습니다. 무리하게 구미에 맞추는 방식으로 넌센스 같은 남녀평등을 추진해온 영향입니다. '남성스러움'이나 '여성스러움'을 부정하는 듯한 교육을 하는 학교도 있고 … 좌파 세력이 권장하는 '지나친 젠더프리'는 사회를 파괴할 뿐입니다. 완전한 남녀평등과 같

---

66) 杉田水脈, 『慰安婦像を世界中に建てる日本人たち』, 38쪽, 93쪽, 95쪽.
67) 杉田水脈, 『慰安婦像を世界中に建てる日本人たち』, 139~141쪽.
68) 야마모토 유미코의 발언, 北原みのり・朴順梨, 『奥さまは愛国』, 102쪽.
69) 杉田水脈, 『なでしこ復活: 女性政治家ができること』, 93쪽.

은 게 실현될 리가 없습니다. 여성밖에 아이를 낳을 수 없기 때문입니다. ⋯ 무리하게 남녀공동참획 등을 추진하여 저출산 문제 등에 직면했을 뿐 아니라, 가정에는 DV(가정폭력)가 만연하고 이혼이 증가하며 어린이 빈곤으로 이어져버린 것입니다.

국가의 시책을 펼칠 때 '여성이⋯'라며 무턱대고 여성 중심으로 가져가게 되고, 여성을 약자로 취급하게 되었습니다. 그러나 일본에서는 여성이 소중히 여겨져왔기 때문에, 구미에 맞춘 시책을 실행할 필요는 없었던 것입니다.

⋯ 유엔에게 명확하게 'NO'라고 말하고, ⋯ 일본인이 일본인답게 남녀가 상호를 존중하는 사회를 회복하는 것이, 여성이 빛나는 일본을 회복하는 첫걸음이라고 생각하고 있습니다.[70]

'액션'의 대표 야마모토 역시 여성의 사회진출 추진에 반대한다는 입장을 명확히 한다. 일하고 싶은 여성은 일을 해도 좋지만, 여성의 사회진출을 추진하면 출산율이 저하되고 가정의 붕괴로 이어질 것이니 "어머니가 아이를 키우는 일에 전념하기 용이한 사회를 만들어야" 한다는 것이다. 이미 학계에서는 구시대의 유물이 된 '3세 신화'까지 언급하면서 99%의 '평범한 여성'이 사회에 공헌하는 방법은 "아이를 갖고, 시간을 들여 소중히 키워서 사회인으로서 세상에 내보내는 것"이라고 주장한다.[71] 여기에는 일본이 하나가 될 수 있는 힘의 근원으로서 "황실과 가족"을 상정하는 가치관이 전제되어 있다.[72]

이처럼 애국여성에게는 "여자가 강하고 남자가 약한 것은 나라가

---

70) 杉田水脈, 『慰安婦像を世界中に建てる日本人たち』, 142~143쪽.
71) 山本優美子, 『女性が守る日本の誇り』, 123~124쪽.
72) 杉田水脈, 『慰安婦像を世界中に建てる日本人たち』, 189쪽.

망하는 전형적인 패턴"이라는 식의, 근대부터 이어져온 남녀성별분업에 기초한 전통적인 젠더인식이 뿌리 깊게 자리 잡고 있다. 이 글의 내용과 관련해서 특히 기억할 점은, 단지 이들이 그러한 보수적인 젠더인식을 가지고 있다는 사실보다, 유엔을 비롯한 국제사회가 남녀평등에 기반한 정책을 추진하고 일본에도 이를 권면하는 것에 대해 매우 부정적이고 심지어 적대적인 반응을 보인다는 사실이다. 심지어 이들은 남녀공학을 "전후 GHQ의 독(毒)"[73]이라 할 정도로, 전후 일본에서 일관되게 추진되어왔던 그러나 여전히 부족하다고 평가되는 일련의 남녀평등 정책에 대해 일본의 전통을 파괴하는 것이라며 강한 불만을 품고 있다. 이상의 내용을 기억해두는 것은 이 글의 제2장에서 유엔과 위안부 문제에 대한 이들의 반응을 이해하는 데 도움이 될 것이다.

3. '애국여성'의 국제적 '반(反)위안부' 활동

애국여성을 이해하기 위해, 그들의 존재감이 상대적으로 두드러진 '반위안부' 관련 주장과 활동을 주목하여 살피려 한다는 점은 앞서 밝혔던 바와 같다. 이를 위해 제3장은 그 배경이 되는 위안부 문제의 역사적 경위를 간략히 개관하는 것으로 시작하려 한다. 이미 수많은 연구가 있는 만큼 굳이 자세한 설명이 필요하지는 않겠지만, 이 글의 논의를 이해

---

73) 河添惠子, 『国防女子が行く: なでしこが国を思うて何が悪い』, 137쪽, 140쪽의 아카오 유미(赤尾由美)의 발언.

하기 위해 필요한 최소한의 정보라 여겨지기 때문이다.

3.1. 일본군 위안부 문제의 역사적 경위

이전부터 한일에서 가끔씩 언급되었던 '위안부'[74]의 존재와 관련하여, 1990년 11월 한국에서 윤정옥을 중심으로 37개 여성단체가 모여 '한국정신대문제대책협의회'를 결성하면서 그에 대한 일본의 책임 문제가 본격적으로 거론되기 시작했다. 1991년 8월 김학순이 자신이 과거 일본군 위안부였다는 사실을 최초로 고백하였고, 같은 해 12월 이에 대한 보상을 요구하면서 일본 정부를 제소하였다. 이듬해 1월 미야자와 기이치(宮沢喜一) 수상의 방한을 수일 앞두고 요시미 요시아키(吉見義明) 주오대(中央大) 교수가 방위연구소 도서관에서 위안부 자료를 발견한 것이 대대적으로 보도되었고, 미야자와 수상은 방한 일정 중 8~9차례에 걸쳐 사죄를 표명해야 했다. 1992년 7월에는 일본 정부가 위안부에 관한 조사 결과를 발표하면서 정부의 간여를 인정했다. 이상의 경위를 배경으로 1993년 8월 고노 요헤이(河野洋平) 관방장관이 위안부의 모집, 이송, 관리에 있어서의 강제성을 인정하고 '사죄와 반성'을 표명하는 '고노 담화'[75]를 발표하였고, 이듬해 탄생한 무라야마 도미이치(村山富市) 수상

---

74) 초기에는 한국에서뿐 아니라 일본 언론에서도 '정신대'와 혼동되어 혼용되었다.
75) 고노 담화의 주된 내용은 다음과 같다. "이번 조사의 결과, 장기간 그리고 광범한 지역에 걸쳐 위안소가 설치되어, 수많은 위안부가 존재했던 것이 인정되었다. 위안소는 당시 군 당국의 요청에 의해 설치되어 운영된 것이며, 위안소의 설치, 관리 및 위안부의 이송에 관해서는 구일본군이 직접 혹은 간접으로 이에 관여했다. 위안부 모집에 관해서는 군의 요청을 받은 업자가

의 연립정권하에서 위안부에 대한 보상이 논의되기 시작했다.

하지만 일본 정부는 이미 1965년 한일수교 당시 모든 책임과 보상
이 끝났다는 입장이었다. 그에 따라 1995년 '도의적' 보상으로서 일본의
관민합동에 의한 아시아여성기금이 설립되었던 것, 그 성격과 활동 등
을 둘러싸고 또 다른 갈등과 문제가 야기되었던 것은 주지의 사실이다.
유엔도 이에 대한 조사를 시작하여 1996년에는 위안부를 '성노예'로 규
정하고 일본에 보상을 요구하는 내용을 담은 「구마라스와미 보고서」가,
1998년에는 보다 상세한 내용을 담은 「맥두걸 보고서」가 제출되었다.
1997년 일본의 중학교 역사교과서에는 '위안부' 관련 내용이 기술되었으
며, 2000년 12월에는 도쿄에서 '여성 국제전범 법정'(이하 전범 법정)이
개최되어 '히로히토(裕仁) 천황은 유죄, 일본 정부는 국가책임이 있다'고
판결하였다.

다른 한편에서는 위안부 문제 해결 노력에 대한 일본 보수우익의
반격도 시작되었다. 위안부 문제에 관해 일본 정부의 책임을 추궁하는
것에 대한 반발, 혹은 반동의 움직임이 나타났던 것이다. 교과서에 위안
부 관련 기술이 실리고, 아이리스 창(Iris Chang)의 난징대학살 관련 영문

주로 이를 담당했지만, 그 경우에도 감언이나 강요에 의하는 등 본인들의
의사에 반해서 모인 경우가 다수 존재하였으며, 나아가 관헌 등이 직접 이
에 가담한 적도 있었음이 명백해졌다. 또한 위안소의 생활은 강제적인 상황
하에서의 고통스러운 것이었다. … 그 모집, 이송, 관리 등도 감언, 강요에
의하는 등, 총체적으로 본인들의 의사에 반하여 이루어졌다(http://www.
mofa.go.jp/mofaj/area/taisen/kono.html)." 이에서 보듯, 고노 담화에서는 위
안소 운영에 일본군이 간여한 것과 당사자의 의사에 반하여 강제적으로 이
루어졌던 사실이 인정되었다.

저서(*The Rape of Nanking*)가 출간된 데 대한 일본 내 위기감과 불만이 고조되면서, 이른바 역사수정주의에 기반한 '새역모(新しい歷史教科書をつくる会)'와 지금은 보수우익의 총본산처럼 여겨지는 '일본회의'가 설립되었다. 이 모두가 1997년 한 해에 벌어진 일이었다. 2001년에는 '전범 법정'에 대한 보도를 둘러싸고 방송사에 압력이 가해진 이른바 'NHK 사건'으로 갈등이 증폭되었고, 2004년에는 우익 인터넷방송 '일본 문화 채널 사쿠라'가 설립되었다. 2006년 제1차 아베 내각이 들어서면서 중학 교과서에서 위안부 관련 기술이 사라졌으며, 2007년에는 미국 『워싱턴 포스트』에 'The Facts'라는 제목으로 위안부 문제를 부정하는 광고를 게재하는 등, 위안부 문제와 관련하여 우파는 차근차근 세력을 모아 반격에 나섰다. 일본에 유리한 내용을 담은 적극적인 발신, 바야흐로 '정보전쟁'이 시작된 것이다.

그러나 무모하게 대외 정보전쟁을 수행한 것이 도리어 미국 정계의 반발을 부른 듯, 같은 해 7월 미하원은 '대일 위안부 사죄요구 결의'를 채택하였고, 2010년 10월에는 뉴저지주(New Jersey States)에 위안부 기념비가 건립되었다. 위안부 문제에 관한 대일 압박이 고조된 것은 한국에서도 마찬가지였다. 2011년 3월 동일본대진재 직후 한국에서 일본을 위한 적극적인 모금 활동이 전개되는 등 전례 없이 우호적으로 보였던 양국관계는, 2011년 9월 한국 헌법재판소가 위안부 문제 해결을 위한 국가의 부작위(不作爲)를 위헌이라고 판결한 것, 같은 해 12월 수요집회 1,000회를 기념하여 서울 일본대사관 앞에 '소녀상(위안부상)'[76)]을 건립한 것, 이듬해 8월 이명박 대통령이 독도를 방문한 것 등, 굵직한 사건들이 잇달아 터지면서 급속히 냉각되었다. 2012년 12월에는 제2차 아베 내각이 수립되었고, 거의 같은 시기에 당선된 박근혜 대통령은 위안부 문제 해결을 한일 양국관계의 선결과제로 내걸었다.

이후 위안부 문제를 둘러싼 양측의 공박에 대해서는 대체로 많이 알려져 있다. 2013년 하시모토 도루(橋本徹) 오사카시(大阪市) 시장이 '위안부는 필요'하다는 취지의 발언으로 큰 물의를 빚었고, 7월에는 미국 캘리포니아주(California State) 글렌데일(Glendale)에 해외 최초로 '소녀상'이 세워져 이후 이를 둘러싼 소송으로 이어졌다(일본 측 원고 패소). 2014년 6월에는 우파의 요구로 고노 담화 작성 과정에 대한 검증이 이루어졌고, 8월에는 『아사히신문』이 과거 위안부 관련 기사 중 일부 내용의 오류를 시인하고 삭제하자 우파가 이를 위안부 문제에 있어서의 승리로 간주하면서 『아사히신문』에 대한 대대적 공격을 감행한, 이른바 '아사히 배싱(bashing)'이 있었다.

2015년 1월에는 일본 외무성이 미국 교과서의 위안부 관련 기술을 수정하라고 요구했다는 사실이 알려져, 이를 둘러싸고 미·일의 역사학자들이 성명을 발표하는 사태가 이어졌다. 이후 해외 각지에서 소녀상(혹은 기념비) 설치를 둘러싸고 양측이 충돌하였고, 한편에서는 영문으로 쓰인 역사수정주의 서적이 해외에 적극 배포되는 가운데, 2015년 12월

---

76) 2011년 수요시위 1,000회를 기념하여 한국정신대문제대책협의회가 평화비 건립을 기획, 최종적으로 소녀상 형태로 만들어졌다. 정식 명칭은 '평화의 소녀상'이지만, 국내에서는 주로 '소녀상'으로 일본에서는 '위안부상'으로 명명하고 있다. 이 글에서는 기본적으로 '소녀상'을 사용하되, 일본 측 텍스트를 직간접으로 인용하는 경우 예외적으로 '위안부상'을 사용했다.

28일 돌연 이른바 '한일 위안부합의'(이하 '합의')가 발표되었다. 2017년 정권 교체를 통해 새로이 등장한 한국 정부가 TF를 구성하여 이전 정권에서 이루어진 '합의' 과정에 대한 검증을 시도했고, 문재인 대통령을 비롯한 여러 인사들이 위안부 문제 혹은 '합의'에 대해 발언했지만,—대체로 '합의'가 불충분하고 일본의 보다 진정성 있는 사죄와 행동이 필요하다고 지적하면서도—'합의'를 파기하거나 양국 정부 차원에서 공식적으로 위안부 문제를 재론하는 것에 대해서는 소극적인 태도를 유지하고 있다.

이하에서는 위안부 문제를 둘러싸고 한·일을 중심으로 벌어진 이상과 같은 역사적 전개 과정을 염두에 두면서 '애국여성들의 반위안부 활동'의 양상을 살펴보고자 한다.

3.2. 위안부 문제인식의 지평

(1) 반위안부 활동과 여성

제1장에서 살폈던 바와 같이 애국여성들이 현대 일본(사회)에 대해, 혹은 한·중 등 주변국에 대해 갖고 있는 인식 대부분은 대체로 역사수정주의자들의 그것과 유사하다. 그렇다면 '위안부 문제'에 한정해서 살펴보면 어떠할까. 애국여성들의 주장과 활동 가운데 가장 주목할 만한 것은 바로 '위안부 문제'와 관련된 것이라 생각되는데, 이는 두 가지 이유에서다. 첫째는, 이들 스스로가 실제 위안부 문제에 강한 관심을 보

이며 목소리를 높이고 있기 때문이며, 둘째로는 위안부 문제에 관해서는 이들이 위안부 문제 당사자들과 '같은' 여성이라는 점에서 보수·우익 세력 안에서도 특별히 환영받는 존재일 것이기 때문이다.[77]

이들의 반(反)위안부 활동에 뜻을 같이하는 보수·우익 남성들의 환영 혹은 부채의식은 애국여성들의 저서에 대한 독자 반응에서도 확인된다. 반위안부 활동에 애국적인 '여성'이 앞장서야 하는 이유로는 대체로 다음과 같은 것들이 제기된다. 첫째, 남성이 나설 경우 또 다른 가해로 여겨지기 쉽다. "위안부 날조 문제는 보기에도 남성이 여성을 괴롭히는 것으로밖에 여겨지지 않기 때문에, 이전부터 일본 여성이 들고 일어나 국내외에 발신하지 않으면 어렵다고 생각해왔다"[78]든가, "남성이 이 문제에 관해 발언하면 변명처럼 들리기도 하고 '세컨드 레이프(second rape)'라고 비난받기에, 여성이 이 문제에 맞서야 한다고 생각해왔다"[79]는 식이다.

둘째, 위안부 문제의 성격상 여성이 발신하는 편이 좋은 인상을 주고, 따라서 설득력도 높아진다. "여성의 인권에 관련된 섬세한 문제에 관

---

77) 분석의 대상으로 삼을 수 있을 만큼 충분한 분량의 텍스트를 남기고 있는 것은 반위안부를 기치로 내걸고 활동 중인 정치인 스기타와 활동가 야마모토 정도이기에, 이들의 언설을 위주로 논의를 전개할 수밖에 없는 것은 텍스트 분석을 연구 방법으로 삼는 이 글의 한계이자 큰 아쉬움이다. 그러나 이들이 국제사회에서 반위안부 활동의 '주역'인 것도 사실이라는 점에서, 나름의 대표성을 갖는다고 할 수 있을 것이다.

78) 아마존재팬에 투고된 河添恵子, 『国防女子が行く』에 관한 독자평(투고자: マキャベリ大将と最後のジェダイ, 2016. 7. 7.).

79) 아마존재팬에 투고된 山本優美子, 『女性が守る日本の誇り』에 관한 독자평(투고자: (*>ᴗ<*), 2015. 3. 13.).

해서는, 험상궂은 남자보다도 야마모토 씨를 비롯한 야마토 나데시코(やまとなでしこ, 일본 여성의 미칭) 씨들이 항의의 선두에 서주시는 것이 세계에 대한 임팩트가 있다."[80] 위안부 문제에 대해 남성이 논의를 시작하면 "금방 '여성의 인권이~'라며 떠드는 여성 좌파들이나 페미니스트를 칭하는 무리들이 있으니까" 스기타 같은 '여성 정치가'가 실상에 대해 제대로 발신해서 반격해줄 때 "마음 든든하다"는 것이다.[81]

셋째, '성'과 관련된 민감한 문제이기에 남성이 발언하기에 부적합하다. 위안부 문제는 남성 정치인이 발언하면 "사실관계가 어떻든 감정적으로 받아들이지 않을 수 없는 경우가 많고", "위안부 프로파간다 문제는 성 문제가 관련되어 있는 만큼 남성이 항의하는 데는 아무래도 한계가 있"다는 것이다. 따라서 여성들이 앞에 서고 "우리 남자들은 철벽과 같은 방위벽을 구축, 만일의 경우에는 공격이 최대의 방어라는 점을 증명하지 않으면 안 된다."[82]

굳이 세 가지로 구분해 정리해보았으나 결국 하나의 내용, 즉 '성과 관련된 위안부 문제만큼은 여성이 전선에 나서는 것이 효과적이다'라는 것으로 귀결되는 듯하다. 일본의 역사에서 여성에게 전투에 앞장서라고 했던 사례를 있었는지 떠올려보면, 오히려 그와는 반대로 여성에게 '총후의 전쟁'이라는 사명을 맡겼던 경우가 떠오를 뿐이다. 근대의 전쟁에

---

80) 아마존재팬에 투고된 山本優美子, 『女性が守る日本の誇り』에 관한 독자평(투고자: クレヨンしんちゃん, 2015. 1. 29.).

81) 아마존재팬에 투고된 杉田水脈, 『なでしこ復活: 女性政治家ができること』에 관한 독자평(투고자: こーち, 2015. 4. 5.).

82) 아마존재팬에 투고된 山本優美子, 『女性が守る日本の誇り』에 관한 독자평(투고자: ドロワ, 2015. 2. 6.).

서는 남성이 전선에 나서고 일본 여성에게 '총후'를 맡겼다면, 현대의 반위안부 '전쟁'에서는 여성을 전선에 세우고 남성이 후방을 지키는 셈이다.

(2) '일본' 여성으로서의 반위안부활동

그렇다면 애국여성 스스로는 자신들이 위안부 문제에 나서는 이유를 무엇이라 설명하고 있을까. 같은 '여성'이라는 점을 어필하기는 하지만, 위안부를 지지하고 그들과 같은 입장에 서는 것이 아니라 오히려 그 반대편에 서 있는 만큼, 당연하게도 위안부 당사자들과 같은 '여성으로서' 책임감을 느낀다거나 공감하는 것과는 거리가 멀다.

예를 들어 스기타는 "자신은 어머니로서", "위안부 문제는 우리 세대에서 해결하지 않으면 안 된다"라는 생각에서 위안부 문제에 천착하는 것이라고 한다.[83] 하지만 이것은 "우리의 자녀와 손자, 그리고 그 다음 세대 아이들에게 사죄를 계속하는 숙명을 지게 할 수는 없습니다"라고 했던, 2015년 8월 전후 70주년 기념 아베 신조 수상의 담화를 떠올리게 하는 것으로, 굳이 말하자면 세대론에 입각한 반응이지 딱히 '여성'으로서의 입장으로 보이지는 않는다. 차라리 그보다는 스기타가 남성 정치인 선배로부터 들었다는 말처럼 "위안부 문제는 여성이 담당하는 편이 좋겠다"[84]라는 공감대가 형성된 것, 혹은 이에 대한 암묵적 동의가 여성들의 등을 떠미는 것 아닐까. 이것은 결국 '여성'으로가 아닌 '일본'인으로서의 역할을 우선한 것이고, '여성'이라는 점을 전략적으로 이용하는

---

83) 杉田水脈, 『慰安婦像を世界中に建てる日本人たち』, 7쪽.
84) 杉田水脈, 『なでしこ復活~女性政治家ができること』, 15쪽.

것에 불과하다.

스기타는 위안부 문제가 현재 국제사회에서 '여성의 인권 문제'가 되었기 때문에, "여성이 반드시 담당해야 할 문제"라고 한다. 그는 위안부 문제를 강간이나 학살 등과 묶어서 "전시중 성폭력"으로 확산시키는 편이 국제사회의 지지를 얻기 쉽다고 여긴 '반일 세력'이 "위안부 문제를 '여성의 인권 문제'로 조장하고 있다"고 본다. 또한 일본군 위안소는 그러한 성폭력과 분명 다름에도 "남성이 그것을 지적하면 … '여성차별이다'라고 반론이 생기기" 때문에, 일본의 여성이 '솔선해서' 위안부의 진실을 밝혀야 한다고 주장한다.[85] 위안부가 국제사회에서 이미 '성노예(sex slave)'라는 용어로까지 통용되고 있는 상황에서, 남성들이 논리적으로 대응하겠다면서 "위안소는 다른 나라에도 있었다"는 식으로 반박해봐야 도리어 부정적인 인식만 강화될 뿐이라는 것이다. 결국 애국여성이 위안부 문제에 대응하는 것은 여성으로서의 자각에서 비롯되었다기보다는 위안부를 둘러싼 국제적 여론전에서의 전략상 선택인 셈이며, 이러한 사실을 숨기지도 않는다.

위안부문제를 일본의 남성이 발언하는 것이 역효과를 불러온다는 대표적인 사례로 야마모토는 하시모토 도루의 발언을 든다. "하시모토 씨가 여자였다면, 같은 발언이라도 … 전혀 문제가 되지 않았을 거라 생각해요. 하시모토 씨가 남자이고 남자 입장에서 한 말이라서 문제가 되

---

85) 杉田水脈, 『慰安婦像を世界中に建てる日本人たち』, 8~9쪽. 액션 대표 야마모토도 사나미와의 인터뷰에서 이와 거의 유사한 주장을 전개한다. 佐波優子, 『女子と愛国』, 138쪽.

었던 면이 있지요."[86]라는 식이다. 즉, 자신들이 여성으로서 위안부문제에 대해 남성과 '다른 인식'을 갖는 것이 아니라, 위안부문제에 대해서는 '같은 내용'이라도 '여성'이 발언해야 문제가 되지 않는다는 것이다. 이러한 맥락에서 "위안부문제는 여자가 해결하기 용이하다"라고 주장하는데, 이는 철저히 '일본인으로서의 방어'라는 측면에서의 논리이지 위안부문제 그 자체를 제대로 응시하거나 당사자의 입장을 고려하기 위한 것은 아니다.

위안부 문제의 '해결'을 위해 일본의 '여성'이 등장해야 한다는 논거는, 아래 스기타의 발언에서 보다 구체적인 단서를 찾을 수 있다.

[위안부들 중에는] 부모에게 팔리거나 속아서 위안소에 온 사람도 있었겠죠. 실제 위안소에서 험한 꼴을 당한 사람도 있었으리라 생각합니다. 그러한 고통은 같은 여성으로서 잘 이해합니다. 그러나 지금의 논점은 그것이 아닙니다. 논의해야 할 사안은 명백한 거짓인 한국 측의 주장 "20만 인의 소녀나 젊은 여성을 강제연행해서 성노예로 삼았다"는 부분입니다. 따라서 위안소에서 쓰라린 경험을 한 여성의 이야기는 일단 좀 내버려둡시다. 이것은 여성밖에 말할 수 없습니다. 만일 남성이 "쓰라린 경험을 한 여성의 이야기는 일단 내버려둡시다"라고 한다면, 그것만으로 사람들로부터 공격을 받을 것입니다. 그렇기 때문에 더욱 여성이 앞장서서 한국 측의 거짓말을 확실하게 바로잡을 필요가 있다고 생각합니다. 이것은 바로 여성이기 때문에 비로소 가능합니다. … 우리가 대치하고 있는 위안부 문제는 "여성의 인권이 짓밟혔다"는 식의 다툼이

---

86) 杉田水脈·山本優美子, 『女性だからこそ解決できる慰安婦問題』, 自由社, 2017, 18~19쪽.

아니라, 한국 측 주장의 거짓을 폭로하는 것이 목적인 것입니다. 그 거 짓에 의해 우리들의 조상, 그리고 일본이라는 나라가 멸시당하고 있으 니까요.[87] (밑줄―인용자)

여기에서 "그러한 고통은 같은 여성으로서 잘 이해합니다"라는 진 술을 그대로 믿을 수는 없다. 생물학적으로 같은 여성이라는 것 외에 위 안부들의 고통을 이해한다는 단서는 전혀 찾을 수 없기 때문이다. 위안 부 문제에 있어서 이들의 관심은 그들이 겪은 고통이 아니며, 그에 공감 할 생각은 더욱 없어 보인다. 오히려 위안부 문제를 둘러싼 논점을 '여 성의 인권'이 아니라 한국 측 주장을 반박하는 것으로 이동시키는 것이 목적이며, 이를 위해서는 위안부들이 경험한 고통에서 시선을 옮길 필 요가 있다. 그리고 그러한 목적을 달성하기 위해 '그 여성들이 겪었을 고 통에 대한 이야기는 일단 내버려두자'라고 발언할 수 있는 자격은, 바로 같은 여성으로서 위안부의 고통을 '잘 이해하는' 자신들에게 있다고 믿 는 것이다. 성(性)이 같다는 이유만으로 위안부의 고통을 '잘 이해한다' 는 전제가 성립할 수 있는 것일까? 필자로서는 동의하기 어려운 이러한 전제로부터, 이들은 멋대로 '논의해야 할 사안'이 무엇인지를 제시하기 시작하고 있는 것이다.

또 하나, 이들이 '여성'과 관련하여 위안부문제에 불편함을 느끼는 것은 '자신이 여성인 것'과는 조금 다른 지점일 수도 있다. 이들은―그것 을 매춘이라고 하든 강제 성노예라고 하든―"부끄러워서 고백할 수 없

---

87) 杉田水脈,『なでしこ復活~女性政治家ができること』, 193~194쪽.

는, 그것이 보통 일본 여성의 마음가짐"이라고 소개한다. 그런데 일본보다 한참 뒤떨어졌다고 여겨왔던 한국의 여성들은 달랐다. "국가에 여성의 성이 이용되는 상황에 목소리를 높여 싸운" 끝에 1991년 김학순 할머니가 자신이 위안부 피해자임을 처음으로 고백하며 등장했던 것이다. "침묵을 강요당하고 있던 상황이야말로 폭력이자 여성 차별"이라는 한국에서의 여성운동의 결과였다. 그 앞에서 일본 여성들이 느낀 감정은 복잡했다.

일본에도 패전 후의 본토로의 후퇴 즉 '히카아게(引き揚げ)' 등의 과정에서 강간을 당하거나, "조국을 위해" 혹은 "젊은 처녀들을 지키기 위해"라는 등의 명분으로 여성으로서의 자신을 '희생'해야 했던 여성들이 있었다. 그들은 자신들의 그러한 고통스러운 경험 당시 "보고도 보지 못한 채 해온" 사람들과 전후에도 줄곧 함께 살아야했고, 따라서 자신의 "성폭력 피해를 고백할 수 없었다". "그러한 갈등을 안고 전후를 살아온 '히키아게샤'들의 입장에서 보자면, 피해를 피해로서 고백할 수 있다는 것만으로도 '한국인'이나 '위안부'에 염증을 느낄지도 모른다."[88] 물론 '애국여성'들이 이러한 경험의 당사자는 아니지만, 이처럼 침묵을 강요당해온 일본 여성들을 대변한다는 것을 반위안부 활동의 심리적 배경이 되고 있을 가능성도 추측해볼 수는 있다.

---

88) 北原みのり, 『奥さまは愛国』, 98쪽, 100~101쪽.

(3) 위안부 문제를 둘러싼 현실인식

위안부 문제는 이제 피해 당사자나 한일 양국 정부만의 문제가 아니라, 시민단체와 언론은 물론 유엔을 비롯한 국제사회까지 개입되어 다중적이고 다층적인 문제가 되었다.[89] 특히 여성차별철폐위원회를 비롯한 유엔의 여러 인권 관련 위원회가 위안부 문제를 여성 인권 문제로서 주목하여, 위안부 문제가 불거진 이래 20년 이상 지속적으로 일본 정부에 대해 적극적인 대응을 촉구해온 것은 주지의 사실이다.

이에 반발하는 애국여성들은, 유엔을 비롯한 국제사회에서 일본이 위안부 문제와 관련하여 압박을 받고 있는 데에 크게 두 가지 근원이 존재한다고 본다. 하나는 고노 담화로 대표되는 일본 정부의 '잘못된' 초기 대응이고,[90] 또 하나는 1991년 김학순 관련 기사를 최초 게재하고 이후로도 위안부 관련 뉴스를 적극 발신해온, 그래서—자신들이 보기에는—문제를 왜곡하고 과장하여 대중을 부화뇌동으로 이끈 『아사히신문』이다. 이들은 위안부 당사자들의 증언의 신뢰성을 부정하고 있으며, 『아사

---

89) 신기영, 「글로벌 시각에서 본 일본군 '위안부' 문제 : 한일관계의 양자적 틀을 넘어서」, 『일본비평』 15, 2016. 8.
90) 이들은 처음 위안부문제에 대해 일본의 잘못을 시인한 고노담화만 없었더라도, 지금 일본이 이 문제와 관련하여 겪고 있는 어려움을 없었을 것이라고 생각한다. 예를 들어 '요코'의 주장에 따르면, 일본은 "팔백만의 신들이 사는 나라로, 신들이 우리들이 하고 있는 것, 생각하는 것을 전부 보고 있기에" 굳이 모든 것을 "말로 할 필요가 없다"고 생각하는 문화를 가졌다. 여기에 더하여 일단 상대에게 "사과하는 문화(謝る文化)"를 가진 것도, 사과가 책임의 인정 나아가 소송으로 연결되기 쉬운 서구 세계와는 다르다. 이러한 문화적 차이가 고노담화와 같은 잘못된 대응으로 표출되어, 지금까지 일본의 발목을 잡는 질곡이 되고 있다는 것이다. 『超人気ブロガー—RandomYO KOの新・愛国論』, 桜の花出版, 2014, 51~54쪽.

히신문』이 위안부 관련 기사 일부를 스스로 삭제하고 사과했던 2014년
의 스캔들을 계기로 일본 국내에서는 위안부 문제에서 자신들―의 주장
이―이 완전히 승리했다고 '믿는다'.[91]

그들은 이러한 확신을 바탕으로 일본에 위안부 문제 해결을 지속적
으로 권유해온 '유엔'을 설득하고자 하고, 그것이 불가능하다면 유엔의
활동과 권위 자체를 손상시킴으로써 목적을 달성하려 한다. 같은 이유
에서 일본 정부에게도 유엔의 권유에 굴복하는 모습을 보이거나 위안부
문제는 '외교 문제화하지 않는다'는 종래의 입장을 바꾸어, 자신들의 주
장과 활동에 보조를 맞추고 협조하도록 압력을 가하고 있다.

스기타에 따르면 일본(인)에게는 '유엔 신앙', 혹은 "유엔이 말하면
고마워하며 그 말을 듣는" 모범생과 같은 성향이 있다. 하지만 그가 보기

---

91) 이들은 2014년 『아사히신문』이 요시다 세이지(吉田清治)의 위안부 강제연행
에 관한 증언이 거짓이라고 판단하고 그동안의 관련 기사를 뒤늦게 취소한
것, 반성이 충분하지 못하다는 비판에 검증위원회에 의한 조사를 받은 후
사과해야 했던 2014년 8월부터 동년 연말까지 일련의 사건을, 위안부 문제
를 반박하는 주요한 근거로 삼는다. 즉 이를 '세기의 오보'라고 단언하면서,
이를 계기로 이제 '위안부=성노예'를 인정하는 것은 일부 좌파뿐이라고 선
전하는 것이다(杉田水脈, 『慰安婦像を世界中に建てる日本人たち』, 3쪽). 하지
만 실제로는 이미 1990년대부터 요시다 증언의 신뢰성에 문제가 제기되어
한일 양국에서 비중 있게 채택되지 않았고, 따라서 '요시다 세이지 증언의
거짓 판명=위안부 문제 거짓 판명'이라는 등식이 성립할 수는 없다. 그럼에
도 이들은 『아사히신문』의 사죄가 마치 그간의 위안부 문제 관련 보도 전부
를 부인하는 것인 듯, 이를 자신들의 '승리'로 확신한다. 또한 2014년 고노
담화 검증을 통해 고노 담화에 이르기까지 한일 양국 사이에 이루어진 협의
내용 등이 밝혀졌고, 이에 대해 아베 수상이 고노 담화를 더 이상 문제시(見
直し)하지 않겠다는 계승의 뜻을 밝혔음에도, 스기타 등은―검증을 통해―
'고노 담화가 한국과의 야합으로 이루어졌음이 확인되었다'는 식으로 일방
적으로 선전하고 있기도 하다.

에 유엔이란, 비록 '여러 나라가 연합했다'는 의미를 가진 '국제연합(国連)' 혹은 '유엔(United Nations)'라는 명칭을 쓰지만 실제로는 제2차 세계대전의 전승국이 주도하는 기구일 뿐이며, "전승국은 훌륭한 나라들이고, 그 이외의 나라 … 는 전승국이 지도해주겠다"는 식의 고압적인 자세를 가지고 있다. 또한 유엔 안에는 기본적으로 "[모든 국가의] 국민은 선량하고 좋은 사람들이지만, 그 정부는 나쁘다"는 식의 인식이 자리 잡고 있다고도 주장한다. 이러한 인식 위에서 유엔의 각 위원회는 각 나라 '시민(단체)'의 의견을 듣고 이를 정부에 전달하고 시행을 촉구하는 역할을 하는데, 유엔에서 활동하는 일본 NGO 대부분이 좌익이라는 것이 많은 문제의 근원이라고 생각한다. 그는 "유엔에서의 발언의 수가 좌파계와 보수파에 의해 양분되지 않는다면 일본은 위험"[92]하다면서, 자신들이 주도적으로 NGO를 설립하여 유엔에서 발언권을 확대하겠다는 야심을 내비친다. 일본이 위안부 문제에 관해 유엔의 여러 위원회로부터 지속적인 압력을 받도록 만든 것은, 실제로는 중국이나 한국이 아니라 오히려 일부 일본인, 즉 일본의 '좌파'계 NGO 때문이라고 믿기 때문이다.

그러나 이들이 궁극적으로 지향하는 것은 유엔에서의 영향력 확대라기보다 일본 국내에서의 유엔 무용론 혹은 무시론에 가깝다. 이들은 유엔의 각종 위원회가 편협한 NGO의 의견만 무조건 수용할 뿐 객관적인 조사를 수행하지도 않는다고 주장하면서, 위안부 관련 권고에 줄곧 성실하게 대응하고 심지어 유엔의 권고를 수용하여 민법을 개정해온 일

---

92) 杉田水脈, 『韓国人の皆さん「強制連行された」で本当にいいの?』, 110~112쪽, 118쪽.

본과 같은 '모범생' 국가는 없다, 시민과 정부 사이에서 유엔의 중재가 필요한 것은 언론의 자유가 없고 이를 위해서는 생명의 위협까지 감수해야 하는 독재국가이지 일본과 같은 민주주의 국가가 아니다, 라고 목소리를 높인다. 일본에게 그러한 유엔의 개입은 불필요할 뿐 아니라 해롭기까지 하다는 것이다.

위안부 문제에 관한 한,—한국인의 눈에는 여전히 매우 미흡하지만—유약하고 사과 일변도인 일본 정부 특히 외무성의 태도는 이들에게 커다란 불만과 비판의 대상이 된다. 유엔으로부터 지적을 받을 때마다 "일본은 확실하게 사과했습니다. 역대 수상은 직필 편지를 써서 위안부들에게 사죄했습니다. 그리고 아시아여성기금이라는 것을 만들어 한 사람당 200만 엔씩의 배상금(償い金)을 지급했습니다"라고 해명하거나, "금후 일본은 그러한 여성의 인권을 짓밟는 것과 같은 일이 없도록 노력하고 있습니다"[93]라는 식으로 반성하는 자세를 취한 것 자체가 위안부 문제에서 일본의 입지를 약화시켰다는 것이다. 이상과 같은 인식에 기반하여 이들 애국여성들이 위안부 문제의 '해결', 혹은—필자의 관점에서 볼 때는—'반위안부 활동'에 직접 나서게 되는 것이다.

---

93) 杉田水脈, 『韓国人の皆さん「強制連行された」で本当にいいの?』, 128쪽.

3.3. 반(反)위안부 주장과 활동

(1) 위안부 문제 부정의 논리

이들이 위안부 문제를 어떤 방식으로 이해하는지, 그리고 이를 어떻게 대중에게 설득하는지 잘 보여주는 것은, 스기타가 한 연예계 종사자에게 들었다면서 소개하는 어느 'AV(성인용 비디오) 출연 여배우'에 관한 이야기다. 대략의 내용을 정리하면 다음과 같다.

큰 빚으로 인해 돈이 필요한 한 여성이 '제발 AV에 출연시켜달라'고 강력 희망하여 결국 배우가 될 수 있었다. 현장 스태프들에게 '앞으로도 잘 부탁한다'며 적극 어필, 200편 가까운 작품에 출연하여 빚을 전부 갚고 은퇴했으나, 이후 남자친구가 자신의 AV 출연 사실을 알게 되자 '강요에 의해 출연한 것'이라고 변명했다. 남자는 이른바 '인권변호사'를 대리인으로 선임했고 여성은 AV 제작회사 등을 민형사 고발했지만, 그 여성을 잘 아는 스태프들은 '왜 그녀가 고소를 했는지' 의아해한다.

스기타도 그리고 이 글을 쓰고 있는 필자도, AV 여배우의 사례에 상당한 지면을 할애하는 것이 그의 '배은망덕함'을 규탄하기 위해서는 아니다. 스기타는 이 이야기의 말미에 자신이 "작금, 일본에서 화제의 AV 출연 강요 문제로 등장하는 변호사나 단체가, 위안부 문제를 다루는 사람들과 같은 사람들인 것을 보면, 뭔가 배후가 있는 것 아닌지"라고 의구심을 표명하는 편지를 받았다는 사실을 알린다. 그리고 "'AV 출연 강요' 문제는 위안부 문제와 구도가 매우 유사한 느낌이 든다"는 자신의 주관적인 '느낌'을 덧붙인다.[94] 그는 AV 여배우 소송 사건이 이른바 인권파 변호사들이 "남자는 강자, 여자는 약자"라는 이미지를 이용하여 여성을 앞세운 '피해자 비즈니스'를 하는 것이라고 끝맺고 있지만, 실제로는 위안부 문제야말로 이러한 '피해자 비즈니스'라고 비난하기 위한 의도임이 명백하다. 사건의 구조가 유사해 보인다거나 공통적으로 인권변호사가 등장한다는 점 등을 내비쳐, 독자들로 하여금 위안부 피해 주장자를 거짓말하는 AV 출연 여배우와 동일시하도록 유도하고 있는 것이다.

사실 'AV 여배우'에 그들이 가진 위안부 문제인식의 핵심이 담겨 있다고 생각되지만, 이를 조금 더 명확하게 정리하자면 다음과 같다. 첫째, '한국 등이 주장하는 일본군 위안부 문제는 거짓이다'. 스기타 등은 현재 위안부 문제와 관련한 한국 등의 주장을 "20만 명의 여성을 강제연행해서 성노예로 삼았다"라는 하나의 문장으로 정리하고, 이 안에 이미 '세 개의 거짓'이 포함되어 있다고 주장한다. 즉 '20만' '강제연행' '성노예'다. '20만'이라는 수는 근로노동 등을 포함한 '정신대(挺身隊)'와 '위안부'를 혼동한 것이고, 현재까지 이들이 '강제'로 연행되었다는 증거는 없으며, 위안부들은 성노예였던 것이 아니라 '고액의 급료'를 받았다고 주장한다.[95]

---

94) 杉田水脈, 『慰安婦像を世界中に建てる日本人たち』, 208~209쪽.

95) 이와 관련해서 이들이 근거로 제기하는 것은 다음의 두 가지다. 첫째는 고액이 남겨진 전 위안부의 통장이며, 둘째는 미군의 위안부 심문 결과다. 이 두 가지 근거는 역사수정주의자들이 반복적으로 주장하는 것인데, 제2차 세계대전 중 위안부로서 미얀마에서 맡겼던 군사저금의 지급을 요구하는 전 위안부 문옥주가 1992년 5월 11일 야마구치현 우체국을 방문하여 장부를 확인한 결과 잔액이 '26,145엔'으로, 이는 당시 20~30채의 집을 살 수 있는 금액

둘째, 위안소가 존재하기는 했지만 '보호와 관리를 위한 것이었다'. 따라서 위안부는 일본군이나 정부에 의한 희생자가 아니라 '전쟁'과 '시대'의 희생자라고 보아야 한다고 주장한다.[96] 이들은 위안소의 존재 자체는 부인하지 않지만, 그곳에서 여성에 대한 성적 학대와 노예와 같은 취급이 있었던 것은 부인한다. 오히려 위안소를 설치한 것은 여성을 보호하고 위생적으로 관리하기 위해서였다고 본다. 위안소가 "강간 등의 피해로부터 여성을 지키기 위해 존재"했다는 것이다.[97] "군의 간여"는 "위생관리나 위안부들의 신체를 지킨다는 의미"에서 있었던 것으로, 그 목적은 "성병 만연의 방지 외에 다른 나라 병사들처럼 현지 여성을 강간하는 등의 문제를 막기 위해서"였다고 본다.[98]

셋째, 그런데도 '위안부 문제를 가지고 국제사회가 일본을 압박하는 것은 반일 세력의 책략 때문이다'. 앞서도 언급했던 것처럼, 이들은 유

이라는 것이다(하나도케이의 가두선전 당시 나열된 사진 자료의 내용). 또한 1944년 10월 1일자 미군이 버마의 위안소에서 20명의 조선인 위안부를 심문한 내용(일명 〈ミートキーナ報告書〉)에 따르면, 당시 월 300~750엔 정도를 받았던 것이 확인되며, 실제 생활도 윤택했다는 것이다. 이상과 같은 내용을 가지고 위안부가 '성노예'가 아닌 '고액' 소득자였음을 강조하고 있는데(杉田水脈, 『なでしこ復活~女性政治家ができること』, 29쪽; 杉田水脈, 『韓国人の皆さん「強制連行された」で本当にいいの?』, 133쪽), 이는 '하나도케이'의 시위 등에서도 반복적으로 강조되는 레퍼토리다. 반면, 위안부문제 연구자들은 그러한 수치는 인플레가 급격했던 현지의 특수한 사정에 따른 것으로, 실제로 높은 가치를 갖는 금액이 아니었다고 일축한다.

96) YOKO, 『超人気ブロガーRandomYOKOの新・愛国論』, 161쪽.
97) 杉田水脈, 『慰安婦像を世界中に建てる日本人たち』, 9쪽.
98) 스기타는 이러한 일본의 위안소와 대조적인 것으로, 한국이 베트남전쟁 당시 '터키탕'이라는 이름으로 위안소를 설치하는 등 베트남 여성들을 학대하고, 그 결과 '라이따이한'이라 불리는 혼혈아를 양산하고 방치한 사례를 든다. 杉田水脈, 『慰安婦像を世界中に建てる日本人たち』, 176~177쪽.

엔 등에서 '위안부=성노예'라고 거짓말을 퍼뜨리는 소위 '반일 세력'이 존재하며,[99] 그 안에는 한국과 중국뿐 아니라 일본(인)도 포함되어 있다고 주장한다. 심지어 이들 일본인 좌파 세력이 국제사회에서 '반일' 활동에 앞장서고 있다고 강한 분노를 표출한다. 예를 들면, 유엔이 위안부 문제에 관심을 갖기 시작한 것이 1992년 유엔에서 일본인 변호사가 위안부를 '성노예'라고 표현하면서부터였다거나, 일본 '좌파' 변호사가 유엔에서 일본 정부를 압박하는 결의를 한 위원회의 의장을 맡았다는 것 등이 주된 비난의 대상이 된다.[100] 이들이 '좌파의 활동을 사실상 후원한 것은 일본 정부의 미온적인 대응'이었으며,[101] 앞으로는 일본 정부도 '좌파 NGO의 아성'인 유엔의 요구를 무시하는 것이 상책이라고 주장한다는 점은 앞에서도 언급했던 바와 같다.

애국여성들은 위안부 문제에 대한 이상과 같은 확신에 기반하여 자신들의 주장을 관철시키기 위해 국내외를 넘나들며 다음과 같은 활동을 전개하고 있다. 첫째, 일본 국내외에서 사진전이나 영화 상영 등 반위안부 계몽 행사를 개최, 둘째, 관련 주장을 담은 서적의 출판, 인터넷 게시, 가두선전 등을 통해 '반위안부 활동'에 동참하도록 홍보, 셋째, 위안부에 관한 종래의 대응을 부정할 것[102] 과 정보전에 적극 임하도록 일본 정부

---

99) 杉田水脈, 『慰安婦像を世界中に建てる日本人たち』, 6쪽.
100) 2016년 유엔 여성차별철폐위원회가 일본에게 여성차별을 이유로 황실전범의 개정을 권유했을 때 위원장은 일본의 인권파 변호사인 하야시 요코(林陽子)였고, 유엔에서 처음으로 '성노예(sexual slavery)'라는 표현을 쓴 것도 또다른 일본인 변호사 도즈카 에쓰로(戸塚悦朗)였다.
101) 杉田水脈, 『慰安婦像を世界中に建てる日本人たち』, 113쪽.
102) 이들은 고노 담화(1993)나 위안부합의(2015) 등 한일 간 교섭의 결과물, 유

를 압박, 넷째, 일부 지자체에서 채택되었던 '위안부에게 사죄와 배상을 요구하는 의견서'를 철회하도록 압력, 다섯째, 유엔과 미국 등 국제무대에서 '반위안부 활동' 전개 등이다. 이 가운데 필자가 특히 주목하는 것은 국제무대에서의 '반위안부 활동'으로, 이것은 첫째로 소개한 일반적인 계몽활동과는 조금 다르다.

(2) 국제무대의 '반위안부 활동'

역사수정주의자들과 마찬가지로 애국여성들 역시 국제사회에서의 정보전 혹은 적극적인 '발신'을 강조한다는 점, 특히 스기타와 야마모토 등이 중심이 되어 유엔과 미국 등지에서 적극적으로 '반위안부 활동'을 전개하고 있다는 사실은 앞서도 언급했다. 활동의 내용을 조금 더 구체적으로 살펴보면 다음과 같다. 첫째, 유엔 산하 위원회 등에서 위안부 문제가 주요 안건으로 다루어지는 것을 막기 위해 노력하거나 이를 반박하는 주장을 발신한다. 둘째, 위안부 관련 자료가 유네스코 기억유산으로 등록되는 것을 막기 위해 힘쓴다. 셋째, 미국과 호주 등지에서 소녀상 건립을 저지하거나, 이미 설립된 경우 재판 등을 통해 철거를 시도한다. 넷째, 이를 위해 해당 지역의 일계인(日系人)과 연대하여 의회와 시민사회에 반위안부 선전을 계속한다.

2015년 7월 스기타와 야마모토는 궁리 끝에 유엔 여성차별철폐위

엔 등 국제사회를 향해 일본이 위안부 문제를 진지하고 성의 있게 대응하고 있다는 종래의 자세, 혹은 '위안부 문제는 외교 문제로 삼지 않는다'는 방침을 부인하고 철회하도록 요구한다.

원회 준비모임에서 각 2분씩 발언 기회를 얻을 수 있었다. 유엔에 별다른 인연이 없는 일본 보수계 인사로서 쉬운 일은 아니었다. 야마모토는 '미국 등에서 위안부상이나 위안부비가 건설되고 있지만, 이는 인권 문제의 영역을 넘어 일본인에 대한 공격, 프로파간다'라는 취지의 발언을 했다. 스기타의 경우 '일본군이 강제로 여성을 동원해서 성노예로 삼은 증거는 없으며, 이는 요시다 세이지라는 작가가 만든 거짓말이다. 『아사히신문』은 그러한 거짓말을 근거로 32년 동안 국제적으로 일본의 명예를 훼손해왔고, 2014년 요시다의 증언이 거짓임을 인정하였다. 일본이 여성을 성노예로 삼았다는 것은 사실무근이다'라는 취지의 발언을 했다. 질의응답 과정에서는 위안부가 윤택한 생활을 했다는 증거로 1944년 미군이 작성한 보고서를 제시했다.[103]

2016년 2월 15일에는 유엔 여성차별철폐위원회의 본심사를 앞둔 일본의 사전모임에 참가하여 정부에 "위안부 문제를 명확히 부정"하도록 압력을 가했으며,[104] 3월 16일에는 일본 보수 단체인 GAHT(역사의

---

103) 杉田水脈, 『韓国人の皆さん「強制連行された」で本当にいいの?』, 131~133쪽. 언급된 보고서에 관해서는 주석 95번을 참조.

104) 이러한 압력의 영향 때문인지, 다음 날 열린 본심사에서 외무성 스기야마 신스케(杉山晋輔) 심의관은 "강제연행의 증거는 없으며 이는 요시다 세이지의 거짓 주장을 『아사히신문』이 대대적으로 보도했기 때문인데, 최근 『아사히신문』이 잘못을 시인했다. 20만이라는 숫자에도 근거는 없으며, 이는 위안부와 여자정신대를 혼동한 때문이다. 성노예라는 표현도 사실에 반한다"라는 취지로 답변했다. 스기타 등은 일본 정부가 '강제연행', '20만', '성노예'를 부정했다는 점에서 이를 큰 전진으로 평가하지만, 문서로 제출하거나 미디어 등에 주목되는 모두발언에서 다루지 않은 것은 여전히 외무성의 소극적인 자세 때문이라고 보았다(杉田水脈, 『韓国人の皆さん「強制連行された」で本当にいいの?』, 143~148쪽). 그럼에도 외교관이 공식석상에서

진실을 요구하는 세계연합회)가 "Comfort Women not Sex-Slaves"라는 제목으로 '여성의 지위와 관한 위원회'의 패러렐 이벤트(parallel events, 비공식 행사)를 개최했다. 이를 통해 "위안부를 자칭하는 사람 중에는 정치적 프로파간다에 이용되어 지원 단체로부터 이렇게 말해라, 저렇게 말해라는 식으로 훈련을 받고 있는 사람이 있다"[105]라며, 위안부 문제 자체가 허구라는 주장을 펼쳤다. 그는 자신의 주장에 대한 반박이나 "Shame on you."라는 등의 청중의 격앙된 반응에 대해서도 "우리 이야기의 임팩트가 얼마나 강했는지를 보여주는 것이라 생각해도 좋다"라고 낙관한다.[106]

위안부 관련 자료의 유네스코 기억유산 등록을 막는 것도 이들의 주된 관심사 중 하나다. 2015년 10월 난징대학살 관련 자료가 유네스코 기억유산으로 등록되자, 이제 2017년 위안부 관련 자료의 등록 여부가 초미의 관심사가 되었다. 유네스코 역시 '신뢰할 수 없는' 기관이라는 인식을 가진 그들로서는 자칫 한국과 중국이 주장하는 '거짓된' 내용을 그대로 기억유산으로 등록해버릴 수 있다는 우려가 컸다.

야마모토 등은 자신들도 "등록 신청을 하는 것이야말로 [최선의] 공격수단"이라고 판단하였고, 위안부 문제에 관해 한·중 등의 주장과 반대되는 내용을 담아 신청하는 것으로 작전을 세웠다. 신청서에는 "위안

그간의 일본 정부의 입장과 달리 위안부 문제의 존재를 부인하는 발언을 한 것은 주의가 필요가 있다. 최근 그는 주미 일본대사로 임명되었다.
105) 小山エミ, 「アメリカ「慰安婦」碑設置への攻撃」, 山本智美 等, 『海を渡る「慰安婦」問題』, 67쪽; 杉田水脈, 『慰安婦像を世界中に建てる日本人たち』, 41~50쪽.
106) 杉田水脈, 『慰安婦像を世界中に建てる日本人たち』, 41~50쪽.

부·위안소의 실태를 전하는 것, 그와 관련하여 일본군의 규율에 관한 것, 그리고 [전후] 미군(연합군)도 위안소에 관련되었다는 것" 등의 세 가지 내용을 담았다. 이를 통해 위안부가 성노예가 아니었다는 점과,—현재 위안부 문제를 둘러싼 주된 전장(戰場)이 되고 있는—미국 역시 이에 관련된 당사자라는 사실을 상기시키려 한 것이다. 하나의 사안에 여러 나라가 관련된 경우 '관계국 간의 협의를 권장'하는 최근 유네스코 개혁의 방향을 미리 헤아린 전략이었다.107) 한편으로는 해외 유력 기관이나 저명인사로부터 자신들에게 유리한 의견서를 받아서 제출하거나108) 일본 정부에 막대한 유네스코 분담금 지급을 압력 수단으로 사용하도록 호소하기도 했는데,109) 이런 노력이 성과를 거둔 것인지 2017년 10월 유네스코는 위안부 관련 자료의 기억유산 등록을 보류하는 결정을 내렸다.110)

2011년 수요집회 1,000회를 기념하여 서울 일본대사관 앞에 소녀

---

107) 「山本優美子のなでしこアクション (1) 慰安婦問題は守勢でいては振り回されるだけ 子供たちのために今こそ真実を世界に」(http://www.sankei.com/politics/news/160625/plt1606250001-n1.html).

108) 예를 들면 위안부 제도를 홀로코스트에 비견하는 한·중의 신청서 내용에 반박하는 내용을 담은 '캐나다·이스라엘 우호협회'와 전(前)주일본 이스라엘대사의 의견서를 받아서 유네스코에 제출하였다. 「山本優美子のなでしこアクション (8) オバマ政権は, 慰安婦問題が日米韓を離反させる政治問題だと気づいたのではないでしょうか?」(http://www.sankei.com/premium/news/170108/prm1701080010-n1.html).

109) 「山本優美子のなでしこアクション (7) ユネスコを舞台にした慰安婦戦…日本政府は本気になって「性奴隷」登録を阻止してください!」(http://www.sankei.com/premium/news/161009/prm1610090011-n3.html).

110) 「유네스코, '일본군 위안부 기록물' 세계기록유산 등재 '보류'」(http://news.chosun.com/site/data/html_dir/2017/10/31/2017103100409.html).

상이 세워진 이래, 세계 각지에서 소녀상을 둘러싼 대결도 치열하다. 2010년부터 시작된 기념비 설치도 마찬가지다. 특히 2013년 7월 30일에는 캘리포니아주 글렌데일에 미국 최초로 소녀상이 설치되었고, 이후로도 미국, 호주, 캐나다 등지에서, 더 나아가 유럽과 동남아에서도 소녀상과 기념비 설치를 둘러싼 갈등이 계속되고 있다.[111] 이런 상황에서 스기타와 야마모토 등은 소녀상 설치가 쟁점으로 부상한 글렌데일 등을 직접 방문하여, 뜻을 같이하는 현지 연구자 및 일계인 단체 등과 협력하여 소녀상 설치 반대 혹은 철거를 압박하고 있다.

이들이 국제사회에서 소녀상 설립을 반대하는 주된 이유는 다음 세 가지 정도다. 첫째, 미국과 호주 등 이른바 '이민의 나라'에 '위안부상'을 설치하는 것은, 서로 협력해야 할 한·중·일 이민자들 사이에 새로운 '분열의 씨앗'이 된다. 즉 단순히 과거가 아닌 현재와 미래에 집중해야 한다는 수준을 넘어, 협력과 화해가 요구되는 이민사회의 특수성을 생각할 때 더더욱 갈등 중심의 과거가 아니라 현재 혹은 미래에 집중해야 한다는 것이다.

둘째, '위안부상'의 설치는 또 다른 '인종차별'을 야기할 수 있다. 즉 현지에서 일본인에 대한 부정적인 이미지를 조장하고 차별과 괴롭힘의 원인이 된다는 것으로, 예를 들면 일본 학생들에 대한 노골적인 괴롭힘이나 일본인의 한인식당 입장 거부 등과 같은 현상이 나타나고 있다고 주장한다.[112] 여성의 '인권'을 위해 제기된 위안부 문제가 일본인에 대한

---

111) 2017년 10월에는 미국 동부 최초로 뉴욕 맨해튼에 소녀상이 설치되었다.
112) 杉田水脈, 『慰安婦像を世界中に建てる日本人たち』, 62~63쪽; 山本優美子, 『女

공격이라는 또 다른 '인권' 문제를 낳는다는 것이다. 셋째로, 사실 여부가 확인되지 않은 위안부 문제를 기정사실화하는 오류를 낳는다. 즉,―자신들이 거짓이라 믿고 있는―'20만, 강제연행, 성노예' 등은 여전히 논쟁과 해석의 여지가 있음에도, 이를 기념비 등에 새겨 부동의 사실로 확정하는 것은 옳지 않다는 것이다. 이들은 이런 논리를 가지고 소녀상 설치 관련 공청회에 참가하거나 철거 요구 소송을 제기하고, 정치인과 오피니언 리더와의 직접적인 접촉을 통해 현지의 여론을 소녀상 설치 반대로 이끌기 위해 안간힘을 쓰고 있다.

4. '애국여성'의 특징과 위안부문제

이 글에서 이른바 '애국여성'이라는 존재에 주목한 것은, 첫째, 최근 일본에서 보수·우경화 경향이 확산·대중화하는 현상을 '여성'에 주목하여 살펴보고자 했고, 또 하나는 이들의 행동 양상이 종래 일본 여성들의 전형적인 패턴에서 벗어나 있기 때문이었다. 즉 전후 일본에서 이른바 '자신의 목소리를 내는 여성'들은 주로 페미니즘을 비롯한 진보적인 시민운동에 속해 있던 반면, 대체로 보수적인 인식을 가진 주부나 직장

性が守る日本の誇り』, 58~59쪽. 스기타는 현지 일본인으로부터 '위안부상'이 설치된 후 '이지메'를 겪었다는 말을 전해 들었지만 워낙 '민감한' 문제라 직접 만나 인터뷰할 수는 없었다고 설명한 반면, 미국에서 활동하는 고야마는 그러한 사례를 찾을 수 없으며 객관적으로도 상상하기 어렵다고 단언한다. 小山エミ, 「アメリカ「慰安婦」碑設置への攻撃」, 46~49쪽.

여성들은 굳이 거친 목소리를 내지 않았다. 국제정치나 역사 문제와 같은 이슈, 혹은 '애국'과 '보수' 같은 주장들이라면 더더욱 여성과는 무관한 것으로 여겨졌다. 그런데 최근 일본 사회의 보수·우경화 경향이 현저하게 가속화하는 가운데 그에 동참하는 이른바 '애국여성'들이 등장하기 시작했고, 바로 그러한 사실 자체가 일본 사회의 변화를 이해하는 데 주목할 만한 현상이라 여겼기 때문이다. 과거 보수 단체 집회의 여성 참가자가 10% 정도였다면 지금은 과반수에 육박한다고, 당사자들이 체감할 정도다.[113]

애국여성의 존재에 주목하고 학문적으로는 사실상 처음 접근을 시도하는 만큼, 이 글에서는 먼저 주된 애국여성 단체와 활동가들을 소개하였고, 이들이 스스로를 매우 보통의 평범한 소시민으로 인식하며 우연한 기회의 각성을 통해 애국심에 눈뜨게 되었음을 강조한다는 점, 그리고 남녀성별분업에 기반한 매우 보수적인 젠더인식을 가지고 있다는 점을 확인하였다. 이들은 역사 문제와 현대 일본 사회에 대한 인식에 있어서는 대체로 역사수정주의자들의 주장을 흡수하여 내면화하고 있는 것으로 보이지만, 일부 표현과 주장 가운데 '여성'이라는 정체성을 활용하고 있는 것도 확인할 수 있었다. 그중에서도 '반위안부 활동'에서만큼은 이들 '애국여성'의 존재감이 두드러지는데, 스스로 위안부와 같은 생물학적 성이라는 점을 강조하고 있지만 그만큼 여성으로서의 '젠더인식'을 가지고 있는지는 의심스럽다. 오히려 일본의 입장을 변호하는데 여

---

113) 佐波優子, 『女子と愛国』, 13쪽.

성이라는 자신들의 성을 전략적으로 이용할 뿐이다.

　이처럼 애국여성들이 스스로 전략적 역할 수행을 자처하면서, 여성이 후방 즉 '총후'를 지켰던 근대 일본에서의 전쟁 당시와는 반대로 이제는 여성들이 전선에 나서고 남성들이 '총후'를 지키는 시대가 되어가고 있는지도 모른다. 최소한 '위안부문제'에 한해서는 그러한 분위기가 읽힌다. 근대에는 공을 인정받아 참정권을 획득하고 싶었던 여성들이 '총후의 전쟁'이라는 이름으로 전쟁협력에 동원되었다면, 현대 일본의 여성들은 정말 스스로 각성하여 자발적으로 전선에 나서서 일본을, 일본의 남성을 지키려 하는 것일까? 아니면 이들 또한 어떤 '결핍'으로부터 출현한 것일까? 즉, 여성들이 여전히 현대 일본 사회에서 남성들과 동등한 대접을 받지 못하는 현실, 혹은 어떠한 결핍을 만회하기 위한 전략적 선택을 하고 있는 것은 아닐까라는 질문도 가능해 보이지만, 이들 애국여성이 그러한 큰 그림을 그리고 있는 것처럼 보이지는 않는다. 위안부문제에 관해 일본의 남성을 변호하는 것이 이들의 전략적 선택이라고 보기에는, 이들이 가진 역사인식이나 젠더인식 등이 모두 지극히 편협하고 경도된 것이기 때문이다.

　마지막으로, 일반적으로 납득하기 어려운 애국여성들의 '반위안부' 주장에 대해 개별 내용을 가지고 반박하는 것은—이미 여타의 연구자들에 의해 수행되고 있기에—이 글의 목적이 아니었다는 점을 밝혀둔다. 다만 이들이 '사실(fact)'이라고 주장하는 내용의 진위도 의심스럽지만, 앞서 언급한 '세 가지 거짓'의 설정이나 2014년 『아사히신문』 배싱 당시 '요시다 세이지'를 위안부 문제를 부정하는 핵심 근거로 삼았던 것과 같이, 이들이 '문제로 설정'하는 지점이 이미 객관적인 논의에 부적합하다는 점은 강조해두고자 한다. 설령 위안부가 20만이 아니었던들, 총검에 의한 강제연행이 아닌 방식으로 동원되었거나 설령 그 대가로 당시 위안부들이 상당한 수익을 얻었던들, 나아가 요시다 세이지의 증언이 거짓이었던들, 실제 삶으로 이를 경험한 당사자들이 존재하고 있고 수십 년에 걸쳐 그 자체가 또 하나의 역사로 축적되어온 위안부 문제 자체가 부정될 수는 없다. 애국여성들이 스스로 주요한 논점이라고 제기하는 항목들은 자신들에게 유리하게 논의를 전개시키기 위해 의도적으로 선별한 것일 뿐, 실제 위안부 문제를 둘러싼 학문적·외교적 논의에서 주요하게 다루어지는 논점과는 거리가 있다는 점을 노파심에서 지적해 둔다.[114)]

---

114) 만일 여타의 관련 정보 없이 이들의 언설만을 접한다면 별다른 저항감 없이 이들의 주장을 그대로 흡수할 위험이 있고, 이것이 현재 일본 사회에서 '반위안부' 주장이 힘을 얻고 있는 주요한 이유 중 하나인 것으로 보인다.

VI 일본 중국사학자의 중국인식과 '공동체론'*

박 훈

1. 일본의 '중국론'

중국과 일본만큼 수천 년에 걸친 이웃이면서 서로를 이해하는 데 어려움을 겪는 경우도 찾아보기 힘들 것이다. 그리고 그 불통과 오해가 현재 험악한 중일관계의 주요 요인 중의 하나라고 할 수 있다. 사실 긴 역사를 되돌아보면 중국과 일본은 지리적으로 이웃나라이지만 정치적으로는 반드시 그렇다고 할 수 없다. 양국 사이에는 드넓고 사나운 동중국해가 양국의 활발한 교류를 방해했고, 중국에 편입되지 않고 줄곧 독자왕국을 유지해온 한반도국가들이 직접적 교류를 차단했다. 중국은 조공

---

* 이 글은 「일본 중국사학자의 중국인식과 '공동체론': 혐중(嫌中)의 기원」(『동아시아문화연구』 제73집, 동아시아문화연구소, 2018)을 본 단행본의 취지에 맞춰 수정·보완한 것이다.

책봉체제를 중심으로 동아시아 지역질서를 주도해왔지만, 일본은 2000년이 넘는 역사동안 일부시기를 제외하고는 그 질서 바깥에 있었다. 왜 5왕을 비롯한 고대사의 전반시기와 무로마치막부가 중국에 조공하고 일본국왕으로 책봉된 15세기~16세초까지의 기간 동안만 왜(倭), 혹은 일본은 중국적 세계질서에 들어와 있었다.

이것은 사실 놀랄만한 일이다. 세계사적으로 봤을 때 중국은 말할 것도 없고, 일본도 유사 이래 상당한 규모와 문명수준을 이룩한 국가로 지속되어왔다. 이런 두 나라의 지배자가 수 천 년 동안 정식국교를 맺지 않고, 사절단 교환도 거의 없었던 것은 희귀한 사례에 속할 것이다. 물론 민간차원의 교류는 제법 있었다. 유사 이래 적지 않은 일본인들이 중국에 건너가 선진문물을 받아들였으며, 경제교류도 전개되어 왔다. 도쿠가와 시대에는 나가사키에 청의 무역선이 들어오고 중국 상인을 위한 거류지도 마련되었다. 그 이전에도 그랬지만 도쿠가와 시대 내내 일본 지식인들은 중국의 학문과 사상, 문화를 흡수하기 위해 노력했고, 중국 서적도 엄청난 양이 수입되었다.

그러나 엄격한 쇄국체제하에서 일본인들이 중국에 가는 것은 금지되었다. 200여 년 동안 정부관계자는 물론, 지식인, 승려, 상인에 이르기까지, 표류민을 제외하고 중국에 가 본 일본인은 거의 없었다. 위에서 언급했듯이 나가사키에 사는 중국 상인들은 있었으나 이들은 감시와 통제하에서 도진마치(唐人町)라는 지정된 구역에만 살아야 했다. 그들과 일본인은 자유롭게 접촉할 수 없었다. 도쿠가와 지식인들의 중국문화에 대한 탐구도 일부를 제외하면 당시의 중국, 즉 청 사회에 대한 것은 아니었다. 그들은 중국의 고전문화나 주자학, 청대 고증학에는 관심을 기울였으나 현실의 중국사회에 대해서는 거의 무지했다.

이런 면에서 1871년 체결된 청일수호조규는 2000년 양국 역사상 획기적인 일이 될 수 있었다. 무로마치 시대 이후 거의 처음으로 양국 국교가 재개된 것이다. 그러나 주지하다시피 그 후 양국은 청일전쟁을 시작으로 복잡다단한 관계를 맺어왔다. 어떤 면에서 중일양국은 1972년 중일공동성명 이후에야 정상적인 교류를 해오고 있다고 봐야 할는지도 모른다. 그러니 양국 사이의 본격적인 정치교류의 역사는 이제 반세기도 채 되지 않았다고 한다면 극언일까?

한 나라에 대한 인식을 형성하는 데에는 엘리트집단의 인식이 중요한 역할을 할 것이다. 그 중에서도 해당국가의 전문가들의 연구와 인식이 기초가 되어야하는 것은 말할 필요도 없다. 그리고 이들의 연구와 이에 기초한 상대인식은 객관적이며 이성적이어야 할 것이다. 이런 힘이 때로는 대중의 상대인식이 주관성이나 감정에 휘둘릴 때 이를 바로 잡아주는 역할을 해줄 것이다. 이런 관점에서 볼 때 지금 일본의 중국사학계나 이른바 중국통들의 연구와 중국인식에 문제는 없는 것인가? 이 글은 혐중이 대세가 된 현재의 일본사회에서 최근 활발히 활동하고 있는 중국전문가들의 작업과 시각의 문제점을 살펴보고자 한 것이다. 물론 일본의 중국사학계는 방대하며 일률적으로 그 성향이나 관점을 재단할 수는 없다. 여기서 다루고 있는 논자들도 그 중 극히 일부분이며 한 측면을 대표하고 있다. 그러나 그런 흐름이 비교적 새롭게 등장하고 있다는 점, 그리고 사회적 파급력이 날로 커지고 있다는 점에서 충분히 주목할 가치가 있다고 여겨진다.

2. 사회유형론적 중국사관의 부활

비교사를 시도할 때 그 방법에는 사회유형론과 발전단계론의 두 가지 관점이 있다고 볼 수 있다. 사회유형론은 각자 사회의 서로 다른 전개경로를 인정하고 그 특질을 비교검토하는 것이어서 각 사회의 특수성을 인정하는 것이라고 할 수 있다. 발전단계론은 모든 사회의 전개과정은 동일하며 단지 선진, 후진의 단계차이만 있을 뿐이라는 관점으로 근대화론, 혹은 사적 유물론이 대표적이다.

20세기 초 활성화되기 시작한 일본의 중국사연구는 발전단계론에 입각해 전개되었던 전후 역사학과는 판이하게, 주로 사회유형론의 관점에 선 것들이었다. 동양사학의 태두로 불리는 나이토 고난(內藤湖南)을 위시한 교토대학의 중국사학자들이 이를 대표한다. 이들은 중국과 일본 사회는 서로 상이한 경로를 걸어왔고 그것은 역사적으로 형성된 것이라는 입장을 취한다. 그것은 엄정한 학문적 방법을 견지하지 않으면 자칫 문화 본질주의로 빠질 가능성이 있는 것이었다.[1] 그리고 그런 입장을 견지한 중국사학자들이 정치적으로는 일본의 대륙침략과 만주국건설을 옹호하는 행태를 보였다. 그 바람에 20세기 후반에는 이들의 연구와 견

---

1) 岸本美緒, 「中国中間団体論の系譜」, 岸本美緒編, 『岩波講座「帝国」日本の学知 〈第3巻〉東洋学の磁場』岩波書店, 2006, 284쪽.

해가 본격적으로 조명되는 데 소홀함이 있었다고 할 수 있다. 그러나 전전에는 이런 학문적 방법론이 대세였다.[2]

이런 입장에 대한 강렬한 비판을 전개한 전후역사학은 마르크스의 사적 유물론을 논거로 하여 중국사를 발전단계론적으로 파악하려고 했다. 보편사의 법칙에 따라 일본도 중국도 동일한 발전경로를 걷고 있는 것이며, 공산혁명을 수행 중인 현대중국은 일본보다 오히려 앞선 단계로 평가되기도 했다. 따라서 이들의 입장은 중국에 대해 매우 호의적인 것이었다. 그런 면에서 전전의 경향과는 반대방향이었지만 역시 정치적이었다는 혐의에서 크게 자유로울 수는 없다. 도쿄대학 동양사학과는 그 아성이었다. 어쨌든 이런 과정에서 사회유형론적 연구는 거의 잊혀지고 학술적으로도 정치적으로도 제대로 역할을 하지 못했다.

그런데 근래 사회유형론적 중국사관을 다시 제시하는 일본의 중국사학자들이 등장하기 시작했다. 이것은 소련, 동구의 몰락과 냉전해체로 마르크시즘 역사학이 직격탄을 맞은 것이 큰 이유일 것이며, 그 후 전개된 동아시아의 민족주의 강화라는 정세와도 연결되어 있다고 보인다. 이들은 중국과 일본을 각각 국가-사회의 이중구조 vs. 국가와 사회의 일체구조, 전제국가 vs. 봉건사회, 혹은 '중국화 사회' vs. '에도시대화 사

---

2) 전전 일본의 동양사학자들의 중국론에 대해서는 박훈, 「100년 전의 거울: 20세기 초 日本의 '中國論'을 통해 본 '國家' 문제」, 『동아시아의 국가주의: 기원과 비교』, 未刊(인터넷열람가능 https://www.nrc.re.kr/kor/pubPoView.do?menuIdx=541&currentPage=1&otpId=NRCS00049570); 이형식, 「'지나통(支那通)' 야노 진이치(矢野仁一)의 중국인식과 대중(對中)정책」, 『사림』 58, 수선사학회, 2016.

회' 등으로 유형화하여, 각각의 특징을 지적하고 있다. 그리고 이런 차이로 인해 양국 간의 상호 이해가 크게 방해받고 있다는 것이다. 이런 지적 가운데에는 발전단계론적 방법이 더 이상의 통찰을 주지 못하며 지지부진한 것에 비하면 자유로운 발상과 참신한 견해로 경청할 만한 가치가 있는 것들이 많다. 특히 동아시아 비교사가 비로소 시도되고 있는 지금의 학계로서는[3] 비교사의 주요한 방법론으로 음미할 필요가 있다.

　　그런데 일본 중국사학자들의 사회유형론적 중국사(사회) 연구에는 전전부터 현재에 이르기까지 중요한 문제의식이 자리 잡고 있다. 그 것은 공동체 혹은 공동체성이라는, 일본사에서는 매우 익숙한 기준으로 중국을 이해하려고 한다는 점이다. 예나 지금이나, 혹은 중국에 대한 호불호의 입장을 불문하고 그들에게서 공통적으로 보이는 사고방식은 '공동체'의 유무, 혹은 강약을 기준으로 양국의 사회유형을 구분 지으려고

---

　3) 박훈, 「'봉건사회': '군현사회'와 동아시아 '근대' 시론」, 『동북아역사논총』 57, 동북아역사재단, 2017; 「메이지유신과 '士大夫的' 정치문화의 도전: '近世' 동아시아 정치사의 모색」, 『역사학보』 218, 역사학회, 2013; 「十九世紀前半日本における'議論政治'の形成とその意味－東アジア政治史の視点から」, 明治維新史学会編, 『講座明治維新 1 世界のなかの明治維新』, 有志舍, 2010; 「武士の政治化と「学党」－十九世紀前半の日本における士大夫的政治文化の台頭」, 塩出浩之編, 『公論と交際の東アジア近代』, 東京大出版会, 2016; 金英敏, 「朝鮮時代市民社會論의 再檢討」, 『韓國政治研究』 제21집 3호, 2012; 宮嶋博史, 「東アジア小農社会の形成」, 溝口雄三ほか編, 『アジアから考える 6 長期社会変動』, 東京大学出版会, 1994; 「東アジア史における近代化,植民地化をどう考えるか」, 『植民地近代の視座 朝鮮と日本』, 岩波書店, 2004; 「儒教的近代としての東アジア"近世"」, 『東アジア近現代通史 東アジア世界の近代』, 岩波書店, 2011; 淸水光明編, 『「近世化」論と日本－「東アジア」の捉え方をめぐって』, 勉誠出版, 2015; Ikegami, Eiko, *Bonds of Civility: Aesthetic Networks and the Political Origins of Japanese Culture*, Cambridge: Cambridge University Press, 2005.

하는 경향이 자주 보인다는 것이다. 즉 그들의 기본태도는 중국사회에 일본사(혹은 유럽사)에서 보이는 것과 같은 공동체가 있었느냐 하는 공동체의 존재여부를 탐구하는 것이었다. 특히 그들에게 매우 익숙한 도쿠가와 시대의 이에(家) 공동체, 무라(村) 공동체, 조닌(町人) 공동체가 암암리에 그들의 문제의식을 강하게 규정하고 있는 듯이 보인다.[4]

사실 필자도 중국과 일본사회의 이질성을, 적어도 '근세'[5] 이후에 한해서 보면 공동체의 강약으로 보는 것이 좋은 관점 중의 하나라는 데 동의하며, 그런 시각에서 동아시아 근대의 역사적 전제를 시론적으로 서술한 바도 있다. 그러나 그것은 어디까지나 두 유형의 우열을 전제하거나 대답하기 위한 것은 아니었고, 실태적으로 다른 양 유형의 차이가 이른 바 '근대화'에 어떻게 접속하는가를 담담히 검토해본 것이었다.[6]

그런데 본고에서 언급하는 일본의 연구자들 대부분은 공동체성이 강한 일본은 질서 있고 효율적이며 공공정신에 충만한 문명(선진)사회

---

4) 일부 중국사학자들과 달리, 일본인의 공동체 편애성향을 날카롭게 자각하며 비판하는 일본사학자 요나하 준은 중국사회를 분석하는 개념에 일본사회의 공동체감각을 끼워 넣는 것은 안이한 자세라고 이미 지적한 바 있다(與那覇潤, 「史学の黙示録: 「新支那論」ノート」, 『内藤湖南のアジア認識: 日本近代思想史から見る』, 勉誠出版, 2013, 197쪽).

5) 동아시아사를 포괄하는, 널리 공유된 시대구분은 아직 합의되어 있지 않은 상태다. 이 글에서는 우선 일본학계에서 널리 쓰이고 있는 시대구분법에 따라 '근세'라는 용어를 사용한다(물론 이것도 일본학계 전체가 합의하고 있는 것은 아니다). 이 경우 '근세'는 대체로 중국은 송대 이후, 조선은 조선초 이후, 일본은 전국시대이후로 볼 수 있다. 그러나 이는 아직까지 편의적 용법에 지나지 않는다(박훈, 「메이지유신과 '士大夫的 정치문화'의 도전: '近世' 동아시아 정치사의 모색」, 245쪽).

6) 박훈, 「'봉건사회'-'군현사회'와 동아시아 '근대'시론」.

이고, 반대로 공동체 성격이 약한 중국은 유동적이고 무질서하며 자기 이익에만 관심이 있는 후진사회라는 입장을 명시적으로, 혹은 암암리에 드러내고 있다. 이처럼 사회유형론적 관점이 선진-후진의식과 결합할 경우에는 문화본질주의로 흘러 발전단계론적 입장보다 오히려 더 특정 사회에 대한 정체론적 선진-후진관에 빠질 우려가 있다. 이 같은 관점은 이미 100여 년 전 저명 저널리스트이자 사론가였던 야마지 아이잔(山路愛山)이 전파했던 견해를 계승하는 것이다.

> 대체로 공사(公私)의 두 글자는 일본과 지나(중국: 인용자)의 생활 상태를 형용하는 가장 적당한 언어로 일본인의 생활은 공이다. 여럿과 함께 하는 것으로 공동생활의 이상에 가깝다. 지나인의 생활은 사(私)이다. 여럿과 함께 하지 않는 것으로 개인주의의 극단이다. 일본은 일가(一家)의 바깥에 국가가 있다. 집안의 아버지 바깥에 민의 부모인 황실이 있다. 지나는 집 외에 아무 것도 없고, 집의 부(父) 외에 따로 존중할 만한 것이 없다. 애신각라(愛新覺羅)씨가 억조(億兆)에 군림한다 해도 지나 인민에게 이것은 단지 정치적 주권자일 뿐 인민생활에 직접적으로 관계가 있는 것은 아니다. 일본인이 국가를 사랑하는 것은 거의 효자가 그 부모를 사랑하는 것과 같다. 이것을 지나인이 일가를 운영하는 데 급급하여 국가를 전혀 생각하지 않는 것과 비교한다면 양자의 성정은 실로 크게 차이가 난다고 할 것이다.[7]

야마지는 중국인은 국가나 사회보다 자기개인이나 가문을 우선시

---

7) 山路愛山,「日漢文明異同論」,『支那思想史·日漢文明異同論』, 金尾文淵堂, 1907, 209~210쪽.

하는 비공동체적인 사람들이며, 그에 비해 일본인은 공동체주의적이고 애국적이어서 항상 자기개인보다는 국가나 사회공동체를 앞세운다며 노골적으로 중국사회를 폄하했다.[8)

　뒤에서 보는 것처럼 최근의 논자들도 기본적으로는 야마지의 이런 가치판단을 이어받고 있다는 의심을 들게 하는데, 그들은 나아가 이런 차이가 중국(인)으로 하여금 일본(인)을 '오해'하게 만들어 반일감정을 양성한다는 것이다. 이런 견해를 받아들인다면 중국인의 반일의식의 책임은 양국의 사회성격의 차이에 돌려지고 근대이후 일본의 가해는 뒤켠으로 물러나게 된다.

　최근의 논자들에 따르면 반대로 일본인이 중국을 잘 이해하지 못하는 것도 당연한 일이다. 역사적으로 장기간에 걸쳐 형성된 사회성격의 차이 때문에 일본인이 너무도 이질적인 중국을 이해하지 못하는 것이고, 좋아할 수 없는 것도 그럴만하다는 것이다. 그러나 공동체가 없거나 미약한 중국, 특히 송대 이래 공동체 없이 사회를 어떻게 구성할 것인가를 추구해 온 역사를 가진 중국[9)을 이해하는 데 공동체의 존재에 우월적 평가를 앞세우는 것은 일종의 편견을 갖고 중국사회를 대하는 것이며, 중국사학자들의 이런 연구방법에서 산출된 결과물들은 어쩌면 일반 일본인들의 중국관을 근저에서 규정하고 있는지도 모른다. 이하에서는 근래 활발히 집필활동을 하고 있는 연구자들을 중심으로 이런 문제를 검토해보기로 한다.

---

8) 박훈, 「'봉건사회': '군현사회'와 동아시아 '근대'시론」, 296쪽.
9) 宮嶋博史, 「儒教的近代としての東アジア"近世"」, 71~72쪽.

3. 중국국가와 사회 격리론: '약한 국가', 혹은 '국가 부재론'

　　20세기 전반 교토대학을 중심으로 성황을 이룬 중국사연구는 중국은 역사적으로 국가와 사회가 몰교섭, 격리된 상태로 지속되어왔다는 기본 틀을 갖고 있었다.10) 국가와 사회의 괴리를 중국의 가장 큰 특징으로 보고 부정적 시각에서 이를 평가하는 것은 사실 19세기말에서 20세기에 걸친 일본 국민국가 건설의 성공을 의식하는 데서 비롯된 것이다.

　　주지하다시피 이 시기 동아시아인들의 모델은 서구의 국민국가였으며 그것은 대부분의 지식인에게 선망의 대상이었다. 그런데 당시부터 국민국가건설의 도정에서 중국과 일본은 크나큰 격차를 노정했으며, 중국의 지리멸렬은 일본에게는 불가사의한 것이었다. 그 원인을 그들은 국가와 사회의 괴리, 사회는 알지만 국가는 모른다, 한 국가이지만 이원체제다 등으로 파악하려고 했던 것이다.11) 이런 인식은 국가를 선한 것, 꼭 있어야하는 것으로 보는 감각을 암암리에 전제하는 것으로, 포스트 국민국가까지도 논의되고 있는 지금의 지적 환경에서 보면 편협한 태도라고 아니할 수 없다.

　　이것은 한편에서는 국가가 약하나 대신 사회는 강하다는 인식으로 이어졌는데, 나이토 고난의 향단론(鄕團論)이 대표적이다. 그는 중국은 향단으로 이뤄진 나라로 아무리 국가권력이 바뀌어도 향단은 그대로이

---

10) 박훈, 「100년 전의 거울: 20세기 초 日本의 '中國論'을 통해 본 '國家' 문제」.
11) 나이토 고난(內藤湖南), 야노 진이치(矢野仁一) 등 전전 일본 동양사학계를 풍미했던 교토대학 중국사 교수들이 대표적이다.

며, 중국을 침략하여 정권을 무너뜨리더라도 이 향단이 그대로이면 중국을 지배한 것이 아니라고까지 했다.[12] 그러나 그는 이 향단이 어떤 성격의 것인지, 예를 들어 공동체라고 할 수 있는 성질의 것인지에 대해서는 더 이상 언급을 하지 않았다.

역시 교토대학 동양사학과 교수였던 야노 진이치(矢野仁一)는 중국에는 판도 개념만 있을 뿐 국경 개념이 없고, 실제 국경선도 없었다고 주장한다. 영토뿐 아니라 중국의 국가는 인민과의 관계도 긴밀하지 못해 하나의 유기적 조직이라고 할 수 없다, 따라서 과거에도 그랬고 지금도 중국에는 네이션 스테이트가 없었다는 것이다. 지금의 눈으로 보면 전근대에 네이션 스테이트가 없었던 것은 중국뿐 아니라 일본에도 해당되는 것이지만, 그것은 어쨌든 야노 진이치는 중국에서의 국가라는 것이 일본의 경우와는 현격히 다르다는 것을 강조하고 있는 것은 분명해 보인다.[13]

한편 중국의 사회에 해당된다고 할 수 있는 향단의 성격에 대해 나이토 고난이 분명한 입장을 밝히지 않았던 것과는 달리 1930년대에 주로 작업한 일본의 사회과학자들은 중국 사회의 근간을 이루고 있는 촌락과 종족이 공동체성을 크게 결여하고 있었다고 주장했다. 이에 대해서는

12) 內藤湖南, 「新支那論」, 『支那論』, 文藝春秋, 2013[원저는 1924].
13) 박훈, 「100년 전의 거울: 20세기 초 日本의 '中國論'을 통해 본 '國家' 문제」. 한편 야노는 흥미롭게도 전후 『중국인민혁명사론』(1966)에서 중국공산혁명을 높게 평가한다. 그는 역사적으로 장기간에 걸쳐 이어져 온 중국사회의 사서(士庶)의 괴리를 타파한 것은 공산당이라며, 사회주의가 아니라 왕도낙토를 실현한 것이라고 지적했다(岡本隆司, 「近代日本がみつめた中國(5) 中國社会は停滯していたのか: 矢野仁一から內藤湖南へ」, 『本』 1月號, 2015, 26~27쪽).

다음 장에서 상술하므로 여기서는 생략한다.

　현재 일본의 중국사학자 중 이런 전전 학계의 입장을 계승하고 있는 사람은 오카모토 다카시(岡本武司) 교수(이하 경칭생략)로 보인다. 그는 1965년생으로 현재 교토부립대학 교수이다. 중국 근대경제사와 동아시아 국제관계사에서 두드러진 업적을 쌓아 오고 있어 현재 일본학계를 대표하는 중국사학자 중 한 사람이라고 할 수 있다. 여기서는 그의 이런 전문분야에서의 학술적 업적을 평가하려는 것은 아니다. 메이지유신을 전공하는 일본사학자인 필자에게 그런 능력이 있을 리가 없다. 여기서 필자가 문제 삼고자 하는 것은 그의 대중적 글쓰기 작업에서 보이는 중국에 대한 비판의 문제이다.

　왕성한 집필에너지를 자랑하는 그는 학술서뿐 아니라 대중교양서도 일 년이 멀다하고 쏟아내고 있다. 그가 중국을 분석할 때 중시하는 것은 역시 '국가-사회 격절론'이다. 중국은 국가와 사회가 유리되어 있어 지역사회가 정부권력에서 자율적으로 존립한다, 지역사회에게 정부는 반드시 불가결한 존재는 아니었다,[14] 청이 화폐를 주조하지 않은 것이 말해주듯 정부는 민간경제에 개입하지도 않고, 정부권력이 법제적으로 보장, 보호하는 역할을 하는 것도 없다, 직업선택이나 이동을 제한하는 제도도 없고 징세과정에서도 납세자를 장악하지 않는다,[15] 경제당사자들끼리 결속하여 룰을 정해 재산을 보호하고, 일탈자는 제재하는 단체를 스스로 만드는데, 그게 동향동업단체이다,[16] 국가와 사회는 서로 무관심

---

14) 岡本隆司, 『中國「反日」の源流』, 講談社, 2011, 62쪽.
15) 岡本隆司, 『中國「反日」の源流』, 79쪽.

하고 상호불신하며 서로 외자(外者)이다[17] 등등이 그 주요 지적이다.

이를 일본과 비교한다면 중국은 관민이 괴리되어 있는 개방적 유동성의 사회이고, 일본은 정반대로 관민밀착의 폐쇄적 응집성의 사회이다.[18] 중국에 비한다면 일본은 관민일체,[19] 긴밀히 응집한 체제[20]라는 것이다.

오카모토의 주장에는 전전의 동양사학자들 못지않게 한 국가의 '단결'을 큰 덕목으로 높게 평가하는 인식이 그 저변에 있는 듯하다. 그러나 서구의 국민국가, 혹은 현재의 서구 선진국들이 강력한 국가 못지 않게, 국가로부터 자율적인 사회를 동시에 갖추고 있다는 것을 생각할 때, 그리고 그것들을 떠받치는 활력 있고 자율적인 개인을 중시한다고 할 때 관민일체, 혹은 국가-사회관계에 강한 공동체성을 요구하는 논의는 국가주의로 흐를 위험성이 있는 것이며, 1930년대 이후 일본의 역사는 실제로 그렇게 되었다. 메이지, 다이쇼 시대 국민국가건설에 흥분해 있던 지식인들이 이 점을 구분 못한 것은 그렇다 하더라도 국민국가의 폐해를 지적하는 논의가 무성한 21세기에 동일한 구조의 논리를 반복하고 있는 것은 이해하기 어려운 일이다.

그리고는 그는 곧바로 이런 중일간의 사회구조의 차이가 경제제도, 정치권력의 성질 차이로 되어 나타나고 그게 더욱 대외자세와 그 갈등

---

16) 岡本隆司, 『中国「反日」の源流』, 80쪽.
17) 岡本隆司, 『中国「反日」の源流』, 62쪽.
18) 岡本隆司, 『中国「反日」の源流』, 79쪽.
19) 岡本隆司, 『中国「反日」の源流』, 108쪽.
20) 岡本隆司, 『中国「反日」の源流』, 131쪽.

을 만들어낸다며, 그 각각이 상호이해부족을 초래해 왜곡된 이미지와 오해, 모순을 낳아 대립과 파국에 이르게 되고, 그 파국의 결과가 다시 새로운 대립의 출발이 된다고 말한다. 이어 근대 중일관계와 반일의 원류를 형성한 역사경과도 대체로 이상과 같다고 결론짓는다.[21]

그러나 오해를 초래한 원인의 일단은 바로 이런 일방적인 시각에 있는 것은 아닌가. 왜냐하면 오카모토야말로 관민일체, 국가와 사회가 일체화된 국민국가 일본의 경험을 우월한, 선한 것으로 기준삼아 중국의 역사와 현상을 일방적으로 평가하는 견해에 갇혀 있는 듯이 보이기 때문이다. 그래서 중국은 재미있기는 하나 싫은 나라이고,[22] 언행불일치의 나라이며,[23] "우리 같은 중국을 전공으로 하는 사람에게도 중국은 역시 수수께끼"[24]같은 나라여서 알기도 이해하기도 어려운 나라라는 말을 서슴없이 하는 것이다.[25]

사실 오카모토의 교양서들은 당혹스런 표현과 주장이 많다. 그가 혐중 독자를 과도하게 의식하다보니 이런 문장이 된 것인지, 아니면 그

---

21) 岡本隆司, 『中国「反日」の源流』, 231쪽.
22) 놀랍게도 그의 책 岡本隆司, 『中国の論理: 歴史から解き明かす』, 中央公論社, 2016의 띠지에는 "중국은 싫다… 그러나 이렇게 재미있는 나라는 없다"는 문장이 큼직한 활자로 씌어 있다. 이것이 단순히 출판사의 광고용문장만이 아닌 것은 그가 본문 중에 필자도 중국, 중국인이 좋으냐, 싫으냐고 묻는다면 싫다고 대답할 것이지만, 재미있나, 재미 없나라고 묻는다면 대답은 단연 전자라고 한 데서도 알 수 있다(『中国の論理: 歴史から解き明かす』, 213쪽). 일본의 저명한 중국사학자가 이런 식의 서술을 감행(?)하는 것을 어떻게 봐야 할지 당혹스럽다.
23) 岡本隆司, 『中国の論理: 歴史から解き明かす』, 머리말.
24) 岡本隆司, 『中国の論理: 歴史から解き明かす』, 머리말.
25) 岡本隆司, 『中国「反日」の源流』, 3~4쪽.

의 소신인지는 알 수 없으나 어느 쪽이라 하더라도 문제이기는 마찬가지다. 몇 가지 예를 들어보자. 2011년에 나온『중국'반일'의 원류(中國「反日」の源流)』라는 책은 사실 내용을 보면 '근세이후 중일사회 비교사'라고 할 만한 것이다. 필자도 근세이후 형성된 동아시아 각국의 사회성격이 아직도 근저에서 현대사회를 규정하고 있는 것에는 동의한다. 그러나 그것은 어디까지나 변화과정에 있는 것이며, 특히 중국과 일본 같은 대조적인 사회는 서로 영향을 주고받으며 변화해가는 과정과 가능성에, 같은 만큼의 주의를 기울여야한다고 본다. 오카모토는 양국의 사회성격을 고정적으로 파악하고 그 앞에 일본, 중국이라는 국가명을 상습적으로 관(冠)하는 서술태도를 보이고 있다. 문화본질주의와 내셔널리즘의 결합이라고 의심할 만하다.[26] 그리고는 이런 중국사회의 이질성[27]이 일본에 대한 '오해'를 불러일으키는 반일의 원류라는 것이며, 그래서 이런 책 제목이 된 듯하다.

문제는 책 제목에만 그치지 않는다. 그는 이 책의 모두에서 아예 2005년 중국의 반일시위를 언급하면서 일본인이 이때 느꼈던 전율이 혐중 감정, 중국위협론을 증폭시키고, 공공연하게 만들었다며 중국책임론을 내세운다. 사실 역사문제, 영토문제 등 모든 문제에서 중국에 책임이 있다는 것은 그의 저술에서 일관되게 보이는 시각이다. 그리고 중국이 그렇게 된 것은 역사적으로 형성된 사회특성과 거기에 의거하여 만들어

---

26) 그는『中国の論理: 歴史から解き明かす』의 머리말에서 일본인에게는 일본인의 논리가 있고, 중국인에는 중국인의 논리가 있어 거기에야말로 정리된 집단의 개성이 있다, 이 논리패턴은 역사적 소산이라고 말한다.
27) "완전히 이질적"이라는 표현도 등장한다(岡本隆司,『中国「反日」の源流』, 17쪽).

진 '중국의 논리' 때문이라는 것이다.

그런데 그에 따르면 중국의 반일이라는 것은 단지 장쩌민 이래의 반일애국 교육 때문이 아니다. '중국의 논리'는 그렇게 단기간 내에 형성된 간단한 것이 아니라, 늦어도 명대에 일본을 왜구로 간주하고 나서부터 역사적으로 장기간에 걸쳐 형성된 것이다. 그래서 중국은 왜 반일이 되었나라는 질문은 질문자체가 잘못되었다. 반일을 문자 그대로 해석한다면 중국은 역사상 줄곧 반일이었지, 무슨 계기가 있어서 새삼 그렇게 '된 것'이 아니기 때문이라는 것이다.[28]

한편 전전 사회과학자들과 달리 오카모토의 논의에서 결여되어 있는 것은 중국에서의 '사회'란 무엇인가 하는 점이다. 그가 사회의 한 형태로 지목한 동향동업단체는 그에 따르면 상호부조조직이 아니라, 경제분쟁 조정, 중재, 해결 등 사법적 역할, 혹은 치안업무를 하면서 유동성의 사회에 질서를 부여하는 역할을 한다. 그리고 이 단체는 개개인의 신용관계로 성립하며, 신용은 그 단체내의 범위에 한정되어 있다고 지적한다.[29] 그러나 그의 분석은 여기서 멈춘다. 이런 중국의 사회가 어떤 성격을 갖는 것인지, 예를 들면 전전 사회과학자들처럼 공동체적 성격을 갖고 있는 것인지 그렇지 않은지 등에 대한 입장은 불분명하다. 그러나 명확한 언급이 없더라도 논리전개상, 혹은 문맥상 그는 촌락이든, 종족이든, 동업자조직이든 중국의 사회가 일본의 공동체적 사회와는 매우 다른, 이질적인 것이라는 인식을 갖고 있는 것으로 여겨진다.

---

28) 岡本隆司, 『中国「反日」の源流』, 230쪽.
29) 岡本隆司, 『中国「反日」の源流』, 81~82쪽.

4. 인식도구로서의 '공동체' 인식과 중국관

그런데 중국에서의 국가와 사회의 격리, 관민괴리를 지적하는 사람들은 암암리에 국가, 특히 국민국가를 하나의 공동체로 인식하는 감각을 공유하고 있다고 보인다. 국민국가에 에도시대 무라(村)와 같은 강한 공동체성을 상정하는 것, 이 시각 자체가 일본연구자들의 특징이라고 할 수 있다. 원래 주로 마르크스역사학에서는 봉건제의 공동체가 무너지면서 자본주의사회가 시작되는 것으로 주장한다. 거기에는 공동체는 전근대적인 것이고 근대사회에서는 그것이 해체된다는 인식이 자리 잡고 있다. 그러나 마르크스주의가 본격적인 영향력을 행사하기 전인 20세기 초 일본지식인들은 공동체적 성격이 강한 사회에 대해 강한 호감을 보이고 있었다. 특히 앞에서 살펴본 것처럼 국민국가, 혹은 근대국가가 형성되기 위해서는 공동체성이 전제되어야한다는 식으로 논의를 전개하는 사람들이 꽤 있었다.

막연하게 중국사회의 공동체성의 결여를 지적하던 일본학계에서 이 문제를 본격적인 학술연구의 방법으로 다루기 시작한 것은 1930년대 새롭게 등장한 사회과학자들이었다.[30] 이 연구자들은 거의 처음으로 중국에 가서 실지조사를 통한 연구를 행했다. 그들이 관심을 가진 부분은 일본과 달리 중국사회에는 촌락이든 종족이든 공동체성이 현저하게 약하다는 점이었다. 이들이 공동체성을 유독 연구 포인트로 삼은 것은 에

---

[30] 이하 연구동향 개관은 岸本美緒, 「中国中間団体論の系譜」를 참조.

도시대의 이에 공동체, 무라 공동체, 조닌 공동체에 매우 익숙한 일본인 연구자들이었기 때문이었을 것이다.

이들의 연구 성과에 대해서는 이미 소개한 바가 있으므로 여기서는 간략히 그 대강만을 서술하겠다.[31] 가이노 미치타카(戒能通孝)는 중국의 촌락에는 고정된 재산, 가문(家柄)이 없고, 에도시대 농촌의 정규 구성원인 본백성층(本百成層) 같은 계층이 없다고 한다. 따라서 이들을 토대로 한 단체의식도 생겨나질 않아 하나의 공동체로 기능할 수 없었다고 주장했다.[32] 후쿠다케 나오(福武直)는 화북과 화중의 촌락결합강도의 차이를 인정하면서도, 전체적으로 중국농촌은 일본농촌보다 개방적이며, 촌이라는 공동체의식이 생길 수 있는 물적 기반은 박약하다고 보았다. 또 촌 구성원들 간의 사적 협력에서도 에도시대 농촌에 있었던 유이(結い) 같은 상호 협동적 관습은 없고, 거꾸로 전회(錢會)처럼 합리적이면서 타산적인 금융조합 같은 결합에 더 적극적이라는 것이다. 교토대 농학부의 시라스케 겐(白祐賢)도 『경제질서 개성론(經濟秩序個性論)』이라는 저서에서 중국경제질서의 특징은 포(包)에 있다며 '서구의 역사적 발전에서 추출된 단계구성을 일단 벗어나, 허심하게 재래의 사회구조와 서구적－세계적인 것과의 거리의 측정을 목표로' 연구하지 않으면 안 된다고 주장했다.[33]

---

31) 이하 전전 상황에 대해서는 박훈, 「100년 전의 거울: 20세기 초 日本의 '中國論'을 통해 본 '國家' 문제」에서 이미 서술한 바 있음.
32) 岡本隆司, 「近代日本がみつめた中国12: 分岐するまなざし」, 『本』 8月号, 2015, 34~37쪽.
33) 岡本隆司, 「近代日本がみつめた中国12: 分岐するまなざし」, 40~41쪽.

그렇다면 공동체 없는 중국사회는 도대체 어떻게 유지되는가. 야마지나 야노가 경시한대로 중국사회는 개인주의와 이기주의만이 난무하는 모래알 같은 사회인 것인가. 이 시기 중국연구는 이에 대해 포괄적, 체계적이지는 않지만 의미심장한 견해들을 남기고 있다. 대표적인 것이 가족, 종족에 대한 관찰이다. 예를 들어 도쿄대 사회학연구실의 마키노 다쓰미(牧野巽)에 따르면 중국은 가족 내 경쟁이 격렬하여, 가족예의가 그토록 강조되는 것은 거꾸로 가족 내 개인적 대립이 많기 때문이다. 근세의 종족은 정확한 혈통연결이 애매하다는 것을 인식하면서도 동성이 되는 것이 유리하다고 생각하여 가능한 한 그 범위를 확장시켰다. 따라서 종족은 길드 같은 결사적인 성격이 있었으며, 촌을 넘어 광범위하게 확대되었다. 이 점 보통 무라 내에 국한되는 일본의 동족과 대비된다. 나이토 고난이 향단과 종족의 자치능력을 강조했던 것도 어쩌면 이런 실상을 염두에 둔 것인지도 모른다.

이 시기 연구들의 공통점은 첫째 실증적 분석을 넘어 사회형태를 전체적으로 개념화하려는 강한 지향을 갖고 있었고, 둘째 서양적 발전단계론 및 공동체론 모델로는 포착할 수 없는 중국사회의 개성을 밝혀내려 했다는 점이다. 그 결과 이들이 제시한 질서상은 중국사회를 단체적 질서로 보는 견해를 배척하고, 개개의 인간을 기점으로 형성되는 사인적(私人的), 인륜적(人倫的) 결합을 그 기축으로 보았다.[34] 야마지나 야노가 개인주의, 이기주의라고 느꼈던 것은 바로 이 때문이었을 것이다.

---

34) 岸本美緒, 「中国中間団体論の系譜」, 283쪽.

이렇게 보면 전전연구를 아시아적 공동체론, 정체론이라고 하는 것은 지나친 단순화라고 할 수 있다. 전전 학계에서는 중국사회가 발전의 계기를 결여한 정체적 사회라는 공통인식은 없었다.[35] 아시아적 공동체론은 1920년대 말부터 30년대 초에 활발히 논의되었지만, 위의 연구자들이 이 틀을 받아들인 것은 아니었다. 오히려 세계사적 발전법칙을 중국에도 적용하려고 했던 전후역사학이 자신의 논의의 정당화를 위해 전전연구를 아시아적 공동체론, 정체론이라고 레테르를 붙였다고 하는 것이 정확할 것이다.

이상의 논의를 종합해 보면 중국에는 공동체가 미약, 혹은 부재했다. 자율적인 공동체의 축적과 확대로 이뤄지는 사회라기보다는, 일종의 네트워크라고 부를만한 인적, 물적 연결망으로 이뤄지는 사회였다. 그러나 이 '네트워크 사회'의 실체와 성격이 무엇인지에 대한 포괄적, 체계적 연구는 아직까지 잘 이뤄지지 않고 있는 것이 아닌가 한다.

이미 언급한대로 전후에는 사회유형론적인 연구시각이 사장되면서, 공동체의 유무를 축으로 한 중국사회에 대한 연구방법도 거의 나타나지 않았다.[36] 그러나 20세기말에 아다치 게이지(足立啓二)는 이런 시각을 이어받아 중국사회의 성격을 일본사회와 비교하면서 공동체의 유무, 혹은 강약으로 설명했다.[37] 그는 일본을 봉건사회, 중국을 전제국가

---

35) 岸本美緒, 「中国中間団体論の系譜」, 285쪽.
36) 谷川道雄의 『中国中世社会と共同体』, 国書刊行会, 1976은 예외라 할 것이나, 그의 작업도 전전의 공동체방법을 계승했다기보다는 어디까지나 마르크스주의 사학 내에서 공동체개념을 적용한 것으로 볼 수 있다. 이조차도 정통 마르크시스트를 자처하는 전후역사학의 주류에게 맹공을 당했다.
37) 足立啓二, 『専制国家史論: 中国史から世界史へ』, 柏書房, 1998.

라고 명명하면서 중국의 전제국가는 봉건사회와 같은 자율적인 공동체를 결여하고 있다고 보았다.[38] 촌락, 종족, 길드 등 일본에서는 강한 공동체성을 갖고 있는 집단들이 중국에서는 전혀 그렇지 않다. 동향조직, 선당(善堂) 등 중간단체와 유사하게 보이는 조직들도 공동체성보다는 어디까지 합리적 이해타산에 의해 유연하게 이합집산을 거듭하는 것들이다.[39] 공동체라기보다는 네트워크에 가까운 이 같은 성격의 사회 위에 전제국가와 그를 떠받치는 관료제가 서 있는 것이고, 조세납부의 의무를 이행하고 체제에 방해가 되지 않는 이상 그들은 이 사회에 깊이 개입하지 않는다는 것이다. 이런 주장은 앞서 소개한 오카모토 다카시의 중국사회에 대한 관점과 유사하다.

이 같은 중국사회에 대한 인식은 전전의 사회과학자들의 인식을 계승하는 것이지만, 아다치는 여기서 한발 더 나아가 이런 중국사회의 성격과 국민국가체제의 상관관계에 주목하고 있다. 그에 따르면 중국과 같은 성격의 사회에서 국민국가가 탄생하기는 어려운 일이다. 국민국가의 수립이 기존의 공동체를 파괴, 재편하여 그 위에서 커다란 신(新)공동체를 만들어낸 것이라면, 공동체가 매우 약하거나 부재했던 중국사회에서 순조롭게 국민국가가 형성되는 것은 용이하지 않은 일일 것이다.[40]

---

38) 아다치의 논의에 대해서는 이미 상세히 논한 바 있다(박훈, 「봉건사회': '군현사회'와 동아시아 '근대'시론」. 이하 아다치의 논의 소개는 이 논문에 의거한다.).
39) 중국의 촌, 종족, 길드가 공동체성을 현저히 결여하고 있었다는 전전 일본 사회과학자들의 연구에 대해서는 박훈, 「봉건사회': '군현사회'와 동아시아 '근대'시론」 참조.
40) 한국사 연구자인 미야지마 히로시는 아예 서구적 근대는 공동체를 해체하고

이 같은 인식은 봉건체제와 국민국가의 관계에 대해 종래의 견해와는 상이한 매우 도전적인 견해를 제시하는 것이다. 기존에는 경제적인 면에서는 자본주의는 봉건제가 전제가 되어야 형성될 수 있다고 주장한 반면, 정치와 사회적인 측면에서는 봉건사회의 제 기초단위가 해체되어야 근대적 정치기구와 사회관계가 형성될 수 있다고 주장되어 왔다. 그러나 아다치는 국민국가는 기존 공동체의 유제를 재편한 위에 성립된 거대한 공동체라는 관점을 취하고 있다. 사실 우리가 국민공동체, 민족공동체, 국가공동체라는 표현을 쓰는 데서도 알 수 있듯이 국민국가는 내셔널리즘에 기초한 공동체적 성격을 빼놓고는 생각할 수 없는 체제이다. 그것은 마치 에도시대의 무라(村)와 같이 분명한 경계선(국경)과 강력한 멤버십(국적), 공동체의 법규(헌법, 법률), 공유재산(국유재산), 그리고 공동체에 대한 헌신요구(내셔널리즘) 등, 생각해보면 국민국가가 또 하나의 거대한 공동체라는 주장은 여러 면에서 납득할 만하다.

메이지시대의 사론가 야마지 아이잔의 다음과 같은 발언은 그런 점에서 매우 흥미롭다. 그는 중국인들이 각자 자기가문과 개인의 이익을 취하느라 국가나 공동체의 이익을 돌보지 않는 데 비해 일본인들은 일국을 일가와 같이 여겨 국가와 공동체에 헌신한다고 보았다. 야마지는 메이지시대 일본의 이런 장점을 도쿠가와 시대에 사무라이들이 사익을 버리고 번(藩)에 대한 충성을 하고, 평민들도 무라나 이에 같은 공동체에

개인을 석출한 것이 아니라 오히려 공동체를 기초로 구축된 것인 반면, 중국은 송대 이래 공동체 없이 사회를 구축하기 위해 분투한 역사라고 주장한다. 공동체를 부정한 중국이 공동체를 기초로 한 서구근대를 수용할 수 없었던 것이라는 것이다(宮嶋博史, 「儒敎的近代としての東アジア"近世"」, 71~72쪽).

헌신하는 관습이 전 사회적으로 확충된 것이라고 해석했다. 즉 "일본국민은 애국심의 사범학교인 번(藩)을 갖고 있었다"는 것이다.[41] 이것은 본고의 논지와 관련하여 주목되는 발언인데, 야마지가 당대에 목도하고 있었던 근대일본이라는 국민국가의 형성의 원인을 '봉건적' 공동체, 즉 번에서 찾고 있기 때문이다. 그가 보기에 도쿠가와 막번체제라는 봉건사회의 공동체는 근대국가 일본과 배치되기는커녕 그 원형이며 그 전제였다. 그것이 해체되면서 국민국가가 성립된 것이 아니라 변용, 적응하면서 전 사회적으로 확충된 것이다.

이렇게 본다면 일본 국민국가의 성립과 일본인의 국가에 대한 높은 일체감은 '근대적'이기보다는 '봉건적'인 것이라고 할 수 있을 것이다.[42] 반면 중국은 공동체라는 봉건적 요소가 너무 강해서 국민국가 성립이 난항을 겪고 있는 게 아니고, 거꾸로 공동체가 부재하거나 약한 사회였기 때문에 국민국가라는 큰 공동체 형성에 어려움을 겪고 있다는 해석도 가능할 것이다.

아다치는 한 걸음 더 나아가 장래 국민국가의 행방에 대해 의미심장한 견해를 내놓는다. 즉 근대이후 자본은 국민국가의 기반인 중간단체의 공동체성을 훼손해왔으며, 이런 과정에서도 사회는 점점 싱글지향으로 변해왔고, 사회단체는 공동체적인 단체에서 임의적으로 구성된 네트워크로 변해가고 있다는 것이다. 또 공공기관의 민간의 영리행위를 대체하여 자발적으로 수행하는 이타적 행위가 주요흐름이 되어간다. 즉

---

41) 山路愛山, 「日漢文明異同論」, 222쪽.
42) 박훈, 「'봉건사회': '군현사회'와 동아시아 '근대'시론」.

현대 세계와 같이 글로벌 자본이 각 층위의 공동체를 급속히 해체해 가고 있는 상황은 어떤 의미에서는 중국 전제국가의 사회와 닮았다고 주장하고 전제사회가 현대사회를 선취한 측면이 있다며,[43] 공동체가 미약한 중국사회를 이해하기 위해서는 현대사회를 살펴볼 필요가 있다고 지적한다.[44] 이것은 현재 일본과 세계가 송대 이후 중국이 걸어온 경로를 뒤따라가고 있다('中國化')는 요나하 준의 주장과 유사하다.[45]

아다치의 견해는 중국의 전제사회에서 전개된 개인주의, 영리행위, 사회의 네트워크화, 유력한 개인의 이타적 행위 등을 평가하고, 그런 면에서 중국사회는 현대사회를 선취하고 있다는 점을 지적하고 있다는 점에서 일본과 중국사회의 이질성에는 동의하고 있으나, 가치적으로 중국사회에 대해 낮은 평가를 하고 있지는 않은 것 같다.

흥미로운 것은 그럼에도 불구하고 아다치는 글로벌화로 각종 공동체가 약화, 혹은 궤멸하고 사회불안이 가중되고 있는 현대사회를 강하게 비판하면서, 그 해결방안으로 자본운동을 저지할 힘은 발달한 공동체적 규범능력 밖에는 없다며 한층 일반화된 성원권(成員權)을 전제로 공동성을 복권할 수 있는 방안을 찾을 것을 호소한다는 점이다.[46] 역시 공동체로 돌아간 것이다.

이에 반해 같은 일본인 학자라도 요나하 준의 입장은 좀 다르다. 그

---

43) 足立啓二, 『専制国家史論: 中国史から世界史へ』, 3쪽.
44) 足立啓二, 『専制国家史論: 中国史から世界史へ』, 278쪽.
45) 與那覇潤, 『中国化する日本: 日中「文明の衝突」一千年史』, 文藝春秋, 2011(최종길 역, 『중국화하는 일본: 동아시아 '문명의 충돌' 1천년사』, 페이퍼로드, 2013).
46) 足立啓二, 『専制国家史論: 中国史から世界史へ』, 279쪽.

역시 송대 이후 강력한 전제권력과 자율적인 민간사회로 이뤄진 중국이 현대세계를 선취하고 있다고 주장하고, 지금의 세계는 점점 '중국화'되어 가고 있다고 본다. 일본은 워낙 공동체가 발달하고 그 원리가 사회를 강하게 지배해 온 '에도시대화'의 힘 때문에 '중국화'에 번번이 실패한 나라이다.

'중국화'된 사회란 의회제가 아니라 강력한 중앙의 전제정권이 존재하여 정치적 자유를 제한하나, 반대로 경제나 사회적으로는 자율적 활동이 보장되어 국가나 정부의 개입이 최소화된다. 이에 따라 조세납부만 제대로 이행하면 공간적 이동은 자유롭고, 사회적으로는 신분간의 유동성이 높고 세습이 허용되지 않아 사실상 신분제라고 할 수 있을까 싶을 정도의 유동적 사회체제가 형성된다.

반면 '에도시대화'된 사회는 농촌(촌락)이라는 지역공동체를 중심으로 한 결속을 기반으로 고정적인 신분제가 존재하는 사회이다. 개인은 촌락, 이에(家), 직능단체 같은 공동체에 강하게 결박되어 자율성과 유동성이 떨어지나, 그에 속해 멤버십을 인정받는 한 안정적인 생계를 유지할 수 있다[47].

요나하에 따르면 일본은 역사상 수차례 '중국화' 시도를 해왔다. 예

---

47) '중국화'된 사회 조선의 사신이 에도시대 일본인 유학자 아메노모리 호슈(雨森芳洲)에게 했다는 아래와 같은 발언은 이런 상황의 정곡을 찌른 것 같다. "우리나라(조선: 인용자)는 군현제여서 아랫사람이 윗자리로 올라가기 쉽기 때문에 자연히 사람들이 머리를 굴리는 일이 많고 뇌물도 행해져 아침에는 성하고 저녁에는 쇠하니 조용할 날이 없습니다. 그대 나라(일본)의 사람들은 제각기 그 분수가 정해져 있으니 부럽습니다"[아메노모리 호슈 저, 김시덕 역, 『한 경계인의 고독과 중얼거림』(원제: 다와레구사), 태학사, 2012, 68쪽].

를 들면 14세기 고다이고 천황(後醍醐天皇)의 건무신정(建武新政)이 그 한 예이고, 메이지유신도 신분제 철폐, 상업과 거래의 자유, 사유화 증진, 국제관계의 수립 등의 면에서 대표적인 '중국화' 시도였다. 그러나 그럴 때마다 일본사회는 강인하게 저항하여 일본형 체제라 할 수 있는 '에도시대화'된 사회로 되돌아간다('재에도시대화') 는 것이다. 메이지유신 이후의 쇼와 시대, 심지어는 전후 일본의 안정도 '재에도시대화'된 사회체제에서 얻어진 것이다. 그러나 글로벌화가 진행되는 작금의 현실은 일본사회에 다시금 '중국화'를 요구하고 있고, 일본은 더 이상 '에도시대화'된 사회체제로 이에 대응하기 어렵다는 것이다. 따라서 일본은 공동체의 해체경향을 받아들이고 '중국화'에 싫든 좋든 적응해야 하고 또 그 방향으로 나아갈 수 있다는 것이다.[48)]

요나하의 이런 주장은 위에서 소개한 아다치 게이지의 '전제사회-봉건사회론', 혹은 필자의 '군현사회-봉건사회론'과 큰 틀에서 맥락을 같이 한다고 할 수 있다. 일본과 중국사회를 공동체를 중심으로 파악하고 그 이질성을 인정하는 점에서도 그렇다. 그러나 아다치가 어디까지나 공동체성의 회복을 해결방안으로 제시한 데 비해 요나하는 과감하게 공동체적 사회의 해체를 불가피한 것으로 보고 그것에서의 탈피를 주장하고 있는 점에서 참신하다.

그러나 그의 이런 주장은 논단과 우익네티즌들의 노골적인 공격에

---

48) 與那覇潤, 『中国化する日本: 日中「文明の衝突」一千年史』, 文藝春秋, 2014(원저는 2011). 요나하의 입론에 대해서는 박훈, 「'연속하면서 혁신': 幕末정치사와 明治維新을 보는 시각」, 『일본역사연구』 40, 2014에서 간략히 다룬 바 있다.

직면했다. 물론 '중국화'라는 용어가 그의 진의와는 달리 중국을 찬양한다는 오해를 불러일으킨 점도 작용했다. 그러나 근본적으로는 그가 에도시대에 형성되어 지금까지 끈질기게 일본사회의 저변을 규정하고 있는 공동체적 성격이 바야흐로 해체의 위기에 직면해 있으며, 일본은 과감하게 그것을 받아들여야 한다는 탈공동체적 주장을 하고 있기 때문일 것이다. 이것은 공동체를 기준으로 중국을 저평가하고 일본의 자부심을 유지하는 전전 이래 오랫동안 이어진 일본인의 인식체계에 대한 도전으로 간주되었던 것은 아닐까.

필자는 공동체의 문제를 해석의 차원에 머무르지 않고, 공동체적 일본사회로부터의 탈피('중국화')까지 주장하는 것에는 동의하지 않는다. 물론 필자는 본고에서 언급한 연구자들이 중국사회에 공동체성이 부재하거나 약한 것을 부정적으로 평가하며 '공동체 일본'을 찬양하는 것, 혹은 지금 세계가 당면하고 있는 글로벌화의 문제를 해결하기 위한 방책으로 공동체의 회복을 주장하는 것에는 비판적이지만, 그렇다고 일본사회가 장기간 유지하며 그를 기반으로 운영되어 왔던 공동체성을 간단히 부정하는 것에는 회의적이다. 일본사회가 중국과 같은 무질서(반드시 나쁜 의미의 용어는 아니다)와 다이내미즘을 견뎌내기는 무리라고 보기 때문이다. 따라서 일본사회는 특유의 공동체성을 유지, 적용, 변용시키면서 글로벌 시대에 일본 나름의 사회모델을 만들고 제시할 필요가 있으며, 그것이 오히려 일본사회가 인류에 기여할 수 있는 길이 되지 않을까 생각한다.

5. '공동체라는 인식틀'의 문제점

일본 중국사학계의 연구수준은 세계적이다. 지금은 본국 중국이나 미국학계가 괄목할 만한 성장을 했다고는 하나 20세기 중국사학은 일본 학계가 이끌어왔다고 해도 과언이 아니며, 지금도 그 존재감은 무시할 수 없다. 그러나 이런 일본학계의 중국에 대한 인식은 의외일 정도로 단순하고 평면적인 면이 많다. 그것은 중국폄하론과 침략론을 뒷받침했던 전전사학뿐 아니라, 최근에 사회유형론적으로 중국역사를 파악하려는 학자들에게서도 보이는 현상이라고 할 수 있다.

필자는 이를 공동체라는 인식틀, 혹은 분석틀에서 비롯되는 것으로 보았다. 사실 공동체라는 것은 오쓰카 히사오(大塚久雄)의『공동체의 기초이론』에서 볼 수 있듯 마르크스 역사학의 주요개념으로 사용되어 왔다. 그것은 봉건제의 사회기초를 이루는 것으로 자본주의와 근대국민국가는 이를 해체시키면서 등장한 것으로 파악된다. 그러나 일본의 중국 사학자들이 공동체라는 용어, 혹은 개념을 사용하는 경우는 이와는 다른 맥락인 경우가 많다. 즉 단결, 상호부조, 전체에 대한 헌신, 이타주의, 반개인주의, 경쟁의 자제, 안정 등이다. 봉건사회의 공동체에 대한 평가가 부정적인 데 비해 이 경우는 반대로 긍정적인 가치평가가 주를 이루고 있다. 요즘 일본에서 운위되고 있는 공동체의 해체에 대한 우려 역시 이런 맥락에서이다. 그만큼 일본사회는 공동체, 혹은 공동체성에 의해 장기간 유지되어 온 것이고, 그 관습, 가치, 패턴에 익숙해져 있는 것이다.

그러나 공동체(성)에 크게 기대지 않고서도 잘 유지돼온, 아니 그렇기 때문에 더 역동적인 역사를 만들어 온 사회도 있다. 중국이 대표적이라 할 것이다. 중국과 일본은 서로 다른 원리로 운영되어 온 사회이고, 반드시 하나로 수렴되어야 할 이유도, 필요도 없을 것이다. 다만 다르다는 이유로 이질적이라고 간단히 치부하거나, 나아가 나와 다른 원리, 다른 가치를 열등한 것, 후진적인 것으로 함부로 폄하하는 일은 피하지 않으면 안 될 것이다. 일본사회가 '혐중'에서 빠져나오는 길은 여기에 있는 것이 아닐까.

현대일본생활세계총서 **15**

흔들리는 공동체 다시 찾는 '일본'

제4부

자기 이미지

현대일본생활세계총서 **15**

흔들리는 공동체 다시 찾는 '일본'

고지라는 왜 일본으로 돌아오는가*

강태웅

1. 고지라 영화의 주인공은 누구인가

가는 곳마다 자위대의 글로벌한 활약을 재확인하면서, 세계 평화와 안정을 위하여 땀을 흘리고 있는 여러분을, 저는 최고지휘관으로서 대단히 자랑스럽게 생각합니다. 이와 같은 현실 세계뿐 아니라, 지금 화제의 영화 〈신 고지라〉에서도 자위대가 대활약하고 있다고 들었습니다. 저와 관방장관은 (영화 속에서) 단시간 내에 사망한다고 합니다. 관방 부장관은 살아남아 활약하고요. 등장인물도 통합 막료장 이하, 자위대원 모두 멋있게 묘사되었다고 들었습니다. 이러한 인기 또한 자위대에 대한 국민의 흔들리지 않는 지지가 있기 때문이라고 생각합니다.[1]

---

* 이 글은 「고지라는 왜 일본으로 돌아오는가: 일본 SF가 그려내는 공동체 이미지의 특성과 변화」(『일본연구』 30, 고려대 글로벌일본연구원, 2018. 8.)를 수정 보완하였다.
1) www.kantei.go.jp/jp/97_abe/actions/201609/12jieitai_konshinkai.html.

이는 아베 신조 총리대신이 2016년 9월 관저에서 자위대 고급간부 들을 대상으로 한 발언이다. 그가 언급한 영화 〈신 고지라(シン・ゴジラ)〉는 시리즈 29번째 작품으로 2016년 7월 개봉하였다. 이 작품은 550만 명의 관객을 동원하였고, 애니메이션을 제외하면 2016년 최고의 흥행영화가 되었다.[2] 아베 수상은 영화 속의 자위대원의 활약을 거론하여, "자위대에 대한 국민의 흔들리지 않는 지지"가 영화의 인기로 연결되었다고 말한 것이다.

아베 총리대신의 말만 듣는다면, 〈신 고지라〉는 고지라의 일본 침략에 대항하여 자위대가 이를 물리치는 영화로 생각될 수 있다. 그 해 자위대원 모집 포스터에 "지금을, 미래를, 지킨다"는 표어와 더불어 고지라가 등장한 것도, 아마도 같은 인식으로부터일 터이다. 하지만 이 영화를 다른 측면에서 바라본 사람들도 있다. 자민당 소속 국회의원이자 방위성 장관이었던 이시바 시게루(石破茂)는 영화 속 자위대가 국가 방위의 목적으로 출동했던 점에 이의를 제기하였다. 고지라의 침공은 "국가 또는 국가에 준하는 조직에 의한 일본에 대한 무력행사"가 아니고, "어디까지나 천재지변적 현상"일뿐이기에, 해로운 짐승을 "구제(驅除)하는 재해파견으로 대처하는 것이 법적으로 타당"하다고 주장하였다.[3]

<hr />

2) 一般社団法人日本映画製作者連盟의 발표에 의함(http://www.eiren.org).
3) 石破茂, 「シン・ゴジラに学ぶ日本の危機管理」, 『週刊朝日』 121巻49号, 2016, 168쪽.

〈그림 1〉〈신 고지라〉를 차용한 자위관 모집 포스터

또 다른 정치인은 이 영화를 후쿠시마 원전폭발 사고의 은유로 보았다. 원전폭발사고가 '예상 밖(想定外)'이었다는 당시의 유행어가 영화 속 대사로 되풀이되고, 소방차를 이용하여 원전을 냉각하려던 방식이 고지라 방어에 적용되는 등, 일본 정부의 미숙한 대처를 연상시키는 대사 및 행동들이 그대로 나오기 때문이다. 따라서 사회민주당 부당수이자 참의원 의원인 후쿠시마 미즈호(福島みずほ)는 "〈신 고지라〉는 육해공 자위대를 비롯하여 정부의 전면협력으로 만들어진 반 원전영화"라고 일침을 가하였다.[4]

이와 같이 정치인들을 비롯하여 수많은 사회 지도층들이 〈신 고지라〉의 논평에 참가하였다. 본고는 이러한 논평이 고지라라는 캐릭터에

---

4) 福島みずほ,「シン・ゴジラと原発」,『週刊金曜日』 1104号, 2016, 23쪽.

는 그다지 관심이 없다는 점에 주목한다. 그들의 관심은 고지라가 쳐들어와 파괴당하는 일본이라는 공동체에 향해있다. 하지만 지금까지 대부분의 연구는 고지라라는 캐릭터에 중점을 두어 연구되어왔다. 본고는 기존 연구의 대척점에 있는, 고지라에 의해서 파괴당하는 공동체에 중점을 두려고 한다.

1954년 첫 번째 작품이 만들어지고 나서, 고지라는 60여 년간 29번이나 일본을 쳐들어왔다. 본고에서 던지는 질문은 고지라가 왜 일본으로만 돌아오느냐이다. 고지라의 입장에서는 일본으로 돌아올 마땅한 이유가 없다. 미국의 핵실험으로 변형되었기에 복수를 원한다면 고지라는 미국을 향해야한다. 그렇다면 고지라가 왜 일본으로 돌아오는가라는 질문은 이렇게 바뀔 수 있다. 왜 일본이라는 공동체가 고지라를 필요로 하는가로 말이다. 고지라 영화 시리즈를 재난영화라는 영화장르로 보았을 때, 영화의 주인공은 고지라가 아니라 위협받는 공동체 또는 그 속의 개인들이다. 즉 일본이라는 공동체가 주인공이다. 재난영화는 전쟁영화 등과 더불어 생존영화라는 장르에 속한다. 재난의 원인이 고지라나 에일리언이든, 아니면 전쟁이나 천재지변 또는 바이러스의 유행이든, 그러한 공격에서 어떻게 공동체가 생존해나갈지가 이야기의 중심을 차지하기 때문이다. 이러한 생존영화에서는 "고독하고 영웅적인 주인공보다는 개인들이 사회 질서의 창조와 보존에 기여하는지 아니면 방해하는지"가 더욱 중시된다.[5]

---

5) 토마스 소벅 · 비비안 C. 소벅, 주창규 옮김, 『영화란 무엇인가』, 거름, 2004, 235~236쪽.

이 글은 고지라의 회귀성에 주목하여, 고지라와 일본이라는 공동체의 관계성을 고찰하려 한다. 일본에 돌아오는 고지라와 이를 '막아내는' 또는 '맞이하는' 공동체. 둘 간의 60여 년간에 걸친 교류를 면밀히 살펴본다면, 고지라를 필요로 하는 공동체의 특성 및 그 변화를 읽어내는 작업이 가능하지 않을까. 또한 고지라가 아닌 공동체가 이야기의 주인공임을 확인함으로써, 다시 말하면 고지라라는 캐릭터에서 벗어나 생존영화라는 보편적 장르로서 다가감으로써, 고지라 영화 시리즈의 분석을 다른 일본의 SF 작품들과 연결 지을 수 있을 것이다.

2. 고지라와 '망령'

1954년 바다 속에 잠자던 공룡 고지라는 수소폭탄 실험으로 인하여 깨어났고, 변형된 모습으로 일본으로 와서 파괴를 일삼는다. 고지라가 원폭이나 수폭, 그리고 재난을 표상하고 있음은 영화 텍스트가 보여주는 그대로이다. 따라서 이러한 분석에서 더 나아가 고지라의 회귀성에 주목한 연구들을 살펴보도록 하자. 대표적으로 가토 노리히로(加藤典洋)가 있다. 그는 1954년작 〈고지라〉가 "수폭실험에 항의하고 평화를 희구하는 진정한 반전영화라는 주장에는 찬성할 수 없다"며 다음과 같이 자신의 논리를 펼친다.

고지라는 왜 남태평양 해저 깊은 곳에서 잠들어 있던 그의 보금자리에서, 몇 번이고 일본에만 쳐들어오는 것일까. 28번 전부 그렇다. 때로는 호주 대륙에 상륙하여 에어즈 락에서 점프하든지, 아니면 하와이 와이키키 해변에 출현하여, 하날레이 베이를 헤엄치든지와 같은 일을 왜 하지 않을까. 그 이유는 고지라가 망령이라서이다.[6]

망령이 영어와 프랑스어로 'revenent'이고, 이는 '돌아오는 자'라는 의미를 갖고 있다. 가토는 고지라가 전쟁 중에 죽은 일본인들의 망령이기 때문에, 생전에 생활하던 공동체로 돌아온다는 것이다.

가토 노리히로보다 '고지라 망령설'을 먼저 제기한 이는 전직 언론인이자 평론가인 가와모토 사부로(川本三朗)이다. 가토가 회귀성에 착목한 것과는 달리, 가와모토는 1954년 〈고지라〉가 전쟁을 상기시키는 장면이 많다는 점에 주목한다. 고지라가 전쟁에서 죽은 이들의 망령이라고 하는 이유를, 가와모토는 바다 속에서 고지라가 죽어가는 장면에 깔리는 배경음악이 군가로 유명한 '우미유카바(海ゆかば)'를 생각나게 하고, 고지라의 죽음은 바다 속에 침몰한 전함 야마토의 최후와도 중첩되기 때문이라고 한다. 가와모토는 더 나아가 고지라를 천황과 연결시킨다. 그는 고지라가 긴자와 국회의사당을 파괴하지만, 그 앞에 가로놓인 천황의 거처 고쿄(皇居)로 진격하지 않고 '일부러' 회피했다고 해석한다. 천황이 사는 곳을 파괴할 수 없음은, 망령인 고지라가 아직도 "천황제의 주술"에서 벗어나지 못했기 때문이라는 것이다.[7]

---

6) 가토 노리히로의 글은 〈신 고지라〉 개봉 이전에 쓰였기 때문에, 29번이 아니라 28번으로 되어있다. 加藤典洋, 『さようなら、ゴジラたち』, 岩波書店, 2010, 148쪽.
7) 川本三朗, 『今ひとたびの戦後日本映画』, 岩波書店, 2007(1994), 86~88쪽.

가와모토의 '천황제의 주술'이라는 표현에 가토는 반대한다. 고지라가 주술에서 벗어나지 못하는 것이 아니라, 전후의 천황이 전쟁 때와 같이 '현인신(現人神)'이 아니게 되자, 그 자리를 고지라가 대신했다는 것이다. 이렇게 말하는 근거가 명확히 제시되지 않지만, 그가 이러한 해석을 강행하는 이유는 확실하다. 자신의 대표적 저서인『패전후론(敗戦後論)』에서 주장한, 전쟁에서 죽은 이들을 추도할 수 있는 일본의 새로운 공동체를 구축해야한다는 논리가 뒤따르기 때문이다. 만약 이러한 공동체가 구축된다면 고지라는 "더 이상 일본에 몇 번이고 오지 않아도 되는 의미 기호로 바뀔 터"라고 주장한다. 따라서 가토는 고지라가 파괴할 곳은 고쿄가 아닌, 이전 공동체의 추도 공간인 야스쿠니 신사라고 말하며 글을 맺는다.[8]

고지라가 죽은 이들의 망령이라는 가와모토와 가토의 주장은, 일본이라는 공동체와 고지라가 전쟁의 기억으로 결부되어 있다는 점을 지적했다는 점에서 의미가 있다. 물론 이러한 주장에 한계가 없을 리 없다. 전쟁의 사상자는 중국, 동남아 및 오키나와 등 일본 전역을 둘러싸고 발생하였다. 그런데 고지라가 남태평양에서 돌아온다고, 전쟁에서 죽은 이들의 귀환으로 치부하기에는 무리가 있다. 또한 회귀성과 망령의 어원이 통하기 때문이라는 주장도 근거가 빈약하다. 고지라가 전쟁 때 죽은 이들의 망령이라면, 고지라가 일본에 와서 싸우는 자위대원들은 그의 상관과 동료이고, 후배에 해당한다. 그들과 싸우는 것이 고향으로 돌아

---

8) 加藤典洋,『さようなら、ゴジラたち』, 168쪽, 172쪽.

온 망령이 바라는 바는 아닐 터이다. 가와모토와 가토의 주장은 고지라와 공동체의 관계를 맺어주어 회귀성에 대한 하나의 답을 주지만, 자신이 목숨을 바쳐 지키려했던 공동체를 왜 망령이 되어 파괴하는가라는, 그 행위에 대한 설명이 결여되었다. 게다가 고지라와 수폭의 연결성은 어디론가 사라져 버린다.

고지라가 무엇인가라는 논전에는 도쿄대학 교수 요시미 슌야(吉見俊哉)도 참전을 하였다. 요시미는 고지라에 의해 유린당하는 사람들의 입장에서 본다면, 고지라는 일본군 병사의 망령이라기보다는 일본에 원폭을 투하한 미국에 가깝다고 말한다. 그는 이제까지의 고지라 해석에 대한 논의를 도식화해낸다.

> 고지라 해석에는 과거 '전쟁의 기억'과 결부시키는 방향과, 미래 '핵전쟁의 공포'를 결부시키는 방향의 두 가지가 있고, 다시 이를 '타자로서의 미국'과 결부시키는 방향, 그리고 '자기로서의 일본'을 결부시키는 방향 두 가지가 있다. 이 두 축을 교차시키면 네 종류의 해석 패턴이 나오고, 미래×타자라는 공식은 〈고지라〉와 동시대 원수폭물 작품과의 공통성을 강조하는 방향으로 향하게 하고, 과거×자기라는 공식은 이 영화를 오히려 동시대의 원수폭물 영화와는 다른 특이성을 가지고 이해하는 방향으로 향하게 한다.9)

요시미 슌야에 의하여 고지라에 대한 해석이 방정식과 같이 정리될 수 있는 길이 열렸다. 하지만 "전쟁의 기억"과 "핵전쟁의 공포"가 과연 일

---

9) 吉見俊哉, 『夢の原子力』, ちくま新書, 2012, 226~230쪽.

본인들에게는 요시미가 정리한 것처럼 과거와 미래의 일로 나뉠 지는 의문이 든다. 왜냐하면 일본의 전쟁의 기억에는 핵전쟁의 공포가 포함되어 있기 때문이다.

또한 요시미는 21세기까지 계속되는 고지라의 회귀성에는 그다지 관심을 두지 않는다. 그는 1960년대 고도경제 성장기에 들어서면서 원수폭에 대한 문제가 사람들의 관심에서 멀어지자, 고지라의 외모도 변하여 '귀여워(かわいい)'지고, 결국 "1970년경에 일본사회는 더 이상 고지라를 필요치 않게 된다."고 단언한다.[10]

고지라가 무엇인지를 해석해내려는 이상과 같은 일련의 연구는 고지라와 공동체의 관계성을 설명함에 있어서는 의의가 크다. 하지만 논의가 고지라가 무엇을 표상하느냐에만 집중되다보니, 시리즈 전체에 대한 관심이 부족하다. 앞서 언급했듯이 본고의 관심은 고지라에 중점을 둔 기존 연구와는 달리, 고지라에 위협받는 공동체에 있다. 고지라 영화에 드러나는 공동체의 모습을 살펴보자.

3. 고지라와 자위대

1954년 〈고지라〉의 성공에 힘입어 고지라는 공동체로의 회귀를 시작한다. 두 번째 작품 〈고지라의 역습〉(1955)부터 고지라 이외의 거대 캐

---

10) 吉見俊哉, 『夢の原子力』, 235쪽, 240쪽.

릭터들, 이른바 '괴수(怪獣)'들이 등장한다. 앙기라스, 킹기드라, 모스라, 에비라, 헤드라, 가이간, 메가로, 비오란테 등 다채로운 이름과 형태를 가진 괴수들이 고지라와 자웅을 겨룬다. 다른 한편으로 고지라를 모방한 괴수들도 있다. 고지라의 DNA를 이용한 메카고지라가 만들어지고, 고지라의 아들인 미니라도 나온다. 거기에 고지라와의 혈연관계가 명확치 않은 주니어 고지라까지 가세한다. 고지라의 아들이고 크기가 작다는 의미에서 '미니'가 붙은 미니라의 경우, 요시미 슌야가 지적한 '귀여움'이 절정에 달한다. 미니라는 아버지 고지라와는 전혀 다르게, 공룡이 아니라 인간형의 둥근 얼굴을 지녔다.

1960년대에는 고지라와 괴수의 대결 장면이 당시 인기가 많았던 프로레슬링의 영향을 받아 연출되었고, 고지라도 변화를 거듭하여 열한 번째 작품인 〈고지라 대 헤드라〉(1971년)에서 "물리학적 법칙을 일체 무시하고 제트기처럼 하늘을 난다."[11] 공동체의 위기탈출 여부는 고지라와 괴수들의 대결 결과에 좌우되었다. 하지만 〈고지라 대 헤드라〉에 그려진 공동체는 시대상을 제대로 담고 있다. 1960년대 말부터 이타이이타이병과 미나마타병과 같은 공해로 피해를 입은 사람들이 줄이어 배상소송을 내었다. 이를 계기로 공해문제가 전국적으로 화제가 되던 시기에, 바로 공해에서 태어난 괴수 헤드라가 고지라 영화에 나온다. 그리고 1972년 일본으로 '반환'된 오키나와를 배경으로, 즉 확장된 공동체에서 고지라는 메카고지라와 대결한다.

---

11) ウィリアム・M・ツツイ, 神山京子訳, 『ゴジラとアメリカの半世紀』, 中公叢書, 2005, 77쪽.

다음 작품인 1975년 〈메카고지라의 역습〉을 끝으로 고지라 시리즈는 일단 휴식기간을 갖는다. 9년이 지난 1984년, 고지라 탄생 30주년을 기념하여 고지라는 또다시 돌아온다. 제목 또한 1954년과 똑같은 〈고지라〉로 말이다. 게다가 그동안의 괴수들의 출현은 모두 없었던 것으로 치부되고, 첫 작품 이후 30년 만에 고지라가 출몰한다는 식으로 이야기가 정비된다. 공동체의 생존영화라는 본래의 장르에 충실한 기획으로 돌아온 것이다. 냉전이 한창임을 반영하여, 1984년판 작품에서 고지라를 처음 발견하는 것은 소련의 핵잠수함이다. 물론 고지라의 침략을 받는 곳은 소련, 미국이 아니라 일본이다. 일본의 시즈오카현에 있는 원자력 발전소에 나타난 고지라는 발전소 시설을 파괴하고, 방사능을 흡수해버린다. 사태가 이 지경에 이르자 미국과 소련의 외교 사절들이 속속들이 일본을 찾는다. 미국과 소련 대표들은 의견을 한 데 모아, 일본의 총리대신에게 고지라를 없애기 위해서 전술핵을 사용하라고 재촉한다. 총리대신은 비핵화 3원칙을 내세우면서 이들의 요구를 거절한다. 그렇다면 고지라를 막기 위해 미국과 소련이 직접 나설 것인가.

공동체를 지키기 위해서 출동하는 것은 자위대이다. 자위대는 카드뮴을 고지라의 체내에 주입하여 고지라의 파괴행위를 정지시킬 계획을 세운다. 자위대는 고지라 시리즈의 첫 번째 작품부터 공동체를 지키는 핵심 조직으로 그려진다. 그리고 대부분의 영화에서 실제 자위대가 파견되어 촬영에 협조했다.[12] 사실 자위대와 고지라는 나이가 같다. 첫 번

---

12) 영화 제작사는 자위대의 협력을 받지 않는 고지라 영화라 할지라도 시나리오를 우선적으로 방위성에 보여준다고 한다(須藤遙子, 『自衛隊協力映画』, 大

째 고지라 영화가 나온 1954년은 보안대와 경비대로 불리던 조직이 자위대로 탈바꿈한 해이다. 가토 노리히로는 1954년 영화에서의 자위대의 출연 의미를 다음과 같이 설명한다.

> 전후 일본의 '군대'가 공공연히 총을 들고 발사하는 장면, 전전이 아니라 전후 일본의 구축함이 '출동'하여 어뢰를 투하하는 장면, 전전이 아니라 전후 일본의 아직 어디에도 존재하지 않던 전투기가 '적'을 공격하는 장면이 이 괴수영화라는 틀에 의해서 처음으로 가능하였다.[13]

가토는 패전 후 군대를 가질 수 없게 된 일본의 억눌린 욕구가 〈고지라〉를 통해서 분출되었다고 보는 것이다. 계속된 〈고지라〉 시리즈가 전후 일본의 이러한 욕구불만을 해소시키는 역할을 해왔을 터이다. 이 글 첫머리에서 언급한 아베 총리대신의 발언, 그리고 자위관 모집 포스터에서의 고지라 이미지 차용 등에서도, 이러한 욕구와의 연결성을 찾기는 어렵지 않다. 게다가 2015년 집단적 자위권을 인정하는 안보법이 국회에서 통과되어, 자위대 활동의 범위는 훨씬 넓어졌다. 그리고 헌법 개정을 통한 자위대의 군대화도 계속해서 추진되고 있는 실정이다.

하지만 〈고지라〉 시리즈의 자위대 역할에 대해서 정반대의 평가를 하는 이도 있다. 가와무라 미나토(川村湊)는 다음과 같이 평한다.

月書店, 2013, 95쪽).
13) 加藤典洋, 『さようなら、ゴジラたち』, 162쪽.

언제나 괴수들에게 파괴당하고, 유린되는 것이 자위대의 역할이다. 괴수들로부터 일본 국토나 국민을 지켜낼 수 없는 일본의 방위조직. 오랫동안 자위대는 스크린 속에서 스스로 그런 역할에 안주해야만 했다. 그것은 자위대가 싸우는 상대가 원수폭이나 '이전 전쟁'의 심볼이라 할 수 있는 고지라와 같은 괴수들이기 때문이다. 일본군이 패배하는 것은 당연하고, '지는 것'만이 일본 방위조직의 존재이유이다. 적어도 일본의 자위대는 어떤 상대에도 '이겨서는' 안 되는 것이다.[14]

가와무라는 자위대가 '전쟁의 기억' 때문에, 그리고 군대가 아닌 자위대이기 때문에 영화 속에서 이길 수 없고, 패배만을 반복한다고 지적한다. 영화에서 고지라나 괴수가 출현하였을 때, 자위대는 출동한다. 가와무라의 지적처럼 자위대는 혁혁한 승전고를 울리는 경우는 없고, 고지라나 괴수의 공동체 파괴를 막지도 못한다. 괴수끼리의 대결 이외에, 공동체 내에서 괴수 퇴치 문제를 해결하는 사람은 대부분 홀로 연구해 온 과학자이다. 헐리우드의 생존영화에서는 지도층과 대립하는 개인이 영웅적 행위로 공동체를 구원하는 구성이 많다. 고지라 영화에서는 이러한 개인적 영웅은 없다. 과학자들은 자위대와 대립하기보다는, 긴밀한 협조 관계를 유지한다.

자위대가 방어해내지 못한다고 해서, 일본 정부는 미군의 도움을 빌리지도 않는다. 주한 미군의 두 배인 5만 명이 넘는 주일 미군은 일본의 도시들이 아무리 파괴되어도 출동하지 않는다. 미일동맹이 맺어져있음에도 말이다. 일본이 한국과 중국이라는 이웃 국가에 도움을 요청하

---

14) 川村湊, 『紙の砦: 自衛隊文学論』, インパクト出版会, 2015, 221~222쪽.

는 경우도 없고, 아예 언급조차 되지 않는다. 또한 한국과 중국에 고지라의 파괴적 활동이 전혀 영향을 미치지 않는다. 고지라의 회귀성이 일본으로 제한되어 있는 것처럼, 연속된 파괴도 일본이라는 공동체에 제한되어 있는 것이다. 고지라에 의한 희생을 다른 나라와 나누어 가지지 않으려는 배타성까지 엿보인다.

매번 등장하는 자위대에 대한 관객의 기대감은 그다지 크지 않다. 자위대가 고지라 퇴치에 결정적 역할을 수행하지 못하고, 고지라는 또다시 찾아오기 때문이다. 그렇다면 공동체가 고지라로부터 얻는 것은 무엇일까? 자위대의 활약을 통한 승리의 기쁨이 아님은 확실하다. 그것은 파괴와 폐허, 그리고 언제 다시 찾아올지 모를 공포뿐이다.

4. 공동체의 침몰

그렇군요. 일본은 몇 번이고 침몰하는군요.[15]

2006년 한국에서도 개봉되었던 영화 〈일본침몰(日本沈沒)〉의 동명 원작은, 일본에서는 1970년대 SF의 전성기를 맞이하는데 있어 〈스타워즈(Star Wars)〉의 개봉과 같이 거론될 정도로 그 의의가 대단하다.[16] 소설『일본침몰』은 400만부 넘게 팔린 베스트셀러가 된 것과 더불어 일본

---

15) 長山靖生, 「小松左京『日本沈没』の意味」, 『オカルトの帝国』, 青弓社, 2006.
16) 巽孝行, 「文学にとってSFとは何か」, 『文学』第8巻 · 第4号, 2007, 4쪽.

의 '휴고상(The Hugo Award)'에 해당하는 '성운상(星雲賞)'의 장편부문을 수상하기도 하였고,[17] 1976년에는 영어로, 그 이후에는 독일어, 한국어로도 번역이 되었다.[18] 두 번의 영화화,[19] 두 번의 만화화(1973, 2006)와 텔레비전 시리즈(1974~75), 그리고 두 번의 라디오 드라마(1973~74, 1980)로 만들어지며 〈일본침몰〉은 재생산=재침몰을 거듭하고 있다. 공동체가 파괴되고 폐허가 되는 〈일본침몰〉을 당사자인 공동체가 반복해서 소비하고 있는 것이다. 이런 측면에서 이 글은 〈일본침몰〉과 〈고지라〉를 동일선상에 놓고 보려고 한다.

〈일본침몰〉의 원작자인 고마쓰 사쿄(小松佐京)는 일본의 SF를 대표하는 작가이다. 그는 작품 집필 이외에도 일본 SF의 발전을 위한 외부 활동에 적극적이었다. 1963년 결성된 '일본SF작가클럽'의 창립멤버이기도 하고, 1970년에는 '국제 SF 심포지엄'의 실행위원장으로서, 아서 클라크(Arthur C. Clarke)를 포함한 미국, 영국, 캐나다, 소련 등의 작가를 일본에 초청하였다.[20] 2000년부터는 그의 이름을 따서 '고마쓰 사쿄상(小松

17) '星雲賞'은 1954년 간행된 일본최초의 SF 잡지명에서 따온 것으로 1970년에 시작되었다. SF상으로 유명한 또 다른 상 'The Nebula Awards'에 해당하는 것은 '일본SF대상'으로 1980년에 시작되었다.
18) Michael Gallagher가 번역한 *Japan Sinks*(Harper & Row, 1976), Klaus Schultz 가 번역한 *Japan Sinkt*(Volk und Welt, 1979)가 있으며, 한국어로는 미래사 (1992), 범우사(2006), 디앤씨미디어(2006) 등 여러 출판사에서 번역본이 나왔다.
19) 첫 번째 영화화는 1973년 원작이 출간되자마자 같은 해에 이루어졌고, 두 번째는 2006년 만들어졌다. 1973년도 영화의 시나리오를 〈라쇼몽(羅生門)〉, 〈7인의 사무라이(七人の侍)〉 등 구로사와 아키라 감독의 작품에서 각본을 썼던 하시모토 시노부(橋本忍)가 담당하여 화제를 불러일으켰다.
20) 아이작 아시모프(Issac Asimov)도 초청을 받았으나 비행기를 탈 수 없다는

佐京賞)'이 제정되어 현재에 이르고 있고, 2007년 아시아에서 최초로 일본에서 열린 '제65회 세계SF대회(the 65th World Science Fiction Convention)'에서 '게스트 오브 아너'로 초청받았다.

　　고마쓰 사쿄의 대표작인 〈일본침몰〉을 둘러싸고 어떠한 논의들이 오고갔는지를 살펴보도록 하자. 고마쓰 사쿄에 대해 열린 한 좌담회에서는 〈일본침몰〉과 서구의 SF 작품들 간의 유사성이 지적되었다. 국토가 침몰되어 전 국민이 이산(離散)하기 때문에, 인류의 수많은 디아스포라의 하나로 이해하는 논자가 있었고, 윌리엄 포크너(William Faulkner)의 소설이 남북전쟁에 진 남부의 과거에 기반을 둔 상상력을 보여주는 것처럼, 고마쓰 사쿄도 일본의 패전기억을 재구축하여 미래에 대한 전망을 '인류의 구제사(救濟史)'로서 엮어내는 작가라고 평가받았다. 또한 P. D. James의 〈칠드런 오브 맨(The Children of Men)〉(원작은 1992년, 영화화는 2006년)과도 비교되었다. 〈칠드런 오브 맨〉에서 모든 남성의 생식기능이 불능화되어 인류는 더 이상 증식하지 못하고 최후를 기다린다. 침몰하기를 기다리는 일본이 상대한 적이 다름 아닌 시간 그 자체라는 점에서, 두 작품이 공통된다는 것이다.[21]

이유로 불참하였다. 냉전시대임에도 불구하고 공산권 작가까지 포함한 국제 심포지엄이 성사되었다. 그 배경에는 영어권에서도 번역되지 않았던 소련 SF 작가들의 작품이 일본에서는 번역되었던 사정이 자리하고 있다. 이 심포지엄에 대해서는 小松佐京, 『SF魂』, 新潮文庫, 2006, 그리고 "An Interview with Komatsu Sakyo," *Science Fiction Studies*, Volume 29 Part3, Nov. 2002.에 자세히 소개되어 있다.

21) 座談會, 「人類にとって文学とは何か-未来・終末・境界知」, 『文学』第8巻・第4号, 2007(7~8), 10~32쪽.

이처럼 인류 전체의 이야기로 확장시켜 이해하려는 이들도 있지만, 〈일본침몰〉을 일본에 한정된 이야기로 분석할 때 그 특성은 더욱 명확해진다. 〈일본침몰〉을 주의 깊게 살펴보자. 이 작품의 내러티브는 단순하여, 지각변동에 의해 일본이 침몰한다는 것이다. 더 정확히 표현한다면 일본만 침몰한다. 이러한 사실을 가장 먼저 알게 되는 탐사용 소형 잠수함 조종사 오노데라와 지구물리학자 다도코로 박사를 중심으로 이야기가 전개된다. 이들은 일본침몰을 막으려는 영웅적인 행위를 하지는 못하고, 침몰을 지켜볼 뿐이다. 일본의 침몰은 피할 수 없는 것으로 다가온다. 일본이 과연 구원될 수 있을까 말까와 같은 긴장감은 영화에 없다. 다도코로 박사는 타국으로 피난 가는 것을 거부한 채 일본과 같이 '신주(心中, 동반자살)'하는 길을 택한다. 침몰이 거의 1년 여에 걸쳐 천천히 이루어짐에도 말이다. 영화의 대부분은 계속 발생하는 자연재해로 파괴되는 여러 도시들을 그리는데 소모된다.

〈일본침몰〉이 나왔을 당시, 공동체의 모습은 어떠하였을까. 원작이 출판되고 첫 번째 영화가 제작된 1973년은, 나가야마 야스오(長山靖生)의 표현을 빌리자면 '종말론의 해'였다. 이때 중동의 오일쇼크로 인하여 일본의 고도경제성장에 제동이 걸렸다. 어수선한 사회분위기 속에서 한국에도 번역된 고토 벤(五島勉)의 『노스트라다무스의 대예언(ノストラダムスの大予言, 祥伝社)』이 대유행하였다.[22]

동시대적 문제와 더불어, 〈일본침몰〉에는 〈고지라〉와 마찬가지로

---

22) 長山靖生, 「小松佐京『日本沈没』の意味」, 43쪽.

전쟁의 기억이 영향을 미쳤다. 고마쓰 사쿄는 『일본침몰』을 쓰게 된 동기로 자신의 전쟁체험을 든다. '본토결전(本土決戰)'과 '일억옥쇄(一億玉碎)'와 같이, 전시기에 외쳤던 국가주의적인 구호에 따르면 일본은 '멸망' 했어야 하는데 그러지 못했다. 그런데 패전으로부터 고작 20여 년이 지났을 뿐인데 일본인은 고도경제성장에 취하여 전시기의 '비장함'을 잊고 있다. 이러한 일본인을 허구 속에서라도 국가를 잃을 위기에 직면시켜 보면 어떨까라는 생각으로, 고마쓰는 작품을 구상했다고 한다.[23] 사토 다다오(佐藤忠男)는 이 영화가, 일본이라는 테두리에 갇혀 다른 세계에 대한 인식이 부족했음을 일본인에게 일깨워주는 '자기 훈련'적 영화라 보기도 한다.[24]

〈일본침몰〉에서 일본이 파괴되는 모습은 고지라 시리즈와 그다지 다르지 않다. 극작가 우치다 에이이치(内田栄一)는 "빌딩이 무너지고 산이 갈라지고, 바다가 덮치고 불 속을 도망치는 사람들의 반대쪽에서, 언제나처럼 괴수가 등장하지 않는 점이 불만이었다. 괴수영화 제작회사가 괴수를 빼고 영화를 만드는 방법을 발견한 것"이 아니냐고, 〈일본침몰〉에 대한 감상평을 토로했다.[25] 물론 파괴 장면만으로 두 작품의 유사성을 이야기할 수는 없을 것이다. 파괴의 원인을 따져보아야 할 터이다. 수잔 네이피어(Susan J. Napier)는 파괴의 원인 측면에서 〈고지라〉와 〈일본침몰〉의 차이점을 지적하였다. 〈고지라〉는 미국에서의 흥행에 성공하

---

23) 小松佐京, 『小松佐京自伝』, 日本経済新聞出版社, 2008, 76~77쪽.
24) 佐藤忠男, 『日本映画史 3』, 岩波書店, 1995, 127쪽.
25) 内田栄一, 「日本は皇居から沈没する」, 『映画評論』 Vol.31, 1974, 80~81쪽.

였는데, 그 이유는 "익숙한 이야기 공식"을 갖고 있기 때문이었다. 그 공식이라 함은 밖으로부터의 공동체에 대한 위협이 있자, 이를 막아내기 위해 공동체와 개인이 단합한다는 것이다. 반면 〈일본침몰〉의 경우, 위협이 밖으로부터가 아니라 내부로부터 오고, 일본이 구원받을 수 있을지 없을지로 인한 서스펜스가 없다. 그래서 영화 〈일본침몰〉은 〈고지라〉와는 달리 미국에서의 흥행에 실패했다고 수잔 네이피어는 분석하였다.[26]

　〈고지라〉와 〈일본침몰〉에 나타나는 파괴의 원인을 공동체의 안팎으로 구별하여, 그것이 미국 흥행여부의 갈림길을 제공하였다는 수잔 네이피어의 분석에는 일리가 있다. 하지만 그녀의 분석에는 미국에서 큰 성공을 거둔 1954년작 〈고지라〉가 미국개봉을 위해 대폭 수정, 편집되었음이 간과되었다. 미국에 수출된 〈고지라〉는 일본의 원작에는 등장하지 않는 일본에 파견된 미국 기자의 시각에서 사건이 전개된다. 그리고 고지라의 일본침략은 전지구적 위기로, 고지라 퇴치는 인류의 평화회복으로 그려진다.[27] 〈고지라〉는 미국 개봉을 위해서 "익숙한 이야기 공식"으로 탈바꿈한 것이다. 따라서 수정된 미국 개봉판이 아닌 원작으로만 비교되었을 때, 〈고지라〉와 〈일본침몰〉의 차이점은 줄어든다. 또한 앞서 살펴보았듯이 고지라는 일본으로의 회귀성을 가졌기 때문에,

---

26) 〈일본침몰〉은 1975년 〈Tidal Wave〉라는 제목으로 미국에서 개봉되었다 (Susan J. Napier, "Panic Sites: The Japanese Imagination of Disaster from Godzilla to Akira," *Journal of Japanese Studies*, Vol. 19-2, 1993, 331~336쪽).
27) 미국판 〈고지라〉에 대한 자초지종은 ウィリアム・M・ツツイ, 『ゴジラとアメリカの半世紀』, 52~57쪽을 참조.

일본이라는 공동체로부터 벗어난 외부에 위치했다고 보지 않을 수도 있다. 그렇다면 〈일본침몰〉과 〈고지라〉를 가르는 기준이었던 파괴의 원인은 이제 모두 내부로부터임이 밝혀지며, 두 작품의 공통점이 두드러지게 된다.

5. 파괴를 소비하는 공동체

공동체의 파괴와 폐허에 대한 상상은 일본의 많은 SF 소설, 영화, 애니메이션에서 찾아 볼 수 있다. 많은 연구가 일본의 SF를 '종말론'과 연결시켜 다루고 있지만 헐리우드와는 다른 세계관 위에 서있다는 것을 염두에 두어야 할 것이다. 〈고지라〉와 〈일본침몰〉에서 보았듯이, 인류에 대한 위협보다는 일본이 파괴되고 폐허가 되는 것에만 관심을 기울이기 때문이다. 그 이유 중 하나는 일본의 SF에 표현되는 것이 미래임에도 불구하고 일본이 겪은 과거의 경험이 강하게 투영된 탓이다. 고지라의 회귀는 일본에 대한 위협이지, 지구적 문제가 아니다. 그리고 〈일본침몰〉도 일본의 침몰이지 인류의 침몰이 아니다. 일본을 대표하는 애니메이션 작가 미야자키 하야오(宮崎駿)의 작품에서도 '폐허'는 많이 다루어지고 있으나(〈미래소년 코난(未来少年コナン)〉, 〈바람계곡의 나우시카(風の谷のナウシカ)〉 등), 그것이 종말과 연결되지는 않는다. 미래의 폐허에 대한 일본의 상상은 어디까지나 직접 경험한 세계에서 온다. 전 세계에서 유일하게 원폭 피해를 입은 경험에서 오는 폐허의 이미지가 여

러 영화와 애니메이션에서 표현되고 있다는 것은 이미 많은 연구에서 지적되고 있고,[28] 관동대지진(1923)과 한신대지진(1995), 그리고 2011년의 동일본대지진이 영향을 끼친 경우도 있다.[29]

서구의 종말론적인 파괴와 폐허에 대한 상상이 조그만 지역에서 전지구적 규모로 확장되는 경향이 있다면, 일본의 SF에서는 확장보다도 일본이라는 경계에 안주하려는 경향이 강하다. '인류의 구제사'로의 확장은 없고 '일본의 구제사'에 머무르려는 것이다. 〈고지라〉가 미국은 물론이고 일본 가까이에 있는 국가들도 침략하지 않는 것처럼, 〈일본침몰〉에서도 일본열도가 침몰할 정도의 대규모 지각변동이 일어났음에도 불구하고, 한반도와 중국에는 전혀 영향을 미치지 않는다. 예를 들어 큰 재난을 다룬 한국영화 〈해운대〉(윤제균 감독, 2009)에서는 쓰시마 동쪽에서 일어난 지진의 영향으로 부산 해운대에 '메가 쓰나미'가 몰려온다. 〈일본침몰〉과 달리 〈해운대〉의 재난은 국경을 뛰어넘는 것이다. 일본이 침몰할 정도의 지진과 화산활동이 발생했다면, 한반도에 미칠 영향은 상상을 초월할 터이다. 〈일본침몰〉에는 원작 소설을 쓰기 위해 고마쓰 사쿄가 자문을 구했던 도쿄대학 교수들이 직접 출연하였다. 그들은 여러 과학적인 근거를 제시했지만,[30] 주변국에 대한 영향이라는 측면에

---

28) 대표적인 연구서로는 Mick Broderick ed, *Hibakusha Cinema: Hiroshima, Nagasaki and the Nuclear Image in Japanese Film*, Columbia University Press, 1996가 있다.

29) 오노데라의 연인인 아베 레이코(阿部玲子)가 〈일본침몰〉의 원작소설과 1973년도 영화에서는 정략결혼의 상대자로 나오나, 2006년 영화에서 그녀는 한신대지진으로 양친을 잃고 나서 소방청의 구조대원이 된 것으로 그려진다.

30) 1973년도판에 출연한 학자들은 다케우치 히토시(竹內均, 도쿄대학 교수),

서 본다면 너무나도 비과학적인 해석들이었다. 이는 과학 지식의 한계가 아니라, 파괴와 폐허의 영역이 일본에만 머물기를 바라는 잠재의식의 발현으로 봐야할 것이다.

〈고지라〉와 같은 경우에도 고지라에 의해 파괴된 건물과 지역은 전국적 주목을 받기 때문에, 고지라가 오지 않은 지역은 다음과 같이 아쉬움을 표출하기도 하였다.

> 수폭실험에 눈을 떠 일본 각지에서 파괴를 일삼아온 고지라. 현재 시리즈 19번째 〈고지라 대 모스라〉가 개봉 중이지만, 어째서인지 고지라는 아직 후쿠오카를 습격한 적이 없다. 1954년 첫 번째 작품부터 "그 시절 가장 주목받는 도시를 습격해왔다"(제작회사인 도호의 선전부)고 하는데, 고지라가 오지 않는 이유는 후쿠오카에 매력이 없어서일까?[31]

영화 〈일본침몰〉(2006)에서도 일본 각지의 명소들이 파괴되는 장면이 연출되고, 영화 선전 포스터 또한 지역별로 만들어졌다. 공식 포스터도 영화에 나오는 지역들, 즉 도쿄, 교토, 홋카이도, 규슈를 배경으로 한 네 가지 종류가 제작되었다. 그런데 나고야의 영화 배급사 지점에서 나고야성을 배경으로 한 포스터를 제작해버리자, 이 소식을 들은 영화감독이 나고야성이 파괴되는 장면을 추가 촬영하였다.[32] 이러한 요청은

오사키 요리히코(大崎順彦, 도쿄대학 교수), 나스 노리유키(奈須紀幸, 도쿄대학 교수), 스와 아키라(諏訪彰, 기상연구소 지진연구부장) 등이다. 2006년도 판에는 나고야대학 교수 야마오카 고슌(山岡耕春)이 출연한다.

31) 「ゴジラ,福岡にそっぽ. シリーズ19作目なのになぜ」, 『朝日新聞』, 1992. 12. 29. 이러한 여론을 반영한 것인지 2년 뒤인 1994년에 개봉한 〈고지라 대 스페이스 고지라〉에선 고지라가 후쿠오카에 상륙하여 폐허를 창출해낸다.

일본침몰을 막아내는 영웅을 자기 지역 출신 인물로 해달라고 하는 것과는 다르다. 그런 것에는 관심이 없고 파괴와 폐허를 자신의 지역으로 가져오려는 것이다.

이처럼 파괴와 폐허는 일본의 치부라 해서 숨겨할 것으로 여겨지지는 않는다. 또한 현재의 일본에 대한 회의적 태도가 반영되어 공동체가 소멸되어버려야 한다는 비판의식의 발로도 아니다. 오히려 파괴와 폐허가 일본에 적극적으로 수용되는 것이다. 이러한 양상을, 파괴와 폐허를 '독점'하려한다는 능동적인 단어로 치환할 수 있지 않을까. 이는 일본이 전쟁의 가해자이기보다도 피해자라는 의식을 가지고 있고, 이것이 전후 내셔널리즘의 근간을 이루고 있는 것과도 연결된다.

파괴와 폐허를 일본이 '독점'한다고 한다면, 이는 일본인의 자기희생에 대한 인식으로도 연결될 수 있다. '영웅으로서의 희생자'라는 역설적인 영웅상이 일본에는 받아들여지고 있기 때문이다.[33] 이러한 자기희생의 강조는 〈일본침몰〉에서도 나타난다. 앞서 언급한 1973년도판 〈일본침몰〉에서 그려진 다도코로 박사의 '희생'이 그러하고, 2006년도판 〈일본침몰〉에서는 오노데라가 잠수정을 타고 해저로 들어가 폭탄을 터트림으로써 장렬히 '전사'한다. 이 장면이 헐리우드의 〈아마겟돈(Armageddon)〉(1998)에서 영향을 받은 것이라는 지적도 있지만, 〈아마겟돈〉

---

32) 「金シャチも沈めた〈日本沈没〉ご当地ポスター」, 『朝日新聞』, 2006. 07. 14.
33) Orr, James J., *The Victim as Hero*, University of Hawaii Press, 2001. 그는 피폭에 의한 희생자의식을 전후의 내셔널리즘과 연결시키고 있으나, 전전부터 이미 일본에는 '희생'을 영웅적으로 '독점'하려는 경향이 있었다. 이에 대해서는 강태웅,「국가, 전쟁 그리고 '일본영화'」,『일본역사연구』25집, 2007을 참조.

에서 주인공의 희생이 전 인류의 목숨을 구한 반면, 오노데라의 희생은 전 인류는커녕 일본의 침몰도 막지 못한다. 그럼에도 불구하고 오노데라는 "지켜주어야 할 사람이 있어서 죽으러 간다"는 대사를 남기고 '희생'을 자처한다. 오노데라의 대사는 전후 일본에서 수없이 만들어진 자살특공대 영화에 나오는 대사와 일치한다. 게다가 이는 〈고지라〉(1954)의 결말과도 흡사하다. 고지라를 녹일 수 있는 '산소파괴제(옥시즌 디스트로이어)'를 개발한 세리자와 박사는 폭탄을 수중에 설치하고 빠져나올 시간이 충분했음에도 불구하고, 바다 속에서 고지라와 '동반자살'한다.

공동체의 파괴와 폐허에 대한 독점과 소비를, 일본의 다른 SF 작품에서 찾기는 어렵지 않다. 2009년 2월 한국에서는 〈블레임: 인류멸망 2011〉(제제 다카히사 감독)이라는 일본영화가 개봉하였다. 그런데 이 영화는 한국 개봉 당시 두 가지 문제를 일으켰다. 하나는 138분짜리 영화를 한국 수입사가 일본 측의 동의도 없이 마음대로 117분으로 편집하여 상영했다는 점이다. 한국 수입사가 원작 상영시간을 마음대로 수정하는 일은 종종 발생하고, 이는 이 글이 다룰 바는 아니다. 또 하나의 문제가 중요하다. 영화의 결말을 한국 측 수입사가 변경한 것이다. 강력한 바이러스 '블레임'이 유행하여 사람들이 죽어나간다. 유행한 지 6개월이 지나서야 백신이 완성되었고, 일본 내 감염자가 3,950만 명, 사망자가 1,120만 명에 달했다는 사건종결 보고로 영화는 끝난다. 하지만 한국의 시사회에서 상영되었을 때에는, "일본 정부는 반년 동안 백신을 연구했지만, 백신 개발에 실패하였다. 블레임은 결국 다른 나라에도 퍼져 인류를 위협한다"는 자막이 스크린에 흘러나왔다.[34)]

영화 상영을 둘러싼 사태의 배경에는 일본 SF의 특성을 이해하지 못한 한국 측 수입사의 잘못이 자리한다. 수입사가 붙인 〈블레임: 인류 멸망 2011〉이라는 제목부터가 원제인 〈감염열도(感染列島)〉와는 거리가 멀다. 원제에서 알 수 있듯이, 이 영화는 바이러스의 유행이 '일본 열도'에 한정됨을 말하고 있고, '인류멸망'은 애당초 염두에 두고 있지 않다. 일본 내 감염자가 3,950만 명, 사망자는 1,120만 명에 달했지만, 주변국으로의 전파는 영화 속에 전혀 나타나지 않는다. 말할 것도 없이 이 영화 또한 앞서 살펴보았던 〈고지라〉와 〈일본침몰〉처럼, 파괴와 폐허를 그리고 자기희생을 독점적으로 수용하는 내러티브의 반복인 셈이다.

그렇다면 『일본침몰』의 패러디로 창작된 『일본 이외 전부침몰(日本以外全部沈没)』이라는 소설(1973)에 대한 평가도 바뀌어야하지 않을까. 고마쓰 사쿄와 더불어 일본 SF를 대표하고, 〈시간을 달리는 소녀(時をかける少女)〉의 원작자로 유명한 쓰쓰이 야스타카(筒井康隆)는 소설 『일본침몰』이 유행을 하자, 다음해에 『일본 이외 전부침몰』을 써낸다. 제목 그대로 소설에서는 일본 이외의 모든 국가가 침몰한다.[35] 일본에 이주해온 외국인들이 일본인에게 아부하고, 헐리우드 스타들은 일본어를 배우려고 힘쓴다. 이 소설은 요모타 이누히코의 표현처럼 "일본인의 오만한 단일민족중심주의와 외국인에 대한 차별감정을 희화화"한 작품일 터이다.[36] 또한 『일본 이외 전부침몰』의 의의에는, 일본만이 침몰한

---

34) 이러한 변경사실을 안 일본 측 제작사의 항의가 있고 나서는 원본 그대로 상영되었다(강병진, 「(포커스) 3만3천명이 21분을 도난당했다」, 『씨네 21』 No.694, 2009).
35) 일본도 결국 침몰한다.

다는 파괴와 폐허의 독점에 대한 비판성도 추가해야할 것이다.

6. 나가며: 〈신 고지라〉는 새로운가?

2004년 고지라 시리즈 50주년을 기념하는 〈고지라 Final Wars〉가 만들어졌다. '시리즈 50주년 집대성'이라는 광고 문구처럼, 영화에는 앙기라스, 라돈, 가이간, 헤드라, 모스라, 그리고 고지라의 아들 미니라까지 10개 이상의 괴수가 출현하였다. 괴수의 등장이 생존영화라는 시리즈가 본래 지니고 있는 장르적 힘을 약화시킴은 앞서 살펴본 바대로이다. 이후 12년의 휴식기간을 갖고, 2016년 〈신 고지라〉 즉 '새로운 고지라'가 일본을 쳐들어왔다.

〈신 고지라〉는 이 글의 첫 부분에서 살펴보았듯이, 사회 각계각층의 관심을 불러 모았고 흥행에도 성공하였다. 그렇다면 〈신 고지라〉는 무엇이 새로웠나? 〈신 고지라〉의 고지라는 이전 시리즈와는 달리 변신한다. 고지라는 올챙이 같은 모습에서 시작하여 점점 커지고 파괴 능력도 강해진다. 이를 영화에서는 '진화'라고 부른다. 고지라의 파괴행위를 막기 위해 미군은 핵공격을 준비한다. 일본 정부는 자위대를 출동시켜 미국이 핵공격을 감행하기 직전, 혈액 응고제를 투여하여 고지라를 '동결(凍結)'시킨다.

---

36) 四方多犬彦, 『日本映画と戦後の神話』, 岩波書店, 2007, 286~287쪽.

고지라가 '진화'하며 변신하는 모습을 많은 평론가들이 새롭다고 지적하였으나, 알에서부터 유충, 번데기를 거쳐 성충이 되는 모스라와 같은 변신 괴수는 이미 있었다. 전체 줄거리 또한 앞서 살펴보았듯이, 〈신 고지라〉는 9년의 휴식기간을 가진 다음 돌아온 1984년작 〈고지라〉의 영향을 크게 받았다. 1984년의 〈고지라〉가 이전 괴수들의 출현 사실을 모두 없었던 것으로 하고, 생존영화라는 본래의 장르에 충실하게 제작되었던 것처럼, 2016년의 〈신 고지라〉도 고지라의 출현이 역사상 처음이라는 설정으로 만들어졌고, 공동체의 위협이라는 생존영화 장르로 돌아갔다. 따라서 자위대의 영화 속 비중은 커졌고, 자위대가 출동하여 포화를 퍼붓는 장면은 대규모로 촬영되었다.

고지라의 파괴 행위가 일본에 한정되고, 주변 국가로는 전혀 영향을 주고 있지 못함은 여전하다. 지구나 인류의 종말로 이야기가 확대되지 않음도 물론이다. 〈신 고지라〉에서 일본이라는 공동체가 파괴와 폐허를 배타적으로 점유하려는 성향은 강하게 나타나고 있는 것이다. 새롭다면 이러한 배타성이 새로운 형태로 '진화'한 점이다. 이전 시리즈에서 공동체는 고지라를 물리쳐 왔다. 하지만 〈신 고지라〉에서 고지라는 '동결'된 채로 도쿄 한복판에 서있고, 영화는 그대로 끝이 난다. 미군이 핵으로 고지라를 공격하는 것을 막기 위해 일본 정부가 힘쓰는 상황은, 마치 고지라를 미군으로부터 보호하려는 행위처럼 보이기도 한다. 공동체가 더욱 노골적으로 '고지라=파괴 및 폐허'를 끌어안은 셈이다.

이상으로 본고는 고지라가 왜 일본으로만 돌아와서 파괴 활동을 반복하는가라는 질문을 일본이라는 공동체는 왜 고지라를 필요로 하는가로 바꾸어 살펴보았고, 이는 전 인류의 멸망이 아니라 일본만이 지구상에서 침몰한다는 내러티브가 재생산된다는 사실과 맥을 같이 하는 질문임을 확인하였다. 인류 종말론으로 수렴되는 서구적 내러티브가 〈고지라〉와 〈일본침몰〉과 같은 선상에서 논해지는 경우가 많으나, 그러한 논의에 이의를 제기하면서 파괴와 폐허에 담겨있는 일본인들의 세계관, 그리고 그러한 이야기의 적극적인 수용을 탐구해보았다. 물론 폐허가 일본이라는 경계를 넘어서서 전 세계적으로 펼쳐지는 작품이 전혀 없는 것은 결코 아니다. 그러나 일본에서 주로 소비되고 인기가 있는 것은 역시 일본이라는 경계에 집착하는 작품이라는 것이 중요한 점이다. 파괴와 폐허에 대한 '독점'은 〈고지라〉이외에도 많은 일본의 SF에서 찾아볼 수 있었다. '독점'은 일본이 전쟁의 가해자이기보다도 피해자라는 의식을 가지고 있고, 이것이 전후 내셔널리즘의 근간을 이루고 있다는 사실과도 연결됨을 이 글은 확인하였다.

VIII 3.11 이후, 무라카미 다카시의 변화하는 슈퍼플랫*

최재혁

1. 〈오백나한도〉는 무엇을 초래했는가?

지금부터는 '전후'를 대신하여 역사 구분을 '정온기(靜穩期)'와 '활동기'
로 파악하고 싶다. … 뒤따르는 것은 '전후 문학'이나 '전후 미술' 같은
종래 이어져 오던 틀의 효력 상실이다. 지질학적인 정온기가 '전후'를
포섭하는 시기라면 1948년부터 1995년에 이르는 시기의 문화 역시, 그
기간의 특유한 정치나 경제와 마찬가지로 '흔들리지 않는 대지'를 전제
로 만들어졌을 따름이다.[1]

"전후(戰後)가 아니라 재후(災後)"라는 표현이 대표하듯, 2011년
3월의 동일본대지진과 후쿠시마 원전 사고를 새로운 역사적 분기점으

---

* 이 글은 「3.11 이후, 무라카미 다카시의 변화하는 슈퍼플랫」(『일본문화연구』
 67, 2018. 7.)을 수정, 보완한 것이다.
1) 椹木野衣, 「地質活動期の美術」, 『文學界』 66(3), 文藝春秋, 2012, 167쪽.

로서 파악하려는 담론이 한동안 성행했다. 위에서 인용한 글에서 미술 평론가 사와라기 노이(楠木野衣) 역시 일본 열도를 둘러싼 지질학적 문제의식을 미술비평에 도입해야 할 필요성을 제기한다. 전후 문학에서는 대지가 흔들리지 않았던 대신 사소설(私小說)이 개인의 요동치는 내적 갈등과 상극을 묘사의 대상으로 삼는 것이 가능했으며, 외부의 파괴가 드러나지 않았던 만큼 미술계에서는 '전위(前衛)'를 자임한 이들이 미술 내부의 제도 파괴라는 실험을 즐길 수 있었다는 해석이다. 그렇다면 지금, 뒤흔들림과 파괴가 가시화된 이 시대에 미술은 어떤 방향으로 진행하며 무엇을 보여줄 수 있을까.

'포스트 3.11'이라는 표제로 일본의 사회, 사상, 문학, 예술 등의 다양한 사정을 살피는 작업이 국내에서도 활발히 제기되었지만 '3.11 이후의 미술'에 관한 본격적인 논의는 충분치 않았다.[2] 이 글 역시 3.11 이후 미술의 동향과 역할을 전면적으로 다루려는 시도는 아니다. '재난의 재현 (불)가능성'과 관련된 질문들, 원전과 핵에 대한 불편한 진실을 폭로하는 예술적 실천들, 타인의 고통을 위무하고 부흥을 북돋는 예술적 기여에 대한 고찰은 더 확장된 논제로 이야기되어야 한다. 이 글의 목적은 1990년

---

2) 3.11 이후의 일본미술계의 상황에 대한 국내의 고찰은 패전 이후 핵에 대한 미술가들의 대응을 연대기적으로 다룬 다음 글에서 부분적으로 소개되는 것에 그쳤다. 최태만, 「히로시마에서 후쿠시마까지: 핵과 미술가의 대응」, 『미술이론과 현장』13, 한국미술이론학회, 2012; 최재혁, 「핵과 미술, 보이지 않는 것을 시각화하는 상상력」, 『BOON』 6, RHK일본문화컨텐츠연구소, 2014. 그 밖에도 『월간미술』 2012년 4월호는 〈3·11 동일본대지진 이후, 치유의 미술〉을 특집으로 기획했으며 조현정은 「동일본대지진 이후의 일본건축: 응급구호 건축에서 미래거주의 모델로」(『미술사학』 32, 한국미술사교육학회, 2016)에서 건축가와 예술가의 지진 이후의 양상을 살폈다.

대 이후 현재까지 일본현대미술을 대표하는 한 작가를 사례로 삼아 미술이 그려낸 일본 이미지의 양상을 고찰하는 데 있으며 '3.11'은 그 진행 과정에서 발생한 중요한 변곡점으로서 시야에 넣을 것이다. 논의의 대상은 "망가와 애니메이션 등 일본 특유의 오타쿠(마니아) 문화에 바탕한 J-팝 아트 그림과 조형물 등으로 세계적인 유명세를 누리는 스타 작가"[3]라는 평가로 우리에게도 낯설지 않은 무라카미 다카시(村上隆, 1962~)다.

무라카미가 제기한 '슈퍼플랫(Superflat)'은 조형적으로는 애니메이션과 게임 같은 서브컬처 영역과 전근대 일본미술을 '평면성'이라는 공통항으로 묶어내는 미술용어로 출발했다. 전통 회화와 애니메이션 작화에서 공통적으로 보이는 요소, 즉 평평하며 여백이 많아 깊이감을 결여하고 원근법적 지각을 거부하는 조형적 특징을 설명하는 개념이다.[4] 2차 대전 이후 세계미술계를 주도한 미국의 추상표현주의 미술이 추구했던 평면 지향에 대한 무라카미 나름의 도전이었다고도 할 수 있다. 외래의 문맥이 아니라 자기(일본) 속에서 평면성의 근원을 찾아보려는 시도는 비평가들의 다양한 이론적 지원 아래 전후 일본의 사회적, 문화적 상황에 대한 하나의 독법으로서 의미를 확장해 갔다. "사회도 풍속도 예술도 문화도, 전부 초이차원적"[5]인 일본, 즉 하이컬처와 서브컬처 사이의 히에라르키(위계)가 흐릿해지고, 나아가 계급과 취향마저 해체되어 '평평해진' 수평적 일본 사회의 모습을 형용하는 열쇳말로서 존재감을

---

3) 노형석, 「베르사유궁에서 저속한 팝아트 전시라니…」, 『한겨레』, 2010. 9. 3.
4) 暮沢剛巳, 現代美術用語辞典 1.0 중 「スーパーフラット(superflat)」 항목, http://artscape.jp/dictionary/modern/1198074_1637.html.
5) 村上隆, 「スーパーフラット宣言」, 『スーパーフラット』, マドラ出版, 2000, 4쪽.

과시해 왔던 셈이다. 슈퍼플랫이란 일억총중류사회로 형용되기도 하는, "그림으로 그려낸 전후민주주의 사회"이며, 명명 자체가 '헤이세이(平成)적 상황'을 그대로 반영한다는 평가가 가능했던 이유다.[6]

　　이러한 이론적 틀을 통해 무라카미는 슈퍼플랫적 실천을 담당했던 '오타쿠'라는 새로운 집단(공동체)을 논의의 중심으로 가져 왔다. 또한 슈퍼플랫의 기원을 해명하기 위해서 지정학적 문제를 문화론에 적용하여 패전국 일본과 전승국 미국의 관계로 거슬러 올라가기도 했다. 서브컬처에 기반을 둔 슈퍼플랫 개념은 상업(자본주의)과 고급예술의 틈새를 서핑하듯 왕복하는 전략을 펼치기에도 적절했다.[7] 오타쿠 문화를 번안하여 순수미술의 맥락 위에 절묘하게 포개 놓은 '무라카미표 재패니즈 네오팝 아트'가 세계미술계의 각광을 받게 된 상황은, '미야자키 쓰토무(宮崎勤) 사건' 이후 구석으로 내몰렸던 오타쿠(おたく)가 세계에 자랑할 만한 오타쿠(オタク)로 이미지를 전환하는 과정과도 병렬을 이룬다.[8] 덧붙여 문화대국으로서의 일본 브랜드를 선전하려는 쿨 재팬(Cool

---

6) 椹木野衣, 「スーパーフラットからGEISAIへ 村上隆の近未来をめぐって」, 『ユリイカ』 33(12), 青土社, 2010, 97~99쪽.
7) 국내에서 발표된 무라카미 연구는 주로 포스트모더니즘 및 오타쿠 문화를 포함한 일본 현대문화론 속에서 이야기되거나(김민수, 「무능현실 전능예술의 역설: 오타쿠문화와 무라카미 다카시로 본 일본」, 『일본비평』 5호, 서울대학교 일본연구소, 2011; 정신영, 「일본 현대미술에 나타난 서브컬처의 영향: 무라카미 타카시, 아이다 마코토, 나라 요시모토의 작품을 중심으로」, 서울대학교대학원 박사학위논문, 2014), 자본(상업)과 미술의 관계성을 논점으로 삼아 작가의 전략적 측면에 주목했다(오윤정, 「'무라카미'라는 브랜드를 만드는 사람들」, 『시대의 눈』, 학고재, 2009).
8) 미야자키 쓰토무 사건을 경계로 오타쿠의 이미지 반전에 대해서는 다양한 논자들의 견해가 도출되었다. 오타쿠는 미야자키 사건이라는 원죄를 갖고

Japan) 정책을 견인하는 데도 힘을 보탰다고 할 수 있다.

이러한 측면에서 보면 슈퍼플랫은 한 미술가의 스타일이나 일본 현대미술의 한 측면을 부감하는 이론에 머물지 않고, '일본 이미지의 변용'을 설명하는 데도 유효한 틀을 제공해 줄 수 있다. 이 글은 슈퍼플랫의 궤적 중에서 특히 2011년 동일본대지진 이후 무라카미 다카시의 변화된 양상에 주목하고자 한다. 오타쿠, 서브컬처, '가볍고 귀여운(かわいい)' 팝아트적 요소와 직결해 있었던 무라카미는, 지진 이후 전통, 종교, 철학으로 회귀하고 '인간의 무력함과 예술의 가능성'과 같은 진중한 테마로 전환했다는 평가를 받는다. 따라서 3.11 이후 변화된 '무라카미 월드'를 구성했던 두 결과물을 검토 대상으로 삼을 것이다. 피해자에 대한 진혼의 의미로 제작되었다고 이야기되는 회화 〈오백나한도(五百羅漢圖)〉(2012)를 비롯하여, 최초로 실사영화 감독에 도전했던 〈메메메의 해파리(めめめのくらげ)〉(2013)다.

동일본대지진이 발생한 이듬해, 카타르의 수도 도하에서 열린 개인

있는 한, 세간에 당당히 얼굴을 들 수 없는 존재라고 파악하는 견해가 있으며(이른바 '오타쿠 자학사관'으로 평가받는 오쓰카 에이지의 경우), 이에 비해 오타쿠는 세계에 자랑할 만한 존재이므로 국제적으로 진출할 필요가 있다고 보는 '오타쿠 글로벌리즘'이 2000년대 중반 제기되기도 했다. 또한 서브컬처와 오타쿠를 어떻게 구분해야 하는가에 대한 논의도 필요하다. 아즈마 히로키는 오타쿠가 (80년대에 급격히 사라져간) 쇼와 30~40년대 일본의 디테일을 편애하고 그 당시의 가치관을 버추얼하게 추체험하면서 번성한 집단이라면, 서브컬처는 일본발 인터내셔널을 목표로 한다는 특징을 밝혔다. 이 견해를 따르자면 무라카미는 기질상 오타쿠의 특성을, 작업의 결과상 서브컬처의 특성을 공유하고 있다고 볼 수 있으나 이 글에서는 오타쿠와 서브컬처를 면밀한 구분 없이 사용한다.

전 〈무라카미 에고(Murakami Ego)〉를 개최하며 무라카미는 다음과 같은 발언을 했다.

> 도전적으로 말하자면 나는 이제 오타쿠의 시대는 끝난 것은 아닐까 생각하고 있습니다. 뭐랄까, 역시 진재(震災)로 인해 사고방식을 여러 면에서 바꾸지 않으면 안 된다, 즉 더 이상 구질구질 하고 있을 게 아니다. 이런 점이 가장 중요하지 않을까요?[9]

'오타쿠의 착취자'로 불리며 일부 오타쿠의 적의를 사기도 했지만 어쨌거나 그 문화의 수혜자이자 이를 작업 기반으로 삼았던 무라카미가 표명하는 오타쿠의 시대의 종언은 어떻게 설명할 수 있을까? 글의 첫머리에서 언급한 사와라기의 견해에 따르자면, 오타쿠라는 현상 역시 안정된 경제 성장과 생활수준 확보로 인한 서양식의 오락을 향수하는 것이 가능해진 지질학적 '정온기'의 상황을 배경으로 하고 있기는 하다.

카타르 도하 전시에서 화제가 된 것은 단연 높이 3미터, 폭 100미터에 달하는 〈오백나한도〉였다. 2010년 베르사유 궁전에서 열린 개인전을 지원해 준 카타르 왕실과 인연을 맺은 무라카미는 동일본대지진 직후 1억 달러를 기부한 카타르에 대한 감사의 뜻으로 〈오백나한도〉를 제작했다. 이 작품은 2016년에는 도쿄 모리미술관에서 개최된 대규모 개인전의 타이틀로도 사용되면서 "미증유의 사건을 맞아 어찌할 수 없는 마음과 구제(救濟)의 염원을 담아낸 초(超)대작"[10], "무라카미 게르니카"

---

9) 村上隆, 「芸術家の使命と覚悟−ドーハ」, 『日本2.0 思想地図β』 vol.3, ゲンロン社, 2012, 86쪽.

라는 극찬을 받기도 했다.

〈무라카미 다카시의 오백나한도〉 전과 관련하여 자주 언급된 '귀환', '리턴', '회귀'라는 수사에는 몇 가지 의미가 중첩되어 있다. 발표 무대나 주요 컬렉터를 해외에 두고 있던 무라카미가 14년 만에 본국에서 선보인 대규모 개인전이라는 점에서 우선 작가의 귀환이었고, 카타르 왕실이 구입한 후 처음 일본으로 '귀향'한 작품을 뜻하기도 했다. 무엇보다 화제가 된 것은 작가가 보여준 제작 태도의 선회였다. 다름 아니라 죽음이나 종교와 같은 철학적인 주제를 적극 끌어왔다는 점이다. 무라카미 스스로가 밝혔던 제작 동기는 더욱 선명했다. 바로 "종파를 초월한 기원(祈願)을 100미터짜리 회화로 맞부딪혀보려는 생각과 종교가 발생하는 현장을 자신의 신체 속으로 거두어들이고자 하는 마음"을 통해 "서양형 컨텍스트를 중시하는 작품에서 보다 민중의 마음에 가까운 기원의 예술로" 전환했다는 언급이다.[11]

LA에서 열린 〈슈퍼플랫〉 전을 담당하며 무라카미를 미국에 소개했던 큐레이터 마이클 달링(Michael Daring)은 〈오백나한도〉를 "옛 신화 속에서 현대의 활력을 발견한, 21세기의 가장 주목할 만한 예술작품"으로 평가한다.[12] 그는 줄곧 일본의 문화와 역사를 테마로 삼아왔던 무라카미에 대한 평가가 고국에서 결코 호의적이지만은 않았던 점이 이해하기

---

10) 石川健次, 「村上隆の五百羅漢図展－伝統もマンガもフラットに生かす作品理解の入り口で途方に暮れる」, 『エコノミスト』 2015. 12. 22., 121쪽.

11) 辻惟雄・村上隆, 『熱闘！日本美術史』, 新潮社, 2014, 158~159쪽. 이는 〈오백나한도〉의 제작에 막 임하던 시기인 2011년 12월의 언급이다.

12) マイケル・ダーリング, 「五百羅漢図が示す物語」, 『美術手帳』, 美術出版社, 2016.1, 130쪽.

어려웠다며, "〈오백나한도〉를 통해 드디어 무라카미는 일본의 공중이 자신을 제대로 바라볼 수 있게끔 하는 형식과 주제를 발견했는지도 모른다."라고 글을 맺는다.[13] 외부로부터 바라본 다소 나이브한 관점이 드러나지만 한편으로 적확한 평가다. 그렇다면 〈오백나한도〉의 어떤 요소가 무라카미와 '일본'의 관계회복, 혹은 화해를 이끌어 냈다고 할 수 있을까? 이를 설명하기 위해 〈오백나한도〉의 수용 양상을 미술계와 일반 대중의 측면으로 나누어 살펴보고자 한다.

2. 전통과 오타쿠는 어떻게 길항하는가?

평론가 아즈마 히로키(東浩紀)는 "[〈오백나한도〉가] 지금껏 무라카미의 최대 판매 요소였다고 할 법한 팝과 오타쿠적 의장(意匠)을 포기했다."[14]고 언급했다. 하지만 이 작품에도 팝적인 감각을 기반에 둔 강렬한 색채 및 그래픽 디자인적 요소는 여전히 두드러진다. 각종 신수(神獸)와 기괴한 인물(나한) 묘사에서는 에도 시대 이래 지금까지 일본 대중문화의 대명사로 익숙한 '요괴'가 떠오르기도 한다. 아즈마처럼 오타쿠와 서브컬처에 대한 섬세한 감식안(?)을 갖추지 못한 탓인지, 우리의 눈으로

---

13) 이러한 지적과 관련하여 한 미술잡지가 카타르 전시에 즈음하여 마련한 특집호의 제목이 〈아직 무라카미 다카시가 싫으십니까?(大特集 まだ村上隆がお嫌いですか)〉였다는 점은 의미심장하다(『芸術新潮』, 2015. 12. 참조).

14) 黒瀬陽平+椹木野衣+東浩紀, 「3.11後の悪い場所—東京」, 『日本2.0 思想地図β』 vol.3, 356쪽.

는 이전 작업과 큰 차이를 느끼지 못할 수도 있겠다. 하지만 적어도 상업적 애니메이션의 특징, 귀여움과 에로티시즘을 강조했던 오타쿠적 전작들과 어느 정도 선을 긋고 있는 점은 분명해 보인다. 그렇다면 오타쿠의 혼을 착취하여 돈을 번다는 비판으로부터 벗어났다고 할 수 있을까? 혹은 그의 말대로 '오타쿠의 시대'는 끝이 났다고 보아도 좋을까? 질문에 대한 답은 잠시 미뤄두고 미술계 내부의 반응을 먼저 살펴볼 필요가 있다.

무라카미의 변화에 미술계가 주목한 점은 무엇보다 '전통'으로의 회귀였다. 앞서 서술했듯 물론 슈퍼플랫은 태생부터 전통에 기댄 방법론이었다. 무라카미는 슈퍼플랫을 구상할 때 미술사학자 쓰지 노부오 (辻惟雄)의 저서『기상의 계보(奇想の系譜)』[15]에서 받은 영향을 가감 없이 드러낸 바 있다. 쓰지 노부오는 인습을 타파하는 자유롭고 참신한 발상을 의미하는 '기상'이라는 키워드를 통해 에도 시대의 화가 가노 산세쓰(狩野山雪), 이토 자쿠추(伊藤若冲), 소가 쇼하쿠(曾我蕭白), 나가사와 로세쓰(長沢蘆雪), 우타가와 구니요시(歌川国芳) 등의 환상적이고 그로테스크하며 기괴한 표현에 주목했다. 이 용어는 기존에 장르별, 유파별로 정리해왔던 미술사를 '기상'이라는 개념을 통해 새롭게 제시하며, 특히 2000년대 이후 현재까지 지속되고 있는 '일본미술 붐'을 견인하는 데 중요한 역할을 했다. '기상의 화가' 개념은 무라카미가 슈퍼플랫 이론을 구축하는 데도 큰 영향을 끼쳤다. 무라카미는 에도 후기 개성적 화가들

---

15) 辻惟雄,『奇想の系譜』, 美術出版社, 1970. 쓰지 노부오의 '기상의 계보'에 관해서는 최재혁,「기상(奇想)의 계보」: 미술사의 대중화, 혹은 일본미술사 새로 쓰기」,『일본비평』 20호, 서울대학교 일본연구소, 2019를 참조.

이 보여준 평면적 특성에 주목하면서 현대 일본의 애니메이션 등에서 드러나는 조형상의 공통점을 추출해냈다.[16] 예컨대 자쿠추를 비롯한 기상의 화가들의 그림에서 지그재그로 움직이는 시선의 운동을 유발하는 선과, 애니메이션을 볼 때 우리가 화면 안에서 이미지를 스캐닝하는 눈의 움직임이 동질하다고 파악한다. 한발 나아가 '기상의 계보'에 속했던 화가들이 지금의 시각으로 보면 대중의 마음과 직접 맞닿아 있던 만화와도 같았다고 보면서 서브컬처 문화론으로 이동 가능한 길을 마련했다고도 볼 수 있다. 이어 무라카미는 자신이 국외에서 기획한 슈퍼플랫 3부작 전시의 최종편 〈리틀 보이: 폭발하는 일본의 서브컬처〉에서 미일관계라는 지정학적 문제로 작업 방향을 새롭게 조준했다. 즉 원폭으로 패전을 맞은 전후 일본은 진정한 의미에서 자립을 이루지 못하고 '거세'되어버려 '귀엽고 유치하며 순수하고 미성숙한 존재(=리틀 보이)'로서 순수한 오락(=오타쿠 문화)만을 발전시킬 수밖에 없었다는 구조를 제시하며 이를 무라카미 월드를 구성하는 중요한 배경으로 삼았다. 일본 서브컬처와 오타쿠의 기원을 히로시마에 투하된 원자폭탄의 코드네임과 중첩하며 영리하게 게임을 펼쳤던 셈이다.

겉으로 보기에는 가벼운 팝 아트를 문화정치학적 측면으로 확장하여 사회비평적 작가로서도 높은 평가를 받은 무라카미가 다음 국면으로 선택한 무기가 다시 전통이었다. 이에 따라 슈퍼플랫을 '릴리스'할 초기에는 평면성이라는 형식(조형)적 힌트로서의 의미와, 대중에게 가까운

---

16) 村上隆, 「スーパーフラット日本美術論」, 『スーパーフラット』, 8~25쪽.

수용 방식의 계승 측면이 컸던 전통미술―에도 후기 기상의 계보 계열―을 내용(주제, 사상)적 차원으로 받아들이는 전환이 이루어졌다. 2007년 무렵부터 선승(禪僧)화가 하쿠인(白隠)에 대한 관심을 피력하며 수묵 기법으로 〈달마도〉 등을 제작하면서 싹텄던 이러한 변화는 대외적으로는 오리엔탈리즘에, 국내적으로는 '일본미술 붐'[17]에 편승한다는 비판을 받기도 했다. 이러한 찬반양론 속에서 전통미술에 대한 경도는 2009년부터 미술잡지『예술신조(芸術新潮)』에 쓰지 노부오와 콜라보레이션으로 연재했던 〈닛폰 에아와세(ニッポン絵合わせ)〉[18]를 거쳐 〈오백나한도〉로 귀결된 것으로 보인다. 이 기획은 쓰지 노부오가 주로 전통미술에 대한 에세이를 쓰면 이를 받아 무라카미가 신작을 제작하는 식으로 구성됐다. 쓰지는 마지막 3회분의 주제를 에도 말기의 화가 가노 가즈노부(狩野一信)를 비롯한 화가들이 그린 〈오백나한도〉에 집중했다. 막부 말기 안세이(安政) 대지진(1855)과 관련된 가즈노부의 100폭에 달하는 이 그림은 마침 2011년 봄에 전 작품이 공개되는 대규모 전람회가 열렸기에 3.11과 맞물리며 무라카미 버전의 〈오백나한도〉를 촉발했다. 도쿄에서

---

17) '일본미술 붐'은 2000년대 접어들어 〈사후 200년 이토 자쿠추〉전을 계기로 비전문가와 일반 대중에게 일본의 전통미술이 큰 인기를 얻게 된 문화현상을 의미한다. 국공립 미술관에서는 블록버스터급 일본미술 전시가 이어지며 각종 매스미디어에서 주목의 대상이 되었고 인접 장르와 상품 디자인으로도 확산되었다. 이러한 현상을 뒷받침했던 학술적인 성과 중 대표적인 것이 쓰지 노부오의 '기상의 계보' 개념이었고 무라카미를 비롯한 현대미술가와 평론가들도 전통미술에 착안한 작품을 제작하거나 관련된 이론적 비평이 이어지고 있다.

18) '에아와세'는 헤이안 시대 귀족들이 두 조로 나눠 서로 가진 그림을 기교나 의도 등으로 우열을 가렸던 일종의 유희를 뜻한다.

펼쳐진 귀국전 당시 발행된 『미술수첩』 2016년 4월호의 특집은 〈무라카미 다카시: 당신은 오백나한도를 보았는가?〉였다. 그러나 이례적이게도 무라카미의 인터뷰는커녕 사진 한 장 등장하지 않는다. 즉 무라카미를 통해서 살펴보는(보다 노골적으로 말하자면 무라카미와 〈오백나한도〉를 제대로 '예습'하기 위한) 일본미술사 입문서의 성격을 띠고 있다. 그리하여 이제 '세계 속의 무라카미'는 일본미술사의 어떤 국면과도 접속 가능한 '일본미술사의 체현자'로서 등장하게 되었다.

각각 25m에 달하는 네 개의 섹션으로 나누어진 〈오백나한도〉는 방위를 맡은 사신(四神; 청룡, 백호, 주작, 현무)을 중심으로 나한 500인과 더불어 신화와 전설 속에 나오는 다양한 영물(靈物)로 구성되었다. 사신도에 착안한 것 자체가 고구려 고분벽화나 다카마쓰즈카(高松塚) 고분벽화에도 등장하는 동양의 고전적 주제를 의식한 것이라 할 수 있지만, 각 패널의 주요 모티프 역시 그 동안 시도해왔던 전통 회화 번안 작업에서 유래한 것이 많다. 말하자면 이토 자쿠추, 소가 쇼하쿠 등 주로 '기상의 계보'에 속하는 에도 화가들에 대한 오마주와 패러디, 혹은 도전하는 의미로 제작했던 작품을 기본 틀로 삼아 한 번 더 변형, 반복한 사례들이다. 예컨대 '청룡'은 소가 소하쿠의 〈운룡도〉에 착안했던 〈운룡적변도〉를 거쳐 나온 도상이며, 쓰나미를 연상케 하는 거대한 파도 속에 있는 흰 고래와 코끼리는 이토 자쿠추의 〈상경도(象鯨圖)〉에서 영감을 얻어 제작한 〈코끼리와 고래 2009~2010〉를 단계적으로 변주한 사례다. 자쿠추가 〈상경도〉에서 코끼리를 측면으로 표현했다면 무라카미는 정면의 모습을 취하여 2단계에 해당하는 작품(〈코끼리와 고래 2009~2010〉)를 제작했고, 최종 단계인 〈오백나한도〉에서 다시 자신의 작품을 변용하고 있다. 한편 이 정면상은 자쿠추의 또 다른 대표작 〈조수화목병풍〉에 등장하는 코끼리를 의식한 것이기도 하여 전통적인 작품을 다방면으로 취합했음을 알 수 있다.

한편 근세 기모노에서 즐겨 사용된 봉황 문양이나 데즈카 오사무(手塚治虫)의 〈불새〉에 이미지 소스를 두고 있는 '주작'을 비롯하여, 미야자키 하야오(宮崎駿)의 〈원령공주〉에 등장하는 '시시가미(シシ神)'에서 착안한 영수(靈獸)도 등장하면서 서브컬처에서 실마리를 얻거나 이를 전통과 융합하려는 시도 역시 눈에 띈다. 또한 몰려오는 쓰나미로 배경을 설정한 〈주작〉의 상단부는 우주 공간을 형상화했는데 이를 애플 아이맥(imac)의 초기화면에서 가져오기도 했다. 즉 〈오백나한도〉의 화면을 꾸미기 위해서 고전회화 이외에도 애니메이션과 컴퓨터 그래픽 등에서 탐욕적이라 할 만큼 여러 요소들을 왕성히 흡수하고 있음을 알 수 있다. 한편 그림의 주인공이라고 할 수 있는 나한들의 모습은 중요도에 따라 크고 작게 나뉘어 표현되었다. 경전에 의해 이름이 확인되는 십육 나한은 크게 묘사했고, 불상이나 불교 회화에서 사용되었던 의상과 지물(持物), 동작 등은 기존의 도상을 따르는 경우가 많다. 나한의 용모는 대부분 쭈글쭈글하고 이가 빠진 모습으로 기괴한 데포르메를 강조했다. 이는 준비 단계에서 제작했던 명랑 만화의 인물 묘사가 연상되는 십육 나한의 캐릭터 설정 그림과는 꽤 달라진 모습이다. 따라서 '기분 나쁘면서도 어딘지 귀여운' 이른바 '기모카와(キモカワ)'의 혼종된 세계가 나한을 통해 등장한다.

이제 오타쿠 시대의 종언을 말하는 무라카미의 작업이 과연 변화했는가에 대한 앞선 질문에 답할 때다. 바로 답하자면 〈오백나한도〉에는 여전히 서브컬처(오타쿠 문화)적 요소가 내장되어 있다고 보아야 한다. 비단 영향을 받거나 참조했던 이미지 소스의 존재 때문만은 아니다. '캐릭터화'된 대상 묘사가 화면에 잔존하고 있는 탓이다. 이 지점에서 참조할만한 견해가 사이토 다마키(斎藤環)가 무라카미의 작업에 적용하고 있는 하이-컨텍스트(High-Context)와 로-컨텍스트(Low-Context) 이론이다.[19] 정신과 의사이자 미술평론가인 사이토의 의견을 간략히 정리해보면 다음과 같다. 서브컬처(오타쿠 문화, 캐릭터)는 누가 가르쳐주지 않아도 보는 것만으로 다양한 코드를 자연히 이해하고 공유하는 성격을 띠는 하이-컨텍스트 문화라면, 예술은 다양한 코드를 독해할 수 있는 사람(말하자면 언어화된 미학, 미술비평, 미술사에 관련된 지식을 습득한 자)에게 한정되어 있는 로-컨텍스트 문화다. 따라서 "무라카미는 현대미술이라는 로-컨텍스트의 공간에 캐릭터라는 하이-컨텍스트의 존재를 '슈퍼플랫'이라는 개념을 매개로 이식, 융합하는 데 처음 성공한 작가"[20]로 평가할 수 있다. 쓰지 노부오가 『기상의 계보』에서 즐겨 다루고 무라카미가 참고했던 이토 자쿠추나 소가 쇼하쿠의 그림이 현재 '일본미술 붐' 속에서 널리 인기를 얻는 이유 역시 서브컬처의 하이-컨텍스트적 성

19) 문화인류학자 에드워드.T.홀이 저서 『문화를 넘어서』에서 소통(커뮤니케이션)의 발신과 수신을 컨텍스트(맥락)에 따라 구분하여 주창한 개념으로, 홀은 문화를 구성원 사이에 공유되어 있는 정보, 경험, 가치관 등이 풍부한 고맥락(High-Context) 문화와 컨텍스트의 공유성이 낮은 저맥락(Low-Context) 문화로 구분했다.
20) 斎藤環, 「キャラと鎮魂」, 『美術手帳』, 美術出版社, 2016年 4月, 132~133쪽.

격을 갖기 때문이기도 하다.

무라카미는 기존에 서브컬처에 기초를 둔 작품이나 심지어 미술 작품이 아닌 '물건[대표적인 사례로서 등신대의 피규어 〈미스코코(Miss Ko²)〉]'를 서양 현대미술의 문맥에 살짝 걸쳐 놓는 작업을 펼쳤다. 즉 일본에서는 예술로 취급받지 못하던 서브컬처를 '팝아트'라는 문맥이 이미 존재하는 미국 본토에 가져감으로써 성공한 것이다. 서양미술과의 긴장 속에서 자신의 존재를 증명해왔던 무라카미는 귀환을 준비하면서 이번에는 일본의 전통 미술과 오타쿠 문화를 포개 놓으려는 시도를 한 것이 아닐까.

그러나 전통을 전면에 내세워 주목받으면서 달라진 점이 있다면, 오타쿠를 중심에 두고 미국과 일본의 관계를 끊임없이 상기시켰던 예전의 성격이 희미해진 것이라는 점을 지적해두고 싶다. 즉 전승국(미국)과 패전국(일본)의 관계라는 민감한 사안이 이제는 동양과 서양의 구도로 이동했다고 볼 수 있다. 그렇지만 동양과 서양의 대립 구도를 다시 강조하거나 동양 문화의 중심으로서 일본을 내세우는 시선, 즉 오카쿠라 덴신(岡倉天心)으로 대표되는 근대 일본의 문화전략 측면은 노골적으로 강조되지 않는다. 예컨대 무라카미는 〈오백나한도〉에 등장하는 소재, 그리고 그 모본이 된 전통미술의 여러 모티프 역시 인도, 중국 등을 거쳐 '수입'해 들어온 것이라는 점을 항상 강조한다. 예를 들면 "[지진의 피해를 당한—인용자] 지금, 일본인이 자신을 잃고서 이에 대한 반동으로 '일본 만세!' 같은 분위기가 있지만 그런 것은 똥이나 먹어라, 라고 생각합니다. 소가 쇼하쿠의 〈군선도〉는 중국의 선인(仙人), 즉 외래의 것을 그린 셈이며, 말하자면 결국 서양에서 온 외래품인 현대미술과 마찬가지입니다."[21]라는 언급이 그러하다. 하지만 패전국의 상처와 진재라는 상처를 연결하면서 주체를 일본 국민으로 동일하게 설정한 점은 달라지지 않았다. 즉 여전히 일본 공동체와 미술 사이에서 벌어지는 사회적 문제를 사정권에 두고 작업을 진행하고 있다고 볼 수 있다.

3. 〈오백나한도〉에서 〈메메메의 해파리〉로: '이야기'는 성공했는가?

사이토 다마키는 컨텍스트의 문제를 적용하여 무라카미를 분석한 위의 평문에서 '캐릭터'를 "시공을 넘어도 동일성을 전달할 수 있는 기능을 가진 존재"로 정의한다. 그렇다면 무라카미가 묘사한 대상들은 변형되고 붕괴되어 그로테스크한 형태를 가질지라도 나한으로서의 동일성은 지켜나가는 존재라는 뜻으로 해석할 수 있다. 그리고 사이토는 캐릭터화되어 표현된 〈오백나한도〉에는 진재 후의 "우리들—죽은 자들, 남겨진 자들, 앞으로 다시 태어날 자들—에 대한 기원"의 의미가 담겨 있다고 말한다. 이렇게 하여 〈오백나한도〉는 현세에서도 내세에서도 한결같기를(동일성을 지키기를) 바라는 '진혼'의 의미로 격상된다.[22]

---

21) 「村上隆インタビュー敗戦国かつ震災で根源的な傷をひきうけた国の人間が考える"芸術とは何か"」, 『芸術新潮』, 新潮社, 2015年 1月, 102쪽.
22) 斎藤環, 「キャラと鎮魂」, 131~135쪽.

비평이 지닌 타당성은 차치하더라도 3.11 이후의 무라카미의 작업이 '일본과 관계를 회복'하고 대중적인 지지를 얻게 된 가장 폭넓은 이유는 바로 이러한 주제적 측면 때문일 것이다. 석가의 제자를 의미하는 나한(羅漢, 阿羅漢)은 불법을 수호하고 대중을 구제하는 임무를 맡은 존재였다. 인도에 기원을 두고 있지만 중국, 한반도를 거쳐 일본에 수용되면서 나한은 특히 전란이나 화재, 지진 같은 재난에서 중생을 구하는 신통력을 가진 존재로서의 성격이 강화되었다. 나한도가 일반적인 불화와는 달리 종교적 엄격성이나 일정한 형식에 얽매이지 않고, 도교나 민간 신앙적 요소 등도 혼합되어 자유분방한 이미지로 그려지는 경우가 많았던 이유이기도 하다. 전술했듯 그 대표적인 사례가, 안세이 대지진 당시 가노 가즈노부가 제작한 100폭에 달하는 〈오백나한도〉였다.

따라서 나한도라는 테마의 선택 자체가 미디어에서 종종 언급된 대로 지진으로 스러져간 피해자를 향한 '진혼'의 의미로 받아들여지곤 했다. 재난을 함께 아파한다는 동질감을 전한다는 점에서 사람들에게 쉽게 어필할 수 있는 것은 당연했다. 평소 일본의 자화상(경우에 따라서는 부끄럽게도 생각할 수 있는 오타쿠적인 문화)을 시니컬하게, 그것도 서양인을 향해 드러냈던 무라카미였기에 "종교가 탄생하는 현장을 내 속으로 거두어들이고 싶은 마음에서 서양형 컨텍스트를 중시하는 작품에서 보다 민중의 마음에 가까운 기원의 예술로" 같은 작가의 수사 자체가 부각되면서 고무적으로 받아들여졌을 터다.

그러나 정작 '진혼'이라는 단어가 무라카미의 입을 통해 직접 등장한 적은 없었다. 오히려 "감히 말하자면 기원적인 성격은 전혀 없으며 실

로 '무(無)' 같은 느낌, 자신의 작업에 대한 무력감, 어떤 의미에서는 '무'
라고나 할까, 무엇이라도 들어갈 수 있는 '상자' 같은 작품"23)이라는 상
반되는 발언이 눈에 띄기도 한다. 무라카미가 밝힌 제작 동기 중 주의 깊
게 살펴야 할 점은 오히려 앞부분에 위치한 "종교가 탄생하는 현장"이라
는 대목이다. 즉 지진으로 인해 절망과 무력감으로 가득 차 있는 상황, 그
럼에도 남은 자는 살아나갈 수밖에 없는 생사가 교차하는 순간에는 희
망을 말하는 '이야기'가 필요하다는 뜻이다. 무라카미는 (실은 허무맹랑
한 거짓말일지라도) 그러한 이야기를 제공하는 것이 바로 종교라고 파
악한다. 그리고 이 시대에는 그러한 종교적 문맥을 가진 예술이 필요하
다는 주장으로 이어진다. 동일본대지진을 계기로 그린 작품이라는 의미
는 특정한 종교성(나한신앙)을 설명하거나 피해자들에게 위로를 전한
다는 직접적인 뜻은 아니었다.

그렇지만 전시장에서는 오백나한의 숫자를 하나하나 세어보는 관
객들을 볼 수 있었고, 전시 도록과 잡지 기사에도 100미터에 달하는 전도
를 펼쳐놓고 각각의 나한이 지닌 특징과 역할을 설명하는 캡션이 딸려
있었음은 부정할 수 없다. 정작 무라카미는 이 그림에 담긴 이야기적 성
격(내러티브)을 부정하는 다음과 같은 발언을 한다.

"내가 진짜로 추구하는 것은 '올오버(all over) 페인팅'이라서 〈오백나한
도〉라고 해도 얼핏 보면 구상화 같지만 '올오버'라고밖에 볼 수 없다는

23) 「対談: 辻惟雄×村上隆 五百羅漢図」と「笑い」: 村上隆による日本美術の受容」, 『村上
隆の五百羅漢図展』, 森美術館, 2016, 47쪽.

게 포인트입니다. 이야기(서사)적인 측면은 회화의 성립을 위한 궤변이며, 시각이 자립적이고 중요한 것입니다."[24]

'전면(균질)회화'라고 해석되는 '올오버 페인팅'이란 화면에 어떤 중심적인 구도나 화면을 이루는 부분들 사이의 관계를 설정하지 않고 전체를 균질하게 표현하는 경향의 회화를 뜻한다. 큰 화면에 물감을 뿌리고 튀기는 기법을 사용한 잭슨 폴록의 추상표현주의가 대표적인 사례라고 할 수 있으며, 결국 회화에서 구상성과 서사성을 배제하는 모더니즘 미술론을 구현하는 한 특징이 되었다.

흥미로운 점은 위와는 모순되는 발언이 등장한다는 점이다. 다름 아니라 지진 이후의 일본은 '이야기'가 절대적으로 필요한 현장이었고, 3.11은 자기에게도 역시 표현자로서 '이야기'를 수용하는 전환점이 되었다는 내용이다. 다소 길지만 인용해보면 다음과 같다.

"진재를 거치며 이전까지 가지고 있던 이야기에 관한 혐오감이 완전히 붕괴해버렸습니다. 이야기란 즉 '방편'인 것입니다. 나 자신과 청중이 그렇다고 생각하는 것을 적절하게 전하기 위한. 지금까지는 그런 것이 싫었습니다. 항상 이야기를 정지시키고 플랫한 방향으로 작품들을 끌고 왔습니다. 하지만 미증유의 대재해가 생겨나고 이로 인해 약해진 사람들에게 좁은 업계 내의 구조를 제시하는 것만으로는 전달이 될 수 없다고, 방편으로부터 들어가지 않으면 무리라고 깨닫게 되었습니다. 그 이후 회화나 조각 작품이 스토리화되어 버렸습니다. "이게 현대미술일까?"

---

24) 村上隆, 「五百羅漢図—全てをこれにぶち込みました」, 『芸術新潮』, 新潮社, 2012年 5月, 69쪽.

라는 큰 의문이 내 자신 속에서도 들끓게 된 형편입니다(웃음)."[25]

지진 이후 감독을 맡았던 실사 영화 〈메메메의 해파리〉의 개봉 즈음인 2013년 5월 게재된 『키네마 준포』 대담에서의 언급이다. 진재 이후의 작품이라는 공통점을 가진 두 작품이 어느 정도 병행하고 있는지를 묻자 무라카미는 영화를 만듦으로써 〈오백나한도〉에도 스토리나 서정적인 면을 집어넣었다고 밝혔다. 불과 1년 전의 발언과 상반된 내용이므로 작가 스스로의 동요나 일관성 부족을 지적할 수도 있다. 어쨌거나 무라카미에게 있어 '이야기적 특징'은 미술이 아니라 영화라는 새로운 장르에 도전하면서 회복되었다고 볼 수 있다.

무라카미는 미술계에 데뷔하던 무렵인 1992년 미술잡지의 좌담회에 참가하면서 현재를 가늠할 수 있는 흥미로운 발언을 남겼다. 이를테면 "제가 미술을 하는 이유는, 만약 일본에서 1억 엔을 들여 영화를 찍는다면 그저 그런 것밖에 만들 수 없지만, 1억 엔을 들여 미술작품을 만든다면 그것은 폭발적인 것이 될 가능성이 있기 때문입니다. … 저는 작품을 만드는 것과 비슷한 정도로 시장에도 관심이 있어요. 기회나 사람, 돈 같은 것을 가장 적당한 시기에 투입해서 폭발시키는 장소로서의 미술."과 같은 언급이다.[26] '가성비'를 고려하면서 자신의 진로를 타진하던 이십 대 후반의 젊은이는 이후 미술뿐만 아니라 비즈니스 관련서로 분류

---

25) 「クロストーク 村上隆×斎藤環 「めめめのくらげ」をめぐる対話: 物語ることの 受容—表現者としての転換点」, 『キネマ旬報』, キネマ旬報社, 2013年 5月 上旬 号, 134~135쪽.

26) 「座談会 ポスト・ホビー・アート・ジャパン-中原 浩大, 村上隆, ヤノベ ケンジ」, 『美術手帳』, 美術出版社, 1992年 3月, 75쪽.

되기도 했던『예술기업론』이라는 저서를 쓸 정도로 '사업가로서의 아티스트 상'을 구축하며 일본을 대표하는 미술가로 성장했다. 미술을 통해 이룬 성취와 경제력으로 '그저 그렇지 않은' 영화까지도 만들 수 있다는 자신감이 생겼을 때, 동일본대지진은 비극이긴 했지만 그 진행 방향에 걸맞은 연료(혹은 정당성)를 제공한 셈이다.

〈메메메의 해파리〉는 동일본대지진으로 아버지를 잃은 소년 마사시가 시골 마을로 이사를 와서 겪는 모험담을 담은 SF판타지 영화다.[27] 현대미술가로 자신의 미학을 구축하고 정점을 찍은 무라카미가 새로운 장르에 용기 있게 도전했다는 평가를 받기는 했지만 영화 자체는 흥행에서도, 평단에서도 냉대를 받았다. 몸에 익지 않은 장르를 다뤄야 하는 연출 탓이다. 소재 차원에서는 마을의 어린이들이 디바이스로 조종하며 놀이와 대결을 펼치는 '프렌드'라는 존재가 게임 캐릭터를 연상시키면서 오타쿠 문화에 대한 그의 관심사가 그대로 드러난다. 무라카미를 이론적으로 지원해 왔던 평론가 아즈마 히로키는 영화라는 새로운 미디어

---

27) 영화의 대략적인 줄거리는 다음과 같다. 주인공 소년은 동일본 대지진으로 아버지를 잃고 어머니와 함께 삼촌이 사는 마을에서 살게 된다. 아버지를 잃은 슬픔을 안은 채로 이지메까지 당하게 되는 그는 이상한 생명체인 '구라게(해파리)군'과 만나게 되고, 학교 친구들도 모두 구라게군처럼 '프렌드'라 불리는 존재를 디바이스로 조종하고 있었다. 소년은 '프렌드'를 배틀의 도구로 사용하는 데에 반대하는 여학생과 디바이스 없이도 스스로 움직이는 구라게군의 도움을 받아 우정을 키워나간다. '프렌드'의 정체는 어린이가 가진 부정적인 에너지로 연구소에서 생성된 생물이었으며, 그 연구의 궁극적인 목표는 최강 프렌드 괴물을 만들어내는 것이었다. 결국 이에 대항하는 주인공 소년은 친구들과 우정을 회복하고 힘을 합쳐 각자의 프렌드를 조종하여 함께 괴물을 물리친다.

자체를 컨트롤하지 못하는 무라카미의 모습이 오히려 매력적이고 재미있었다고 말하면서, 〈오백나한도〉의 완벽함과는 대조적인 이 영화를 일종의 '실패'라고 표현한다.[28] 아즈마가 앞으로도 '스토리'를 이어가려면 새로운 캐릭터를 만들어내는 편이 좋다고 조언했듯, 영화 속에 등장한 '프렌드' 중에는 그가 미술 영역에서 창조했던 기존의 캐릭터와 이미지가 등장한다. 대표적인 사례로 무라카미의 트레이드마크 중 하나인 미소녀 피규어 〈미스 코코〉를 들 수 있다. 무라카미는 '코코쨩'을 오타쿠 마켓과 세계 굴지의 LA현대미술관에 동시에 출품하며 하이-컨텍스트와 로-컨텍스트의 낙차를 날카롭게 시험한 바 있다. 그러나 메이드복 차림의 이 등신대 피규어는 새로운 형식 실험이라는 영화 속에서는 맥락을 잃고, 맥 빠진 채 자기 이미지를 소비하거나 반복 재생산되고 있다는 느낌을 줄 뿐이다. 또한 영화 속에는 〈오백나한도〉에서 화면을 구성했던 동양의 전통적 사상(사방, 사신도 등)이 반복적으로 사용되고 있다. 악을 대표하는 연구소의 무리를 청룡, 백호, 주작, 현무로 명명한다든가, 그들이 '프렌드'를 이용하여 게임 대결을 펼치는 무대로 태극을 비롯한 사신의 방위 도상이 등장하는 것 등이 그 사례다. 하지만 이 역시 특별한 맥락이 부여되었다기보다 막연히 어떤 상징, 하나의 캐릭터로서 사용되고 있을 뿐이다.

이제까지 부정해 온 이야기의 힘을 인정하고 이를 표현의 매체로 삼은 용기는 인정하더라도, 예술가가 자신이 전달하고자 하는 바, 원하

---

28) 「対談 東浩紀×村上隆〈五百羅漢図〉からはみ出したもの,〈めめめのくらげ〉」, 『ゲンロン通信 9＋10』, ゲンロン社, 2014, 96~97쪽.

는 바를 제대로 구축해냈는가는 별개의 문제다. 작가의 말을 빌리자면 "이야기라는 방편"에 진입한 이상, 이야기 자체가 살아 움직여 새로운 세계를 만들어야만 무라카미가 원했던 무기력으로부터의 극복, '위로'와 위안을 주는 매체로 기능할 수 있을 것이기 때문이다.

4. 흔들리는 슈퍼플랫

〈무라카미 다카시의 오백나한도〉전으로 오랜 공백을 깨기 전까지 마지막으로 기록된 대규모 개인전 〈소환할까? 문을 열까? 회복할까? 전멸할까?〉(도쿄도현대미술관, 2001)의 카탈로그에는 작가를 이해하기 위한 중요한 텍스트가 수록되어 있다. 「미술가로서 살다」라는 제목의 글에서 무라카미는 앞으로 자신이 선택할 다음의 세 단계 길을 제시한다.

1) 먼저 본고장에서 인정받는다(단 맛을 낼 때는 본고장의 입맛과 수요에 맞출 것).
2) 그 권위를 방패 삼아 일본으로 역(逆)상륙. 맛은 일본풍으로 마이너 체인지. 혹은 완전히 일본인의 기호로 변화시킨다.
3) 다시 본고장으로. 이번에는 본고장을 향해 진짜 나의 '간장' 맛(취향)을 이해받을 수 있는 프레젠테이션을 행한다.[29]

---

29) 村上隆, 「美術家として生きる」, 『召喚するかドアを開けるか回復するか全滅するか』, 東京都現代美術館, 2001, 131쪽.

그리고는 슈퍼플랫을 미국에 안착시키면서 성공 가도에 올랐던 당시의 현 상황을 "그럭저럭 첫 관문을 돌파했다"라는 냉정한 자기평가로 마무리한다. 이러한 모습은 과거로부터 현재까지 이어지고 있는 무라카미의 태도와 전략을 일관적으로 보여주는 것이기도 하다. 1년만 시간을 거슬러 올라가보자. 2000년, 자신만만하게 천명했던 「슈퍼플랫 선언」의 마지막 문장에 주목할 필요가 있다.

"자, 미래를 검색하고 스캐닝하여 파악해내자. '슈퍼플랫'은 미래를 향한 스테이지다."[30]

미래를 향한 '스테이지'라는 언급은 그에게 있어 슈퍼플랫이란 언제나 변화하며 예측할 수 없는 미래에 맞춰 다음 단계로 넘어가기 위한 유동적인 전략임을 의미한다. 구체적인 전략은 3단계로, 서양미술사 중심의 미술시장(미술계)은 기울어진 운동장이기에 본고장의 룰로 승부하고, 금의환향 후 일본풍 혹은 일본인의 기호로 체인지할 것, 그리고 또다시 역수출을 통해 세계 미술의 중심축을 틀어버리려는 시도다. 전략에 따른 전술은 그때그때 더욱 유동적일 수 있다. 포스트모더니즘적인 존재인 오타쿠, 혹은 패전 후 거세된 일본에서 태어난 기형적인 문화현상인 서브컬처, 그리고 미일관계…. 물론 그 과정에 다양한 시행착오와 변수는 존재해 왔다. 일본에서는 여전히 이해받지 못하는 측면이 있고, 일본은 현대미술을 이해하지 못한다는 작가의 푸념도 지속되고 있어 제

---

30) 村上隆, 「スーパーフラット宣言」, 4쪽.

대로 금의환향이 성사되었는지도 미지수다. 무라카미의 〈오백나한도〉
와 〈메메메의 해파리〉는 저 2단계와 3단계 어디쯤에서 동요하고 있다.
'3.11 이후 변화하는 슈퍼플랫'이라는 제목을 붙였지만 작가는 슈퍼플랫
이라는 개념 속에 이미 언제나 상황에 맞게 바뀔 수 있다는 안전장치(혹
은 알리바이)를 만들어 두었다고 할 수 있다.

결론을 대신하여 전술했던, '이야기'의 혐오에서 회복으로 전환한
무라카미의 모순으로 되돌아가고자 한다. '이야기'는 회화를 성립하기
위한 궤변일 뿐이라서 〈오백나한도〉를 구상화가 아닌 추상, 즉 전면회
화로 보아 달라며 이야기적 요소를 부정했던(2012년 도하 전시 무렵의
발언) 무라카미는, 영화 〈메메메의 해파리〉의 개봉을 앞두고 "이야기라
는 방편이 아니면 전달될 수 없다"며 자신의 회화와 조각에 포함된 서사
성을 부인하지 않았다(2013년, 『키네마 준포』에서의 대담). 여기서 2년
후 〈오백나한도〉전의 도쿄 공개를 앞두고 쓰지 노부오와 가진 대담을
주목해 볼 필요가 있다. 지진을 염두에 두었냐는 멘토격 노미술사학자
의 질문에 "나의 〈오백나한도〉에는 가노 가즈노부가 그렸던 것 같은 종
교적 정합성은 전혀 없기 때문에 이야기적 성격이 있는 듯하기도, 없는
듯하기도 해서… 흔들흔들 거리는 감각이 있어요."라고 답한다.

정온기에서 지질변동기로, "미래를 향해 매끄럽고 평평하게 스캐
닝"을 해오던 무라카미에게도 이러한 상황은 하나의 흔들림이 아니었을
까? 2011년 3월 11일 이후의 사태는 일본 사회뿐만 아니라 다양한 세계
를 무대로 순회 경기를 펼치듯 스테이지를 만들어서 차근차근 넘어온
무라카미에게도 변수와 장애물과 같은 돌발적인 요인이었다. 이를 기회

로 삼으려는 그의 시도는 그러므로 아직은 모호한 방식으로 전략 속의 혼돈기를 겪고 있는 듯 보인다.

.

주요 참고문헌

I. 동성파트너쉽제도를 통해 본 포섭과 배제의 정치학

김민중, 「동성(同性)간의 결합에 대한 법적보호」, 『동북아법연구』 Vol.10
　　no.1, 2016.
　　DOI : http://doi.org/10.19035/nal.2016.10.1.9
　　UCI : http://uci.or.kr/G704-SER000001334.2016.10.1.018

신기영, 「"개인적인 것이 정치적인 것이다": 선택적 부부별성과 이름의 정치
　　학」, 『젠더와 일본사회』 한울, 2016.

이지형, 「일본 LGBT(문학) 엿보기: 그 불가능한 가능성」, 『일본비평』 8호,
　　2013, http://hdl.handle.net/10371/92059.

大島直也, 「同性婚の再定位 : クィアへの応答を通じて」, 『学生法政論集』, 九
　　州大学法政学会, 2015, info:doi/10.15017/1513719.

川坂和義, 「アメリカ化されるLGBTの人権 : 「ゲイの権利は人権である」演説
　　と〈進歩〉というナラティヴ」, 『Gender and Sexuality : Journal of the
　　Center for Gender Studies』 8, 2013.

杉浦郁子, 野宮 亜紀, 大江千束, 『パートナーシップ・生活と制度 [結婚,事実
　　婚,同性婚] 増補改訂版』, 緑風出版, 2016.

中西絵里, 「LGBTの現状と課題―性的指向又は性自認に関する差別とその解
　　消への動き―」, 『立法と調査』 No.394, 2017.11.

堀江有里, 「同性間の〈婚姻〉に関する批判的考察」 『社会システム研究』 21, 2010.

松信ひろみ, 「結婚の「社会的承認」としての同性パートナーシップ」, 『駒澤
　　社会学研究』 48, 2016.

古谷経衡, 「保守はなぜ同性愛に不寛容なのか?~渋谷区パートナーシップ条例
　　をめぐる怪~」, 2015, http://bylines.news.yahoo.co.jp/furuyatsunehira/
　　20150314-00043825(접속일: 2018. 3. 25.).

吉野太一郎, 「どうなる?同性パートナーシップ LGBTの議員たちが語る「最前
　　線」―この先,何が起きるのか」, https://www.huffingtonpost.jp/201
　　8/02/03/lgbt-future_a_23332502(접속일: 2018. 3. 25.).

Schulman, Sarah *Ties That Bind: Familial Homophobia and Its Consequences*, the New Press, 2012.

Tamagawa Masami, "Same-Sex Marriage in Japan," *Journal of GLBT Family Studies* 12:2, 2016, https://doi.org/10.1080/1550428X.2015.1016252.

김수현, 「주요국의 NGO현황과 제도」, 김동춘 외 『NGO란 무엇인가』, 아르케, 2000.

김태창, 「공공철학이란 무엇인가?」, 『철학과 현실』 74호, 2007.

나카하라 잇포, 이희라 옮김, 『3.11 물의 마을이 사라진 날: 기적의 자원활동 이시노마키 모델의 탄생』, 에이지이십일, 2012.

박승현, 「개호보험시대의 자립의 의미: 도쿄의 한 개호예방시설을 통해 본 고령자 자립을 둘러싼 지역적 실천」, 『비교문화연구』 21(2), 2015.

_____, 「'지방소멸'과 지방창생: '재후(災後)'의 관점으로 본 '마스다 보고서'」, 『일본비평』 16호, 2017.

_____, 「일본 사회복지협의회를 통해 본 '새로운 공공': 도쿄 북구사협의 지역복지 사례를 중심으로」, 『민주주의와 인권』 18(1)호, 2018.

_____, 「인생의 마지막 장에 대한 탐구」, 한림대 생사학연구소 편, 『가치있는 삶과 좋은 죽음』, 박문사, 2018.

박지환, 「현대일본사회에서 이바쇼(居場所)와 자립의 사회문화적 의미: 오사카 예술-비영리조직(Art-NPO)에 대한 사례연구」, 『민주주의와 인권』 17(1)호, 2017.

사이토 준이치, 윤대석·류수연·윤미란 옮김, 『민주적 공공성』, 이음, 2009.

윤문구, 「지역복지시대에 있어서 일본 사회복지협의회의 역할」, 『일본연구』 4호, 2008.

이나가키 히사가즈, 성현창 옮김, 『공공복지: 공공철학에서 복지사회를 전망하다』, 예영 커뮤니케이션, 2013.

이숙종, 「공공서비스 제공자로서 일본 시민단체의 대두」, 이숙종 엮음. 『작은 정부와 일본시민사회의 발흥』, 한울, 2005.

이원식, 「일본의 사회복지개혁(시장원리 도입)과 지역복지의 과제」, 『한국지역사회복지학회』 11호, 2002.

정정숙, 「일본시민사회의 여성적정대표성과 시민사회의 평등화」, 이숙종 엮음, 『작은 정부와 일본 시민사회의 발흥』, 한울, 2005.

전영수, 「새로운 공공(新しい公共)의 경로탐색과 교훈: 일본의 관민협치 실험과 한계」, 『일본학보』 103집, 2015.5.

한영혜, 『일본의 지역사회와 시민운동』, 한울아카데미, 2004.

_____, 「'새로운 공공' 창출의 논리와 구조: 가와사키 시의 정책과 시민활동

을 중심으로」, 한영혜 엮음, 『도쿄 메트로폴리스』, 박문사, 2012.

安立淸史, 『福祉NPOの社會學』, 東京大學出版會, 2008.

上野千鶴子, 『ケアの社會學』, 太田出版, 2012.

_____, 「序: 社會學の再興のために」, 盛山和夫・上野千鶴子・武川正吾(編),
　　　　『公共社會學(2)少子高齡社會の公共性』, 東京大學出版會, 2012.

金泰昌, 「おわりに」, 『公共哲學7: 中間集團が開く公共性』, 東京大學出版會,
　　　　2002.

新藤宗幸, 『福祉行政と官僚制』, 岩波書店, 1996.

武川正吾, 『地域福祉の主流化-福祉國家と市民社會Ⅲ』, 法律文化社, 2006.

田中重好, 『地域から生まれる公共性: 公共性と共同性の交点』, ミネルヴァ書
　　　　房, 2011.

田中尙輝, 『市民社會のボランティア:「ふれあい切符」の未来』, 丸善, 1996.

日本社會學會, 『社會學評論: 〈特集〉20世紀への社會學的想像力-新しい共同性
　　　　と公共性』 50(4), 2000.

山口定, 「新しい公共性を求めて: 狀況・理念・規準」, 『新しい公共性-そのフロ
　　　　ンティア』, 有斐閣, 2003.

Salamon, Lester M. and Sokolowski, S. Wojciech. *Global Civil Society: Dimensions
　　　　of the Nonprofit Sector*, Baltimore: Johns Hopkins University Press,
　　　　1999.

〈인터넷자료〉

174회 국회에서의 하토야마 내각총리대신 시정방침 연설, http://www.kant
　　　　ei.go.jp/jp/hatoyama/statement/201001/29siseihousin.html(열람일:
　　　　2017.12.10.).

2010년 6월 4일, 제8회 '새로운 공공 원탁회의'의 '새로운 공공', www5.cao.
　　　　go.jp/npc/pdf/declaration-nihongo.pdf(열람일: 2017.12.22.).

사회복지협의회의 네크워크, http://www.shakyo.or.jp/business/annual_2015-2
　　　　016.pdf(열람일: 2017.9.9.).

시정촌 사회복지협의회, http://kitashakyo.or.jp/shokai/kitashakyo(열람일:
　　　　2017.12.8.).

북구사협의 홈페이지 메인화면, http://kitashakyo.or.jp(열람일: 2017.12.10.).

전국사협의 홈페이지 메인화면, http://www.shakyo.or.jp(열람일: 2017.12.10.).

전국사회복지협의회 100주년기념사업 「100년의 발자취」, http://www.shakyo.
or.jp/anniversary/history/showa2.html(열람일: 2017.10.22.).

김상배, 「소프트파워와 21세기 권력」, 김상배 편, 『소프트파워와 21세기 권력: 네트워크 권력론의 모색』, 미래정책연구원, 2009.

손열, 「소프트파워의 정치: 일본의 서로 다른 정체성」, 『일본연구논총』 29권, 2009.

정지희, 「2000년대 이후 자민당 정권의 방송 내용 규제 논리와 NHK 우경화 논란」, 『동아연구』 35권 1호, 2016.

「『クローズアップ現代』やらせ疑惑,籾井会長のハイヤー問題 NHKをさらに揺さぶる自民党の『新・国際放送案』」, 『週刊朝日』 5303号, 2015.

「通信・放送の在り方に関する政府与党合意 平成18年6月20日」, 2006, http://www.soumu.go.jp/main_sosiki/joho_tsusin/policyreports/chousa/eisei_houso/pdf/060714_2_ss-2.pdf(검색일: 2018. 1. 31.).

「特集 国際放送は誰のため? 何のため?」, 『ぎゃらく』 453号, 2007.

岩渕功一, 『文化の対話力: ソフト・パワーとブランド・ナショナリズムを越えて』, 日本経済新聞出版社, 2007.

奥田良胤, 「外国人向け『NHK ワールドTV』新スタートから1年, 発足の経緯と課題」, 『放送研究と調査』 708号, 2009.

海外交流審議会, 「我が国の発信力強化のための施策と体制: 『日本』の理解者とファンを増やすために 平成20年2月 海外交流審議会 答申」, 2008. http://www.mofa.go.jp/mofaj/annai/shingikai/koryu/pdfs/toshin_ts.pdf(검색일: 2018. 1. 2.).

「外国人向けテレビ国際放送」の強化に関する諮問委員会, 「これからの外国人向けテレビ国際放送の在り方について」, 2013, https://www.nhk.or.jp/keiei-iinkai/shimon/giji/pdf/toshin01.pdf(검색일: 2017. 12. 19.).

「外国人向けテレビ国際放送」の強化に関する諮問委員会, 「第2回ブリーフィング」, 2013, https://www.nhk.or.jp/keiei-iinkai/shimon/briefing/briefing02.html(검색일: 2018. 1. 30.).

外務省 広報文化交流部, 「テレビ国際放送強化に係る外交上の要請 2006年9月15日」, 2006, http://www.soumu.go.jp/main_sosiki/joho_tsusin/policyreports/joho_tsusin/eizoukokusai/pdf/060915_1_si6.pdf(검색일: 2018. 1. 20.).

櫻井武, 「新たな国際テレビ放送競争時代: 映像国際放送の在り方に関する検

　　　　討委員会の議論を中心として」,『東京都市大学環境情報学部情報メ
　　　　ディアセンタージャーナル』10号, 2009.

佐藤卓己,「文化立国日本におけるメディア論の貧困」, 佐藤卓己 外 編,『ソ
　　　　フト・パワーのメディア文化政策: 際発信力のために』, 新曜社,
　　　　2012.

清水真,「国際放送の潮流,『ソフト・パワー』をスマートに活かせ!」,『ぎゃ
　　　　らく』470号, 2008.

情報通信審議会,「『外国人向けの映像による国際放送』の在り方とその推進方
　　　　策」, 2007, http://www.soumu.go.jp/main_sosiki/joho_tsusin/policyrepor
　　　　ts/joho_tsusin/sokai/pdf/070802_3_si17-3-2.pdf(검색일: 2017. 11. 1.).

田中則広,「東アジア地域における海外情報発信の現状と課題: 日韓中3か国
　　　　におけるテレビ国際放送事例研究」,『NHK放送文化研究所年報』52
　　　　集, 2008.

醍醐聰,「国策放送へ急旋回するNHK」『季論21』27号, 2015.

知的財産戦略本部　コンテンツ専門調査会　日本ブランド・ワーキンググ
　　　　ループ,「日本ブランド戦略の推進: 魅力ある日本を世界に発信」,
　　　　2005, http://www.kantei.go.jp/jp/singi/titeki2/tyousakai/contents/hou
　　　　koku/050225hontai.pdf(검색일: 2017. 12. 10.).

通信・放送の在り方に関する懇談会,　「通信・放送の在り方に関する懇談会
　　　　報告書」, 2006, http://www.soumu.go.jp/main_sosiki/joho_tsusin/poli
　　　　cyreports/chousa/tsushin_hosou/pdf/060606_saisyuu.pdf(검색일:
　　　　2017. 11. 30.).

日本放送協会,「平成29(2017)年度 第1四半期業務報告」, 2017, https://www.nhk.
　　　　or.jp/keiei-iinkai/giji/shiryou/1288_houkoku01-2.pdf(검색일: 2018. 2.
　　　　20.).

日本放送協会,「NHK海外情報発信強化に関する検討会 資料 NHKの国際放送
　　　　充実強化の取り組みについて」, 2016, http://www.soumu.go.jp/main_
　　　　content/000422945.pdf(검색일: 2017. 11. 23.)

日本放送協会,「NHK経営計画 2015-2017年度」, 2015, https://www.nhk.or.jp/
　　　　pr/keiei/plan/pdf/25-27keikaku.pdf(검색일: 2018. 2. 20.)

日本放送協会, 広報局視聴者部,『月刊みなさまの声』, 2017. 3.~2017. 1.

日本放送協会, 広報局視聴者部,『視聴者対応報告』, 2016. 4.~2017. 2.

服部孝章,「世界の潮 命令国際放送問題とNHKの自立性放棄」,『世界』759号, 2006.

渡辺浩美,「政府見解に沿った『オレンジブック』NHK国際放送で強まる〈ソフトな検閲〉」,『金曜日』1112号, 2016.

渡辺靖,『〈文化〉を捉え直す: カルチュラル・セキュリティの発想』,岩波書店, 2015.

NHK海外情報発信強化に関する検討会, 「『NHK海外情報発信強化に関する検討会』関連資料」〈参考資料〉別紙5, 2015, http://www.soumu.go.jp/main_content/000338154.pdf(검색일: 2018. 2. 13.).

NHK海外情報発信強化に関する検討会, 「『NHK海外情報発信強化に関する検討会』中間報告 平成27年1月30日」, 2015, http://www.soumu.go.jp/main_content/000338153.pdf(검색일: 2018. 1. 12.).

NHK海外情報発信強化に関する検討会,「NHK海外情報発信強化に関する検討会(第8回)議事要旨」, 2016, http://www.soumu.go.jp/main_content/000423035.pdf(검색일: 2017. 12. 13.).

NHK国際放送局 編,『国際放送の80年 NHKは何を伝えてきたか』, NHK国際放送局, 2015.

NHK放送文化研究所,『NHK年鑑2009』, NHK出版, 2009.

Aronczyk, Melissa, *Branding the Nation: The Global Business of National Identity*, New York: Oxford University Press, 2013.

Daliot-Bul, Michael., "Japan Brand Strategy: The Taming of 'Cool Japan' and the Challenges of Cultural Planning in a Postmodern Age," *Social Science Japan Journal* 12(2), 2009.

Hall, Ian and Frank Smith, "The Struggle for Soft Power in Asia: Public Diplomacy and Regional Competition," *Asian Security* 9(1), 2013.

Iwabuchi, Koichi, "Pop-culture Diplomacy in Japan: Soft Power, Nation Branding and the Question of 'International Cultural Exchange,'" *International Journal of Cultural Policy* 21(4), 2015.

Iwabuchi, Koichi, *Recentering Globalization: Popular Culture and Japanese Transnationalism*, Durham and London: Duke University Press, 2004.

Kang Sungwoo, "The Enigma of Korea-Japan Relations: Why is Japan's Nation Branding Strategy not Working in Korea?," 『비교문화연구』 44권,

2016.

Kearn, David W., "The Hard Truths about Soft Power," *Journal of Political Power* 4(1), 2011.

Lam, Peng Er, "Japan's Quest for 'Soft Power': Attraction and Limitation," *East Asia* 24(4), 2007.

Nye, Joseph S., *Soft Power: The Means to Success in World Politics*, New York: Public Affairs, 2004.

Price, Monroe, "Public Diplomacy and the Transformation of International Broadcasting," *Media and Sovereignty: The Global Information Revolution and Its Challenge to State Power*, Cambridge, Mass.: MIT Press, 2002.

Rawnsley, Gary D.,"Introduction to International Broadcasting and Public Diplomacy in the 21st Century," *Media and Communication* 4(2), 2016.

Snow, Nancy, "NHK World and Japanese Public Diplomacy: Journalistic Boundaries and State Interests," Conference Paper, *Public Service Media Across Boundaries*, August 2014.

Valaskivi, Katja, "A Brand New Future: Cool Japan and the Social Imaginary of the Branded Nation," *Japan Forum* 25(4), 2013.

Van den Bulck, Hilde, "Public Service Television and National Identity as a Project of Modernity," *Media, Culture & Society* 23(1), 2001.

Yoshimi, Shun'ya, Translated by Jodie Beck, "From Street Corner to Living Room: Domestication of TV Culture and National Time/Narrative," *Mechademia* 9, 2014.

나카무라 마츠오·니시타니 게이치 외, 이경훈 외 옮김, 『태평양전쟁의 사상: 좌담회 〈근대의 초극〉과 〈세계사적 입장과 일본〉으로 본 일본정신의 기원』, 이매진, 2006.

이경분, 「일본포로수용소에서의 음악과 평화: 구루메와 반도를 중심으로」, 『人文論叢』73, 서울대학교 인문학연구원, 2016.

_____, 『나치음악 망명음악』. 책세상, 2004.

_____, 「베토벤 수용을 통해 본 나치의 음악정책」. 『음악이론연구』6, 서울대학교 서양음악연구소, 2000.

_____, 「아놀드 쇤베르크의 '바르샤바의 생존자(A Survivor from Warsaw)'와 망명음악」, 『낭만음악』45. 낭만음악사, 1999.

장윤선, 「독일의 음악과 음악관을 적극 수용한 일본. 베토벤 심포니 9번과 다이쿠(第九)」, 『문화+서울』11월호, 서울문화재단, 2016.

NHK交響楽団, 『NHK交響楽団40年史』, 東京: 日本放送出版協会, 1966.

久保田慶一, 「なぜ日本人は年末の『第九』が好きなのか: 大学生への意識調査から」, 『東京学芸大学紀要』58, 2006.

鈴木淑弘, 『第九と日本人』, 春秋社, 1998.

福本康之, 「日本におけるベートーヴェン受容 Ⅳ - 戦時体制(第二次世界大戦)下の状況」, 『国立音楽大学 音楽研究所年報』16, 2002.

森本覺丹, 「新日本文化への音楽の使命」, 『音樂公論』, 1942.6.

矢羽々 崇, 「忘却の歴史? シラーの「歓喜に寄せて」をめぐって」, 『獨協大学ドイツ学研究』53, 獨協大学, 2005.

山田耕筰, 「大東亜戦争と音楽家の覚悟」, 『音樂公論』, 1942.1.

渡辺裕, 『歌う国民 唱歌,校歌,うたごえ』, 中公新書, 2010.

「国内オーケストラ《第九》公演情報2016 (特集《第九》の記憶 : 指揮者, 楽団員が語る名曲の深奥」, 『音楽の友』74, 2016.12.

「「第九」公演日程 (どこよりも早い今年の「第九」公演情報&周辺)」, 『音楽現代』45, 2015.11.

「2014 年末国内オーケストラ《第九》公演情報 (特集 2014年末《第九》13のトリビア)」, 『音楽の友』72, 2014.12.

「全国〈第九〉あんない」, 『音楽の友』71, 2013.12.

Adorno, Theodor, *Gesammelte Werke* 7, Frankfurt/M: Suhrkampf, 2003.

Badelt, Udo, "Berliner Silvesterkonzerte Clowns und Händel. Tollkühne Zwölftonmusik, Robin Hood in Sektlaune, Glanz und Glimmer: Wie Berlin mit seinen Silvesterkonzerten ins neue Jahr feierte", *Der Tagesspiegel*, 2018. 1. 1.

Brasor, Philip,"Japan makes Beethoven's Ninth No. 1 for the holidays", *The Japan Times*, 2010.12.24.

Buch, Esteban, *Beethovens Neunte: eine Biographie*, Berlin, München: Propyläen-Verlag, 2000.

Chang, Eddy, "The daiku phenomenon: social and cultural influences of Beethoven's Ninth Symphony in Japan," *Asia Europe Journal* Vol.5(1), 2007.

Eggebrecht, Hans Heinrich, *Musik im Abendland*, München, 1990.

_____, *Zur Geschichte der Beethoven-Rezeption*, Laaber-Verl, 1972.

Fackler, Martin,"The grand deception behind Japan's modern-day Beethoven," *International New York Times*, Feb 7. 2014.

Geck, Martin, *Von Beethoven bis Mahler: die Musik des deutschen Idealismus*, Stuttgart u.a.: Metzler, 1993.

Greene, David B., *The Imagining of Community in Works of Beethoven, Verdi, and Shostakovich: Musical Means for Envisioning Community*, Lewiston, N.Y.: Edwin Mellen Press, c2010.

Hildebrandt, Dieter,"Japan: Die Neunte", *Spiegel*, 1984.1.23.

Hirschfeld, Mattias, *Beethoven in Japan. Zur Einführung und Verbreitung westlicher Musik in der japanischen Gesellschaft*, Hamburg: Bockel verlag, 2005.

Mclaughlin, Levi, "Faith and Practice Bringing Religion, Music and Beethoven to Life in Soka Gakkai", *Social Science Japan Journal* Vol.6(2), Oxford University Press, 2003.

Yano, Junichi, "Why is Beethvoen's Ninth so well loved in Japan?", *Japan Quartely*, 2002.

Weisman, Steven R,"Japan Sings Along With Beethoven", *New York Times*, 1990. 12. 29.

〈인터넷 자료〉

https://www.youtube.com/watch?v=8wzXZRd087I(검색일: 2017. 12.).

http://www.city.taito.lg.jp/index/bunka_kanko/torikumi/dai9kouen/daikuend.ht
ml(검색일: 12. 27.).

http://www.city.funabashi.lg.jp/kurashi/gakushu/004/sennindaiku_d/fil/youkou.
pdf(검색일: 2017. 12. 9.).

http://www.dailymotion.com/video/x1c1z3y(검색일: 2017. 12. 10.).

V. '애국여성'의 등장과 '반(反)위안부' 활동

「愛国女性のつどい"花時計"による街宣」, 『ジャパニズム 』13, 2013. 6.

赤坂真理・中島岳志・北原みのり, 「座談会　生きづらい時代の"愛国"の正体　若い女性が保守化しているって本当ですか?」, 『婦人公論』98(13), 2013. 5. 22.

雨宮処凛・北原みのり, 「対談 ヘイト・スピーチをする「愛国女性」たち(特集　差別・煽動と女性: ヘイト・スピーチを考える)」, 『女たちの21世紀』21(78), 2014-06.

河添恵子, 『国防女子が行く: なでしこが国を思うて何が悪い』, ビジネス社, 2014.

河添恵子, 『歴史戦はオンナの闘い』, PHP研究所, 2016.

小山エミ, 「アメリカ「慰安婦」碑設置への攻撃」, 山本智美 等, 『海を渡る「慰安婦」問題』, 岩波書店, 2016.

北原みのり・朴順梨, 『奥さまは愛国』, 河出書房, 2014.

佐波優子, 『女子と愛国』, 祥伝社, 2013.

杉田水脈, 『なでしこ復活: 女性政治家ができること』, 青林堂, 2014.

_____, 『慰安婦像を世界中に建てる日本人たち』, 産経新聞社, 2017.

_____, 『なぜ私は左翼と闘うのか』, 青林堂, 2017.

_____, 『韓国人の皆さん「強制連行された」で本当にいいの?』, 育鵬社, 2017.

杉田水脈 等, 『「歴史戦」はオンナの闘い』, PHP研究所, 2016.

_____, 『胸を張って子ども世代に引き継ぎたい: 日本人が誇るべき〈日本の近現代史〉』, ヒカルランド, 2015.

杉田水脈・山本優美子, 『女性だからこそ解決できる慰安婦問題』, 自由社, 2017.

富田安紀子, 『日本が好きでなぜ悪い! 拝啓, 『日之丸街宣女子』から思いを込めて』, ワニブックス, 2015.

千葉麗子, 『ママは愛国』, KKベストセラーズ, 2017.

能川元一, 「「歴史戦」の誕生と展開」, 山本智美 等, 『海を渡る「慰安婦」問題』, 岩波書店, 2016.

山本優美子, 『女性が守る日本の誇り』, 青林堂, 2014.

山本智美, 「官民一体の「歴史戦」のゆくえ」, 山本智美 等, 『海を渡る「慰安婦」問題』, 岩波書店, 2016.

YOKO, 『超人気ブロガーRandomYOKOの新・愛国論』, 桜の花出版, 2014.

김효진, 「혐한 만화를 어떻게 읽을 것인가? 세이린도(青林堂)의 최근 출판물을 중심으로」, 『일본연구』 26, 2016.

이지원, 「일본의 '우경화'」, 『경제와 사회』 101, 2014년 봄호.

하종문, 「넷우익을 통해 본 일본 우경화의 정치 동학」, 『일본비평』 18, 2018.2.

Shin, Ki-young, "The Womens's Movements in Japan", Alisa Gaunder ed., *Routledge Handbook of Japanese Politics*, Routledge, 2011.

가라타니 고진, 조영일 옮김, 『제국의 구조』, 도서출판b, 2016.

박 훈, 「봉건사회': '군현사회'와 동아시아 '근대'시론」, 『동북아역사논총』 57, 동북아역사재단, 2017.

_____, 「100년 전의 거울: 20세기 초 日本의 '中國論'을 통해 본 '國家' 문제」, 未刊.

_____, 「연속하면서 혁신': 幕末정치사와 明治維新을 보는 시각」, 『일본역사 연구』 40, 2014.12.

_____, 「메이지유신과 '士大夫的 정치문화'의 도전: '近世' 동아시아 정치사의 모색」, 『역사학보』 218, 역사학회, 2013.6.(일본어역 「東アジア政治 史における幕末維新政治史と'士大夫的政治文化'の挑戦－サムライ の'士化'」, 清水光明編, 『「近世化」論と日本: 「東アジア」の捉え方を めぐって』, 勉誠出版, 2015).

_____, 「幕末政治変革と'儒教的政治文化'」, 『明治維新史研究 8』, 2012.02.

_____, 「十九世紀前半における「議論政治」の形成とその意味」, 『講座明治維 新 1』, 有志舎, 2010.12(같은 논문이 辻本雅史·徐興慶, 『思想史から 東アジアを考える』, 國立臺灣大學出版 중심, 2016.3에 재수록).

이형식, 「지나통(支那通)' 야노 진이치(矢野仁一)의 중국인식과 대중(對中)정 책」, 『사림』 58, 수선사학회, 2016.

足立啓二, 『専制国家史論－中国史から世界史へ』, 柏書房, 1998.

岡本隆司, 『中国の論理－歴史から解き明かす』, 中公新書, 2016.

_____, 『中国「反日」の源流』, 講談社選書メチエ, 2011.

_____, 「近代中国をみつめる」, 『本』 2014년 9월호~2015년 12월호.

岸本美緒, 「中国中間団体論の系譜」, 岸本美緒編, 『岩波講座「帝国」日本の学知 〈第3巻〉東洋学の磁場』岩波書店, 2006.

谷川道雄, 『中国中世社会と共同体』, 国書刊行会, 1976.

内藤湖南, 「新支那論」, 『支那論』, 文藝春秋, 2013(원저 초판 1924).

宮嶋博史, 「儒教的近代としての東アジア"近世"」, 『東アジア近現代通史 東ア ジア世界の近代』, 岩波書店, 2011.

山路愛山, 「日漢文明異同論」, 『支那思想史·日漢文明異同論』, 金尾文淵堂, 1907.

與那覇潤, 『中国化する日本: 日中「文明の衝突」一千年史』, 文藝春秋, 2011(최 종길 역, 『중국화하는 일본: 동아시아 '문명의 충돌' 1천년사』 페이

퍼로드, 2013).

_____, 「史学の黙示録: 『新支那論』ノート」, 『内藤湖南のアジア認識－日本近代思想史からみる』, 勉誠出版, 2013.

_____, 「革命と背信のあいだ－「同病相憐れむアジア主義」の豫言書」, 内藤湖南, 『支那論』解説, 文藝春秋, 2013.

강병진, 「(포커스) 3만3천명이 21분을 도난당했다」, 『씨네 21』No.694, 2009.

강태웅, 「국가, 전쟁 그리고 '일본영화'」, 『일본역사연구』25집, 2007.

토마스 소벅·비비안 C. 소벅, 주창규 옮김, 『영화란 무엇인가』, 거름, 2004.

石破茂, 「シン・ゴジラに学ぶ日本の危機管理」, 『週刊朝日』121巻49号, 2016.

内田栄一, 「日本は皇居から沈没する」, 『映画評論』Vol.31, 1974.

ウィリアム·M·ツツイ, 神山京子訳, 『ゴジラとアメリカの半世紀』, 中公叢書, 2005.

加藤典洋, 『さようなら、ゴジラたち』, 岩波書店, 2010.

川本三朗, 『今ひとたびの戦後日本映画』, 岩波書店, 2007(1994).

川村湊, 『紙の砦: 自衛隊文学論』, インパクト出版会, 2015.

小松佐京, 『SF魂』, 新潮文庫, 2006.

_____, 『小松佐京自伝』, 日本経済新聞出版社, 2008.

佐藤忠男, 『日本映画史 3』, 岩波書店, 1995.

須藤遙子, 『自衛隊協力映画』, 大月書店, 2013.

巽孝行, 「文学にとってSFとは何か」, 『文学』第8巻·第4号, 2007.

長山靖生, 「小松佐京『日本沈没』の意味」, 一柳廣孝編, 『オカルトの帝国』, 青弓社, 2006.

福島みずほ, 「シン·ゴジラと原発」, 『週刊金曜日』1104号, 2016.

吉見俊哉, 『夢の原子力』, ちくま新書, 2012.

四方多犬彦, 『日本映画と戦後の神話』, 岩波書店, 2007.

Mick Broderick ed, *Hibakusha Cinema: Hiroshima, Nagasaki and the Nuclear Image in Japanese Film*, Columbia University Press, 1996.

Orr, James J., *The Victim as Hero*, University of Hawaii Press, 2001.

Susan J. Napier, "Panic Sites: The Japanese Imagination of Disaster from Godzilla to Akira", *Journal of Japanese Studies*, 19-2, 1993.

김민수, 「무능현실 전능예술의 역설: 오타쿠문화와 무라카미 다카시로 본 일
　　　본」, 『일본비평』5호, 서울대학교 일본연구소, 2011.

오윤정, 「'무라카미'라는 브랜드를 만드는 사람들」, 『시대의 눈』, 학고재,
　　　2009.

黒瀬陽平+椹木野衣+東浩紀, 「3.11後の悪い場所―東京」, 『日本2.0 思想地図β』
　　　vol.3, ゲンロン社, 2012.

斎藤環, 「キャラと鎮魂」, 『美術手帳』, 美術出版社, 2016.4.

椹木野衣, 「スーパーフラットからGEISAIへ 村上隆の近未来をめぐって」,
　　　『ユリイカ』33-12, 青土社, 2010.

椹木野衣, 「地質活動期の美術」, 『文學界』66-3, 文藝春秋, 2012.3.

辻惟雄, 『奇想の系譜』, 美術出版社, 1970.

辻惟雄・村上隆, 『熱闘! 日本美術史』, 新潮社, 2014.

東京都現代美術館編, 『召喚するかドアを開けるか回復するか全滅するか』,
　　　東京都現代美術館, 2001.

村上隆, 『スーパーフラット』, マドラ出版, 2000.

＿＿＿, 「五百羅漢図-全てをこれにぶち込みました」, 『芸術新潮』, 新潮社,
　　　2012.5.

村上隆, 「芸術家の使命と覚悟―ドーハ」, 『日本2.0 思想地図β』vol.3, ゲンロ
　　　ン社, 2012.

森美術館編, 『村上隆の五百羅漢図展』, 森美術館, 2016.

「クロストーク 村上隆×斎藤環 「めめめのくらげ」をめぐる対話: 物語るこ
　　　との受容―表現者としての転換点」, 『キネマ旬報』, キネマ旬報社,
　　　2013.5.

「座談会 ポスト・ホビー・アート・ジャパン-中原 浩大, 村上隆, ヤノベ ケ
　　　ンジ」, 『美術手帳』, 美術出版社, 1992.3.

「対談　東浩紀×村上隆<五百羅漢図>からはみ出したもの、<めめめのくら
　　　げ>」, 『ゲンロン通信　9+10』, ゲンロン社, 2014.

Ⅰ. The Politics of Inclusion and Exclusion in Same-Sex Partnership in Japan

KIM, Hyojin

In this article, I analyze legal and administrative issues and ongoing debates around the introduction of same-sex partnership and the legalization of same-sex marriage. Since Shibuya-ku ward office started to issue same-sex partnership certificates in 2015, a few local governments have introduced the similar policies. The Japanese government, however, still does not legalize same-sex marrige and same-sex partnership on the basis of the idea that marriage is defined as an union of husband and wife in Japan, while it has changed its own policies on foreign couples of same-sex marriage, following changing global situations to some extent.

Facing this situation, sexual minorities in Japan have paid attention to the marriage equality, influenced by the global legalization of same-sex marriage and their own aging problems. While a number of sexual minorities still support partnership as alternative to marriage, by criticizing the heteronormative and partiarcal aspects of marriage, others now argue the importance of marriage equality as human right, which is clearly different from feminists' supports for partnership.

This debates around same-sex partnership are one of the important issues showing fundamental conflicts between the human right of sexual minorities and marrige as heteronormative and patriarcal social institution in Japan.

Key words: sexual minotiries, same-sex partnership, same-sex marriage, feminism, family register law, separate surnames in couples, marriage equality

Abstract

II. 'The New Public' as seen through Social Welfare Council and Community welfare of Japan

PARK, Seung-hyun

In this manuscript, I explore how the concept of 'the new public' was proposed in Japanese society around the turn of the 21st century. In the era when the new public was widely discussed, the roles of the third sector entities have significantly expanded. I focus on the history of Social Welfare Council and its role in provision of community welfare and thereby explore the meaning of 'the public' and 'the new public' in Japan society. I investigate how 'the new public' has been deployed in the fields of regional welfare, through the case of the consignment management of 'Kirigaoka day-home' by Social Welfare Council of Kitaku.

Although the third sector entities are not totally independent of state influences, they can be regarded as flexible middle ground operators in that while they stand in line with state welfare policies, they promote the participation of residents in its pursuit of public interests. Thereby they blur the traditional boundary between the public and the private in welfare provision. This sphere which envisage the limitations of the state, the limitation of the family, the limitations of the market, and also the limitation of the third sector entities can be considered as an area of possibilities where we can imagine beyond the boundaries of each.

Key words: Publicness, The New Public, Social Welfare Council, Community Welfare

Abstract

III. NHK World TV and the Changing Images of "Japan"

JUNG, Ji Hee

This paper critically examines the government-led image politics surrounding "Japan" by investigating the case of NHK World TV, which was re-launched in 2009 as an English-only international television broadcasting channel designed exclusively for "foreigners."

First, it explores the chronic problems faced by NHK World TV over the last eight years, arguing that these issues stem from the rather uncritical acceptance of soft power discourses, as well as the lack of understanding of specific characteristics and limitations of the international television broadcasting medium. This approach allows for the questioning of the imagined correlations between soft power enhancement and the expansion of international broadcasting.

In addition, by analyzing the image of "Japan" constructed by NHK World TV, this study reveals the fact that soft power discourses provide a strong impetus for Japanese elite and ordinary citizens to re-imagine the national community on the basis of global competitiveness. This finding urges us to take a critical look at the present state of image politics surrounding "Japan," which increasingly prioritizes the neoliberal logic of market competition.

Key words: International Broadcasting, Soft Power, NHK World TV, Globalization, Image Politics

Abstract

IV. From Beethoven 9th Symphony to Japanese *Daiku*
: A critical Study on the *Daiku* Phenomenon

LEE, Kyungboon

The Beethoven 9th Symphony concerts take place throughout Japan during the month of December which is called in Japan "*Daiku*". Why the Ninth, a notoriously difficult work that the members have to sing in German? It seems impossible for amateurs to sing, but they are urged to try harder and the feeling of accomplishment seems sublime. It represents the possibility of coming together in a common destiny.

This article introduces on the in Korea almost unknown Japanese Phenomenon "*Daiku*" and will analyse it from the critical point of view with the questions: when it might begin, why December and Daiku were combined as a pair, why Japanese were encouraged not with the own traditional music but with Beethoven's music. Finally, the phenomenon after the Fukushima disaster of 2011 will be described with a fake story of the 'Japanese Beethoven' Samuragouichi Mamoru in order to show how the image of Beethoven could be easily used to blind the victims of the March 2011.

Key words: Beethoven 9th symphony, Daiku, Ode to Joy, Japanese Beethoven, Samuragoitsi Mamoru, Nazi-Germany, Santory-Beethoven's 9th with a Cast of 10000

Ⅴ. Appearance of 'Patriotic Women' and 'Anti-comfort Women' Activities

LEE, Eun-gyong

In this study, we examine the so called 'patriotic women' by paying attention to the increasing reality of Japanese women who make conservative and right wing claims as part of a study on the changing aspects of contemporary Japanese society. In Chapter 1, focusing on the existence of a patriotic woman, we have confirmed that first, we selected and introduced the main patriotic women's organizations and activists, second, they emphasize personal experience that they suddenly awakened patriotism through the awakening of chance by perception of themselves as very ordinary common people, and that lastly, they have a very conservative gender perception characterized by objection over feminism and gender equality and the division of labor by gender.

In Chapter 2, we examined the claims and activities related to 'anti comfort women' at home and abroad as representative activities of patriotic women, and the contents are as follows. When they develop anti comfort women activities, they generally have the same perception with historical revisionists about history issues or the status of contemporary Japan, and also, they emphasize that they are 'same' women as the comfort women. Specific activities include sending out content that denies the issue of comfort women in the international community, such as the United Nations, directly or by pressure on the Japanese government, they try to visit and persuade all over the world to stop the establishment of the girl statue, and they are in the process of hindering the registration of UNESCO memory heritage registration materials for comfort women.

Key words: patriotic woman, issue of comfort women, anti-comfort women, history revisionism, Girl statue, UNESCO memory heritage, *Nadeshico* Action

Abstract

VI. A study on the perception of China by the Japanese historians of China

PARK, Hun

Japanese intellectuals who had enjoyed the first half of the 20th century, such as Naito Konan, Yano Zinichi, and Yamaji Aizan, all viewed the Chinese society as a typically different society from Japan and Europe. While there is a prospect of reaching the same stage as Europe, even if it is very late, if we stand on the development stage theory, the Chinese society from the very first place has a history different from that of Europe and Japan. Most of these conclusions have resulted in a devastating effect on China, but if we overturn them, we will be able to discover new possibilities in Chinese society that can not be found in Western and Japanese society.

Especially, when we reconsider the discussions that viewed the nation-state building in China as a hopeless, we will be able to give a big impression.

This social typological view that has been forgotten in the postwar period has recently emerged again. In this regard, I would like to find out the clues that these China issues can only fairly compare and contrast the characteristics of both China and Japan without emphasizing heterogeneity and not serving any more in the vilification and abomination on China.

Key words: community, perception on China, Japanese historians

Abstract

VII. Why does Godzilla return to Japan continuously?
: The characteristics of the community that pictured in Japanese Sci-Fi

KANG, Taewoong

〈Godzilla〉 is a well-known Sci-Fi movie produced in a series of 29 for 60 years. Although Godzilla was transformed by the nuclear experiment of America, it always attacks Japan. This article analyzed why Godzilla returns to Japan. In other words, why Japan which always has been devastated by it needs Godzilla.

Godzilla destroys a community and leaves it in ruins. However, like recurrence is limited only to Japan, the continuous destruction is also limited to the territory of Japan. We could even find the exclusiveness of not wanting to share the sacrifice caused by Godzilla. The destruction and demolition is positively embraced and commercialized in Japan. It could be regeared as an active act of trying to 'monopolize' destruction and demolition. That kind of 'monopolization' could be found in many other Japanese Sci-Fi films besides of 〈Godzilla〉. The 'monopolization' would be connected with the idea that Japan thinks that they are more victim than assailant, and that consists of the basis of Japanese postwar nationalism.

Key words: Godzilla, Japanese Sci-Fi, Japan Self-Defense Forces, Japan Sinks, Sakyo Komatsu

Abstract

Ⅷ. Murakami Takashi's Changing "Superflat" After the 2011 Great East Japan Earthquake

CHOI, Jae-hyuck

Murakami Takashi, a contemporary artist whose newly coined term "Superflat" which has brought him an enormous international success, made his name as a central figure of Japanese Neo-Pop art movement. Embracing the "flatness," a common quality that can be found in animes and traditional Japanese paintings, such term has become a useful concept for analysing postwar Japanese society where the hierarchies between high and popular cultures and at the same time, class and taste are all blurred and deconstructed. Murakami was renowned for his associations with subculture like *otaku*; affirmative stance towards capitalism; and, "slight and cute" Pop Art-esque images used in his artworks. However, after the 2011 Great East Japan Earthquake, his idea on art started to concern rather serious themes such as religion and philosophy, questioning "the impotence of human beings and the potentiality of art." In particular, *The 500 Arhats*, a monumental painting which is nearly 100 metres wide, received rave reviews. Adopting a style of traditional Buddhist painting that depicts scenes of salvation with composition of the Four Symbols of which had been regarded as the classical subject in Asian art, what is also noteworthy in this work is that the artist introduced a wide range of icons from the late Edo period painters. Went through a multiple process of transformation, these icons collected from the old masters signified the end of otaku period in Murakami's artistic endeavour, and helped him to elevate his status as an artist who is adept at embodying traditional art into modern style. Despite such change, the influence he had from *otaku* culture is still apparent that the remnants of his characteristic anime look-alikes filled all over the picture plane, functioning as an agent for his art making. It is not too much to say that his strategic approach on the Japanese subculture, which was not hitherto regarded as art, could have met success in overseas, because he incorporated his art into the context of Western Pop Art. On the contrary, it seems like the works he produced after the earthquake are entering into a new phase by juxtaposing both traditional art and *otaku* culture.

Above all, while earning positive reviews, *The 500 Arhats* aroused a lot of sympathy from the general public for its religious sentiment. But the artist himself made denial to such direct message of consolation. According to the artist, "narratives" are only deception in order to make paintings comprehensible; therefore, he articulated his preference that the painting to be read as an abstract art, like that of other "all over paintings" to the viewers. However, this view soon changed in the occasion of releasing his first live-action film that he took part as a director, *Jellyfish Eyes*, a story based on the post-earthquake situation in Japan, and he says as follows: "after experiencing the earthquake, my aversion to relying upon narratives in art that I used to have, has been entirely diminished." In other words, it means that the "recovery of narratives" amid a desperate situation inevitably brings about the hope, and such has driven the artist to seek a change, being led to reconsider the role of art.

When Murakami suggested Superflat for the first time in 2000, he defined the concept as "a stage for the future." Such reveals that the nature of the concept was insisting on a kind of strategic flexibility for moving forward, in accordance with the forthcoming future that is always unpredictable. In a calm and orderly way, he manages to show his art on a large scale as if the whole world is his stage. The materials he used to use were the existence of *otaku* in postmodern Japan, commercial capitalism and the difference between high and low art, subculture resulted from the abnormal state of the U.S. and Japan relations after the war, and so forth. Similarly, he was able to proceed to the new stage by using the experience of the earthquake as a stepping stone. Though it was a tragic disaster, the 2011 Great East Japan Earthquake provided a new motivation for him to create appropriate artworks that correspond to the given context. On the other hand, the change the artist has shown so far is yet to be fully examined, so it may be fairly presumed that some variables and unexpected difficulties always coexist in the development. As he recently revised his view on *The 500 Arhats* as "whether the painting is sustained by narratives or not, it lingers on both sides," his ambivalent, or more precisely, strategic stance on the earthquake is still undergoing a process of transition.

Key words: Murakami Takashi, Superflat, 2011 Great East Japan Earthquake, *The 500 Arhats, Jellyfish Eyes*

【ㄹ】

【ㅁ】

【ㅂ】

김효진

현재 서울대학교 일본연구소 조교수. 서울대학교 인류학과에서 학사 및 석사를, 하버드대학 인류학과에서 박사학위를 받았고, 고려대학교 글로벌일본연구원 HK조교수를 거쳤다. 오타쿠 문화를 중심으로 한 현대 일본사회의 대중문화 및 젠더 정치학, 한일문화 교류와 세계화 속의 문화민족주의, 인터넷 커뮤니케이션 등을 주로 연구하고 있다. 주요 저서로『젠더와 일본사회』(공저, 2016),『여성만화연구』(女性マンガ研究)(공저, 2015) 등이, 주요 논문으로「요시나가 후미의 오오쿠(大奧): 역사적 상상력과 여성만화의 가능성」(2014),「서브컬처를 이용한 지역활성화의 가능성과 한계: 〈코미케 in 미토〉의 사례를 중심으로」(2013) 등이 있다.

박승현

서울대학교 인류학과 BK21플러스 사업단에 BK조교수로 재직하고 있다. 서울대학교 인류학과에서 석사학위를, 도쿄대학 총합문화연구과에서 인류학 박사학위를 받았다. 도쿄의 공공주택을 필드로 '단지의 전후'에 대한 박사학위 논문을 집필했으며, 이를 바탕으로 단행본『老いゆく団地: ある都営住宅の高齢化と建替え』(東京: 森話社 2019)를 출판하였다. 최근 연구성과로는「'공공의 집' 다시 짓기」(2018),「고독한 죽음과 돌봄의 연대」(2018),「'지방소멸'과 '지방창생'」(2017),「주거복지의 후퇴와 거주의 빈곤」(2016) 등의 논문이 있다. 일본과 한국 사회의 고령화와 복지, 가족과 주거, 노년과 죽음, 지역재생과 커뮤니티 케어에 대한 연구를 수행하고 있다.

정지희

서울대학교 동양사학과 졸업 후 University of California San Diego 사학과에서 통전기(通戰期) 일본의 라디오 방송과 대중의 국민화·시민화에 관한 연구로 박사 학위를 취득했다. 도쿄대 정보학환(情報学環) 포스닥 연구원을 거쳐 서울대

학교 일본연구소 조교수로 재직 중이다. 전문분야는 일본근현대사와 미디어 연구로, 대중민주주의 사회가 제기한 가능성과 문제들을 사회문화사적으로 고찰하는 연구를 하고 있다. 공저로 *The Affect of Difference: Representations of Race in East Asian Empire*(University of Hawai'i Press, 2016), 『響きあう東アジア史』(東京大学出版会, 출간예정) 등이 있고 주요 논문으로는 "Seductive Alienation: The American Way of Life Rearticulated in Occupied Japan"(2018), 「사실로서의 역사와 역사적 진실」(2016), "Radio Quiz Shows and the Reorientation of the Japanese under the U.S. Occupation, 1945-1952"(2014), 「전시기 일본의 라디오 방송과 대중의 국민화」(2013) 등이 있다.

이경분

한국학중앙연구원 학술연구교수. 독일 마르부르크 대학에서 망명음악으로 음악학 박사를 취득한 후 안익태가 유럽에서 일본지휘자로 활동한 것을 연구하다가 제국시기 일본음악문화를 연구하게 되었다. 음악과 정치, 음악과 사회 등 음악과 관련된 인문학적 연구에 관심을 가지고 몰두하고 있다. 공저로 『일본 정치의 구조 변동과 보수화』, 『Kultur-Kontake. Szenen und Modelle in deutsch-japanischen Kontexten』 등 다수가 있고, 논문으로 「후루사토(고향) 가요의 생명력」, 「일본포로수용소에서의 음악과 평화」, 「음악과 정치: 마유즈미 도시로(黛敏郎)와 일본우익」, 「베를린의 일본 음악유학생 연구」, 「중일전쟁 시기 동아시아 교향악단 교류」 등이 있다.

이은경

서울대학교 일본연구소 조교수. 서울대학교 동양사학과에서 학사와 석사를, 일본 도쿄대학대학원 총합문화연구과에서 박사학위를 받았다. 최근의 주된 연구 관심은 일본 근현대사 중에서도 여성의 운동과 생활, 현대 일본 사회의 기원으로서의 근대 문화의 형성 등이다. 연구성과로는 『일본사의 변혁기를 본다』, 『젠더와 일본사회』 등의 공저와, 「모성 참정권 전쟁 그리고 국가: 근대 일본 여성운동의 통시적 고찰」, 「전후 일본의 각성하는 '모성'과 평화: 〈일본모친대회〉(1955~)의 태동과 초기활동을 중심으로」, 「'일본의 신부 사건'의 재고찰: 일본 메이지시대 그리스도교 지식인의 국가와 젠더」 등의 논문이 있다.

박 훈

서울대학교 동양사학과 교수. 서울대 동양사학과 학사, 석사를 거쳐 도쿄대학에서 일본근대사로 박사학위를 취득했고, 국민대학교 일본학과 조교수를 거쳤다. 주요 저서로 『메이지유신은 어떻게 가능했는가』(민음사, 2014), 『근대화와 동서양』(공저, 방송통신대학교출판부, 2006) 등이 있다.

강태웅

광운대학교 동북아문화산업학부 교수. 서울대학교 동양사학과에서 학사를, 히토쓰바시 대학교 사회학연구과에서 석사를, 도쿄대학교 총합문화연구과 표상문화론에서 박사학위를 받았다. 일본문화, 일본영상문화론에 대해 연구하고 있다. 저서로는 『이만큼 가까운 일본』, 공저로는 『싸우는 미술: 아시아 태평양전쟁과 일본미술』, 『일본대중문화론』, 『제국의 교차로에서 탈제국을 꿈꾸다』, 『대만을 보는 눈』, 『전후 일본의 보수와 표상』, 『물과 아시아의 미』 등이 있고, 역서로는 『일본영화의 래디컬한 의지』, 『복안의 영상: 나와 구로사와 아키라』가 있다.

최재혁

도쿄예술대학 미술연구과에서 일본 및 동아시아 근대미술을 전공하고 박사학위를 받았다. 「1930-40년대 일본인 화가의 만주 표상」, 「만주국과 민예운동」, 「만주국의 국가상징 및 황제 이미지의 창출」 등의 논문을 썼고 공저로 『아트, 도쿄』, 『美術の日本近現代史: 制度・言說・造型』이 있다. 『나의 조선미술 순례』, 『인간은 언제부터 지루해했을까-한가함과 지루함의 윤리학』 등을 번역했다.

◐ IJS 서울대학교 일본연구소

현대일본생활세계총서 **15**

흔들리는 공동체 다시 찾는 '일본'

초판1쇄 인쇄 2019년 7월 15일
초판1쇄 발행 2019년 7월 26일

저 자 김효진 · 박승현 · 정지희 · 이경분
　　　이은경 · 박　훈 · 강태웅 · 최재혁
발행인 윤석현
발행처 도서출판 박문사
등 록 제2009-11호
전 화 (02)992 – 3253(대)
전 송 (02)991 – 1285
주 소 서울시 도봉구 우이천로 353 3F

책임편집 안지윤
전자우편 bakmunsa@daum.net

ⓒ 서울대학교 일본연구소, 2019.

ISBN 979-11-89292-41-6 93300　　　　　**정가** 24,000원

본 저서는 정부(교육과학기술부)의 재원으로 한국연구재단의 지원을 받아 출판되었음.
(NRF-2008-362-B00006)